Erich-Fromm-Lesebuch

Herausgegeben und eingeleitet von
Rainer Funk

Deutscher
Taschenbuch
Verlag

dtv

Von Erich Fromm
sind im Deutschen Taschenbuch Verlag erschienen:
Psychoanalyse und Religion (15006)
Sigmund Freuds Psychoanalyse (15017)
Über die Liebe zum Leben (15018)
Die Revolution der Hoffnung (15035)
Wege aus einer kranken Gesellschaft (15094)
Haben oder Sein (30048)
Die Seele des Menschen (35005)
Das Christusdogma (35007)
Psychoanalyse und Ethik (35011)
Über den Ungehorsam (35012)
Die Furcht vor der Freiheit (35024)
Es geht um den Menschen (35057)
Arbeiter und Angestellte am Vorabend des
Dritten Reiches (4409)
Erich Fromm Gesamtausgabe in 10 Bänden (59003)

Ungekürzte Ausgabe
1. Auflage Juni 1988 (dtv 10912)
3. Auflage April 1993: 20. bis 22. Tausend
Deutscher Taschenbuch Verlag GmbH & Co. KG,
München
Lizenzausgabe mit freundlicher Genehmigung
der Deutschen Verlags-Anstalt, Stuttgart
ISBN 3-421-06259-5

Umschlaggestaltung: Dieter Brumshagen
Umschlagfoto: Thea Goldmann
Gesamtherstellung: C. H. Beck'sche Buchdruckerei,
Nördlingen
Printed in Germany · ISBN 3-423-30060-4

Das Buch

Erich Fromm, der mit der ›Kunst des Liebens‹ und ›Haben oder Sein‹ Millionen Leser in der ganzen Welt erreicht hat, hat ein umfassendes Lebenswerk hinterlassen. Rainer Funk, einer der besten Kenner Erich Fromms und dessen literarischer Nachlaßverwalter, hat deshalb dieses Lesebuch zusammengestellt, das eine konzentrierte und kompetente Einführung in Fromms Denken und Werk gibt. Die geschickte Auswahl der Texte und die knappen Einführungstexte vermitteln eindrücklich die innere Logik in Fromms Denken. Erich Fromm formuliert immer verständlich und exakt, dabei nie vereinfachend und immer prägnant; es wird sichtbar, daß er in vielen wissenschaftlichen Gebieten zu Hause war und es wie kaum ein anderer verstand, übergreifende Erkenntnisse zu vermitteln und Zusammenhänge zu erhellen. Aus dem Inhalt: ›Der autoritäre Charakter‹, ›Das gesellschaftlich Unbewußte und Verdrängte‹, ›Auf dem Wege zu einer neuen Gesellschaft‹, ›Freiheit als Wachstum des Selbst‹, ›Von der Kunst des Liebens‹, ›Gotteserfahrung mit und ohne Gottesbegriff‹.

Der Autor

Erich Fromm, Psychoanalytiker und Sozialphilisoph, wurde 1900 in Frankfurt am Main geboren. Nach seiner Promotion 1922 in Heidelberg kam er mit der Psychoanalyse Freuds in Berührung und wurde Psychoanalytiker. Von 1930 bis 1939 gehörte er der Frankfurter Schule um Max Horkheimer an. 1933 emigrierte er in die USA. Von 1950 bis 1974 lebte und lehrte er in Mexiko. Erich Fromm starb 1980 in Locarno in der Schweiz.

Der Herausgeber

Rainer Funk, Psychoanalytiker, wurde 1943 geboren. 1974 und 1975 war er Assistent Fromms in Locarno und promovierte 1977 über Erich Fromms humanistische Religion und Ethik. Er ist Herausgeber der Erich-Fromm-Gesamtausgabe und Fromms literarischer Nachlaßverwalter.

Das Buch

[illegible]

Der Autor

[illegible]

Der Herausgeber

[illegible]

Inhalt

Vorwort

Ein Lesebuch, zumal ein Erich-Fromm-Lesebuch, hat einen besonderen Reiz. Und es verfolgt bestimmte Absichten. Erich Fromm ist vielen als Autor der ›Kunst des Liebens‹ und ›Haben oder Sein‹ bekannt. Seine sozialpsychologischen, gesellschaftstheoretischen oder seine religionskritischen Schriften sind hingegen oft unbekannt. Den Leser mit diesem »unbekannten« und »anderen« Fromm näher in Kontakt zu bringen, ist das vorrangige Anliegen dieses Lesebuches. Ein zweites Anliegen: Das Lesebuch soll *wichtige* Texte Fromms zur Kenntnis bringen, weniger die schon allseits bekannten: Fromm selbst hat sich wiederholt dagegen ausgesprochen, daß aus seinem Gesamtwerk »Rosinen herausgepickt« und zusammenhanglos aneinandergereiht würden. Ein Lesebuch darf kein Verschnitt und keine Zitatensammlung sein. Die folgenden zwanzig Texte sind jeweils größere Texteinheiten zu einer für das Denken Fromms zentralen Thematik. Es sind zumeist sehr dichte, aussagestarke Texte, in denen Fromms Erkenntnisse, Ideen und Überzeugungen prägnant formuliert sind. Aber es sind beileibe nicht alle signifikanten Texte zu einer bestimmten Fragestellung.

Das Lesebuch trifft eine Auswahl auch hinsichtlich der Themen. Es mag viele bereits angesichts der vorliegenden Texte überraschen, wie breit gefächert Fromms Interesse war und zu welchen Themen er sich geäußert hat. Das Lesebuch will in diese Bereiche einführen und die Lektüre bisher noch unentdeckter Texte stimulieren.

Die vorliegende Auswahl hat eine bestimmte Konzeption, die sich in der Auswahl und Anordnung der Texte niederschlägt. Wer immer versucht, Fromm aus sich selbst heraus zu verstehen, ohne ihn vorschnell einer Richtung oder Schule zuzuordnen, der wird entdecken, daß es eine innere Logik gibt, die sich durch alle Themen seines Werkes zieht. Durch sie wird erst verständlich, warum sich Fromm als Psychoanalytiker und Sozialpsychologe auch immer zugleich politisch, religiös, ethisch, philosophisch und gesellschaftlich engagiert äußern mußte. Den Zugang zu dieser Logik bekommt allerdings nur, wer Fromms analytisch-sozialpsychologischen Denkansatz nachvollzieht. Aus diesem Grund wird das Lesebuch mit den Texten zur sozialpsychologischen Methode und zu Fromms Charaktertheorie eröffnet. Die andern Abschnitte bauen auf ihnen auf.

Den einzelnen thematischen Abschnitten habe ich kurze Einleitungen vorangestellt, um den Fragehorizont der Texte abzustecken und einige biographische und bibliographische Zuordnungen zu geben. Die Überschriften zu den Texten und die Titel der einzelnen Abschnitte sind zumeist frei von mir gewählt, zum Teil auch, um deutlich zu machen, daß manche Texte in der Länge nicht ganz deckungsgleich sind mit dem Text der Gesamtausgabe. Kürzungen sind aber jeweils durch [...] kenntlich gemacht. Anmerkungen im Original sind entweder in den Text einbezogen oder bleiben unberücksichtigt.

Vor allem aber möchte das Lesebuch dazu verführen, Fromm als den Autor einer humanistischen Wissenschaft vom Menschen kennenzulernen. Es lädt ein zum Lesen, Nachdenken, zum Vertiefen und Umsetzen.

Rainer Funk

1
Die Idee, das Unbewußte des gesellschaftlichen Menschen zu erforschen

Die Frage, was Menschen verbindet und was sie gemeinsam denken, fühlen und handeln läßt, ist die persönlichste und zugleich die wichtigste wissenschaftliche Frage, die Erich Fromm sich gestellt hat. Der in einer orthodoxen jüdischen Lebenspraxis in Frankfurt am Main aufgewachsene Student formuliert sie in seiner Dissertation während seiner Heidelberger Studienjahre mit Hilfe der Soziologie. Er sucht nach jenem »gesellschaftlichen Kitt«, der die in der Zerstreuung lebenden Juden zusammenhält. Und er findet diesen Kitt in den Haltungen und Ethosformen des jüdischen Gesetzes.

Fast zur gleichen Zeit, etwa 1923/24 lernt Fromm über Frieda Reichmann, seine spätere erste Frau, eine andere junge Wissenschaft kennen, die für die Beantwortung dieser Frage ein Instrumentarium eigener Art entwickelt hatte: die Psychoanalyse Sigmund Freuds. Mit ihr läßt sich nach den unbewußten Kräften fragen, die nicht nur im einzelnen als Individuum, sondern im einzelnen als gesellschaftlichem Wesen wirksam sind. Den einzelnen als gesellschaftliches Wesen psychoanalytisch zu begreifen, das heißt, das Unbewußte des gesellschaftlichen Menschen zu erforschen – dies ist die entscheidende Idee Fromms. Psychoanalyse und Soziologie lassen sich zu einer Analytischen Sozialpsychologie verknüpfen, die den Menschen in seiner gesellschaftlichen Bestimmtheit und in seiner Bestimmtheit durch das Unbewußte zugleich ernstnimmt.

Mit Hilfe der Analytischen Sozialpsychologie läßt sich aber nicht nur die psychische Struktur des einzelnen als gesellschaftlichen Wesens erkennen. Auch das Unbewußte gesellschaftlicher Größen selbst wird untersuchbar, denn gesellschaftliche Größen bestehen aus Einzelmenschen, die deshalb eine Gesellschaft oder Gruppe bilden, weil sie gemeinsame Einstellungen oder Haltungen haben. Fromm benutzt hierbei den dynamischen Charakterbegriff, wie ihn Sigmund Freud entwickelt hatte, und wendet ihn auf gesellschaftliche Größen an. Er erforscht das Unbewußte und die psychische Struktur einer Gesellschaft, indem er den Charakter dieser Gesellschaft idealtypisch zu fassen versucht.

Die Idee, das Unbewußte des gesellschaftlichen Menschen mit Hilfe des Gesellschafts-Charakters zu erforschen, ist Fromms bedeutendster Beitrag zur Wissenschaft vom Menschen. Sie bestimmt all seine Interessen. Wer sein analytisch-sozialpsychologisches Fragen nicht als das alle Erkenntnis leitende Interesse begreift, wird sein Anliegen und seine Denkweise kaum verstehen. Ob er von der Liebe, von der Gesellschaft oder vom Sein als Alternative zum Haben spricht, immer denkt Fromm analytisch-sozialpsychologisch.

Es ist eine der nicht unwesentlichen Leistungen der Psychoanalyse, daß sie die falsche prinzipielle Unterscheidung zwischen einer Sozialpsychologie und einer Psychologie des Individuums (Personalpsychologie) überwunden hat. Freud hat einerseits betont, daß es eine Personalpsychologie, deren Objekt der isolierte, aus dem sozialen Zusammenhang gelöste Mensch ist, nicht gibt, weil es eben diesen isolierten Menschen in Wirklichkeit nirgends gibt. Er kennt keinen *homo psychologicus*, keinen psychologischen Robinson Crusoe, wie er etwa als ökonomischer der klassischen Nationalökonomie vorgeschwebt hat. Im Gegenteil ist ja eine der wesentlichsten Entdeckungen Freuds die, daß er die psychische Entwicklung des Individuums gerade aus seinen frühesten sozialen Beziehungen, denen zu Eltern und Geschwistern, verstehen gelernt hat. »Die Individualpsychologie ist zwar auf den einzelnen Menschen eingestellt und verfolgt, auf welchen Wegen derselbe die Befriedigung seiner Triebregungen zu erreichen sucht, allein sie kommt dabei nur selten, unter bestimmten Ausnahmsbedingungen, in die Lage, von den Beziehungen dieses einzelnen zu anderen Individuen abzusehen. Im Seelenleben des einzelnen kommt ganz regelmäßig der andere als Vorbild, als Objekt, als Helfer und als Gegner in Betracht, und die Individualpsychologie ist daher von Anfang an auch gleichzeitig Sozialpsychologie in diesem erweiterten, aber durchaus berechtigten Sinne« (S. Freud, 1921c, S. 73).

Anderseits aber hat Freud gründlich mit der Illusion einer Sozialpsychologie gebrochen, deren Objekt eine Gruppe als solche ist. Sowenig er einen isolierten Menschen als Objekt der Psychologie kennt, sowenig einen »sozialen Trieb«. Das, was man als solchen bezeichnet hat, ist für ihn »kein ursprünglicher und unzerlegbarer« Trieb, sondern er sieht »die Anfänge seiner Bildung in einem engeren Kreis, wie etwa in der Familie« (a.a.O., S. 74) und er hat gezeigt, daß die in der Gruppe wirksamen psychischen Erscheinungen aus den im Einzelmenschen wirksamen psychischen Mechanismen heraus zu verstehen sind und nicht etwa aus einer »Gruppenseele« als solcher.

Der Unterschied zwischen Personalpsychologie und Sozialpsychologie erweist sich als ein quantitativer, nicht als ein qualitativer. Die Personalpsychologie berücksichtigt alle Determinanten, die auf das Schicksal des einzelnen gewirkt haben und kommt so zu einem maximal vollständigen Bild von dessen individueller psychischer Struktur. Je mehr wir den Gegenstand der psychologischen Untersuchung verbreitern, das heißt, je größer die Zahl der Menschen ist, deren Gemeinsamkeiten es rechtfertigen, sie als Gruppe zum Objekt einer psychologischen Untersuchung zu machen, desto mehr müssen wir an Umfang der Einsicht in das Ganze der seelischen Struktur des einzelnen Gruppenmitgliedes verzichten. In diesem Sinne etwa müssen wir »Psychologie des Kindes« als Sozialpsychologie bezeichnen: Es wird hier eine Gruppe von Menschen untersucht, deren Schicksal in einer Reihe von Beziehungen, die psychologisch relevant sind, gemeinsam ist. Je mehr wir den Umfang des Objektes einschränken, also etwa durch Beschränkung auf die Psychologie des einzelnen oder mittleren Kindes, desto größer wird der Umfang unserer Einsicht in die Struktur des einzelnen Kindes dieser Gruppe. Dasselbe gilt für alle sozialpsychologischen Untersuchungen.

Je größer also die Zahl der Objekte einer psychologischen Untersuchung ist, desto geringer ist die Einsicht in die Ganzheit der psychischen Struktur des einzelnen innerhalb der zu untersuchenden Gruppe. Wenn dies nicht erkannt wird, kommt es leicht bei der Beurteilung der Ergebnisse sozialpsychologischer Untersuchungen zu Mißverständnissen. Man erwartet, etwas von der individuellen psychischen Struktur des einzelnen Gruppenmitgliedes zu hören, während die sozialpsychologische Untersuchung immer nur etwas über die allen Gruppenmitgliedern gemeinsamen psychischen Charaktere aussagen kann und die individuelle psychische Situation des einzelnen diesseits jener Gemeinsamkeiten nicht berücksichtigt. Die Darstellung der besonderen psychischen Eigenart des einzelnen kann niemals Aufgabe der Sozialpsychologie sein und ist immer nur möglich, wenn eine weitgehende Kenntnis des Lebensschicksals des Individuums vorhanden ist. Wenn also zum Beispiel in einer sozialpsychologischen Untersuchung festgestellt wird, daß eine Gruppe eine Regression von einer vaterfeindlichen Einstellung zu einer passiv-gefügigen Haltung vornimmt, so bedeutet diese Aussage etwas anderes, als wenn in einer personalpsychologischen Untersuchung dies vom einzelnen ausgesagt wird. Während es hier hieße, daß diese Regression für die gesamte Sohneseinstellung des Individuums gilt, heißt es dort, daß sie einen durchschnittlich allen Gruppenmitgliedern gemeinsamen Zug darstellt, der an bestimmter, näher anzugebender Stelle in Erscheinung tritt, aber im Leben des einzelnen neben anderen durch sein individuelles Schicksal bestimmten Tendenzen gegebenenfalls eine untergeordnete Rolle spielen kann. Der Wert sozialpsychologischer Einsicht kann also nicht darin liegen, daß wir einen Einblick in die psychische Eigenart des einzelnen Gruppenmitgliedes bekommen, sondern nur darin, daß wir diese gemeinsamen psychischen Tendenzen feststellen, deren überragende Bedeutung darin liegt, daß sie als gemeinsame eine entscheidende Rolle in der gesellschaftlichen Entwicklung spielen.

Die Überwindung einer prinzipiellen Gegenüberstellung von Personal- und Sozialpsychologie, wie sie von der Psychoanalyse geleistet wurde, führt als Konsequenz zur Einsicht, daß die Methode einer sozialpsychologischen Untersuchung grundsätzlich und im wesentlichen keine andere sein kann als die, welche die Psychoanalyse bei der Erforschung der Psyche des einzelnen anwendet. Es wird also gut sein, sich kurz auf das Wesentliche dieser Methode, insoweit es für unser Problem hier von Bedeutung ist, zu besinnen.

Freud geht davon aus, daß in der Verursachung der Neurosen – und dasselbe gilt für die Triebstruktur des Gesunden – mitgebrachte Sexualkonstitution und Erleben eine Ergänzungsreihe bilden. »An dem einen Ende der Reihe stehen die extremen Fälle, von denen Sie mit Überzeugung sagen können: Diese Menschen wären infolge ihrer absonderlichen Libidoentwicklung auf jeden Fall erkrankt, was immer sie erlebt hätten, wie sorgfältig sie das Leben auch geschont hätte. Am anderen Ende stehen die Fälle, bei denen Sie umgekehrt urteilen müssen, sie wären gewiß der Krankheit entgangen, wenn das Leben sie nicht in diese oder jene Lage gebracht hätte. Bei den Fällen innerhalb der Reihe trifft ein Mehr oder Minder von disponierender Sexualkonstitution mit einem Minder oder Mehr von schädigenden Lebensanforderungen zusammen. Ihre Sexualkonstitution hätte ihnen nicht die Neurose gebracht, wenn sie nicht solche Erlebnisse gehabt hätten, und diese Erlebnisse hätten nicht traumatisch auf sie gewirkt, wenn die Verhältnisse der Libido andere gewesen wären« (S. Freud, 1916–17, S. 360).

Der konstitutionelle Anteil an der psychischen Struktur des gesunden oder kranken Menschen bleibt bei der psychischen Erforschung der einzelnen für die Psychoanalyse – und beim heutigen Stande der Wissenschaft weitgehend für diese überhaupt – eine zu beachtende, aber unbekannte und nicht näher bestimmbare Größe. Das, worum sich die Psychoanalyse kümmert, ist das Erleben, und die Erforschung seines Einflusses auf die Triebentwicklung bei einer gegebenen psychischen Konstitution ist ihr Hauptziel. Sie weiß zwar, daß die Triebentwicklung des einzelnen mehr oder weniger von seiner Konstitution bestimmt ist, diese Einsicht ist eine Voraussetzung der psychoanalytischen Arbeit, aber diese selbst gilt ausschließlich der Erforschung der Frage nach der Einwirkung des Lebensschicksals auf die Triebentwicklung. In der Praxis bedeutet das, daß für die psychoanalytische Methode eine maximale Kenntnis des Lebensschicksals des einzelnen, vor allem seiner frühkindlichen Erlebnisse, aber durchaus nicht nur dieser, eine wesentliche Bedingung ist. Sie sucht den Zusammenhang zwischen der Spezifität der Schicksale und der Spezifität der Triebentwicklung. Da, wo man die Lebensschicksale des einzelnen nicht weitgehend kennt, ist jede Analyse unmöglich. Man kann wohl bei bestimmten typischen Verhaltensweisen, denen bestimmte typische Schicksale erfahrungsgemäß zugeordnet sind, auf Grund eines Analogieschlusses die entsprechenden Schicksale vermuten, aber alle solche Analogieschlüsse enthalten doch einen mehr oder weniger großen Unsicherheitsfaktor, und es kommt ihnen nur eine sehr beschränkte wissenschaftliche Geltung zu. Die Methode der Psychoanalyse des einzelnen ist also eine exquisit historische: Verständnis der Triebentwicklung aus der Kenntnis des Lebensschicksals.

Die Methode der Anwendung der Psychoanalyse auf Gruppen kann keine andere sein. Auch die gemeinsamen psychischen Haltungen der Angehörigen einer Gruppe sind nur zu verstehen aus den ihnen gemeinsamen Lebensschicksalen. Die psychoanalytische Sozialpsychologie kann nur eine ebenso historische Methode haben wie die psychoanalytische Personalpsychologie. So wie diese aus der Kenntnis der Lebensschicksale des einzelnen seine Triebkonstellation zu verstehen sucht, kann auch die Sozialpsychologie nur durch die genaue Kenntnis des Lebensschicksals eine Einsicht in die Triebstruktur der zu untersuchenden Gruppe gewinnen. Dabei besteht für den notwendigen Umfang der Kenntnis der Lebensschicksale ihrer Objekte dieselbe quantitative Differenz, wie sie oben für den Umfang des sozialpsychologisch erforschbaren Sektors der Einzelseele dargelegt wurde. So wie die Sozialpsychologie nur Aussagen über die allen gemeinsamen psychischen Haltungen machen kann, bedarf sie auch nur der Kenntnis der allen gemeinsamen und für alle charakteristischen Lebensschicksale. Nicht mehr, aber bestimmt auch nicht weniger.

Wenn auch die Methode der Sozialpsychologie grundsätzlich keine andere ist als die der Personalpsychologie, so gibt es doch eine Differenz, auf die hinzuweisen notwendig ist.

Die psychoanalytische Forschung hat es vorwiegend mit neurotischen, das heißt kranken Individuen zu tun, die sozialpsychologische Forschung mit Massen, beziehungsweise gesellschaftlichen Gruppen von normalen, das heißt nicht neurotisch erkrankten Personen.

Der neurotische Mensch ist charakterisiert dadurch, daß es ihm nicht gelungen ist, sich psychisch der ihn umgebenden Realität anzupassen, sondern daß er durch Fixierung gewisser Triebregungen, bestimmter psychischer Mechanismen, die in einer frühen Periode seiner Kindheit einmal angepaßt und entsprechend waren, in Konflikte mit der Realität kommt, die in der Neurose ihren Ausdruck finden. Die seelische Struktur des Neurotikers ist eben deshalb ohne die Kenntnis seiner frühkindlichen Erlebnisse fast ganz unverständlich, weil infolge seiner Neurose als Ausdruck seiner mangelnden Angepaßtheit, beziehungsweise des besonderen Umfangs infantiler Fixierungen, auch seine Situation als Erwachsener im wesentlichen von jener Situation als Kind determiniert ist. Auch für den Normalen sind die frühkindlichen Erlebnisse von entscheidender Bedeutung. Sein Charakter (im weitesten Sinn) ist von ihnen bestimmt und in seiner Totalität ohne sie unverständlich. Aber weil er sich in viel höherem Maße seelisch an seine Realität angepaßt hat als der Neurotiker, ist auch ein weit größerer Sektor seiner seelischen Struktur aus der realen Lebenssituation, in der er sich befindet, verständlich als bei diesem. Da die Sozialpsychologie nicht den Anspruch erhebt, die Totalität der psychischen Struktur des Gruppenmitgliedes zu verstehen, sondern nur die den Gruppenmitgliedern gemeinsamen psychischen Einstellungen, kann sie also, weil sie es mit Normalen, das heißt mit Menschen zu tun hat, auf deren seelische Situation die Realität einen ungleich höheren Einfluß hat als auf den Neurotiker, auch auf die Kenntnis der individuellen Kindheitserlebnisse der einzelnen Mitglieder der zu untersuchenden Gruppe verzichten und aus der Kenntnis der realen gesellschaftlich bedingten Lebenssituation, in die diese Menschen nach den ersten Kindheitsjahren gestellt sind, Verständnis für die ihnen gemeinsamen psychischen Haltungen gewinnen.

Die Problemstellung der sozialpsychologischen Untersuchung entspricht der Methodik. Sie will erforschen, in welcher Weise gewisse, den Mitgliedern einer Gruppe gemeinsame, psychische Haltungen ihren gemeinsamen Lebensschicksalen zugeordnet sind. Sowenig es beim einzelnen ein Produkt des Zufalls ist, ob diese oder jene Triebrichtung dominiert, ob der Ödipuskomplex diesen oder jenen Ausgang findet, ebensowenig ist es ein Zufall, ob in der gesellschaftlichen Entwicklung, sei es im zeitlichen Ablauf bei der gleichen, sei es gleichzeitig bei verschiedenen Schichten, Veränderungen der psychischen Eigenart stattfinden. Das Problem der sozialpsychologischen Untersuchung ist es aufzuzeigen, warum solche Veränderungen stattfinden und wie sie sich aus dem gemeinsamen Lebensschicksal der Gruppenangehörigen verstehen lassen. Auch die sozialpsychologische Untersuchung rechnet dabei mit den Gegebenheiten der psychischen Konstitution ihrer Objekte und übersieht nicht, daß das Erleben nur die eine Seite der »Ergänzungsreihe« darstellt. Aber in der Aufzeigung der Einwirkung des Lebensschicksals auf die psychische Struktur, beziehungsweise deren Rückwirkung auf das Lebensschicksal, besteht das eigentliche analytische Problem für die Sozialpsychologie ebensogut wie für die Personalpsychologie.

Sozialpsychologie als Verbindung von Psychoanalyse und historischem Materialismus

Die Soziologie, mit der die Psychoanalyse die meisten Berührungspunkte, aber auch die meisten Gegensätze zu haben scheint, ist der historische Materialismus.

Die meisten Berührungspunkte – denn sie sind beide materialistische Wissenschaften. Sie gehen nicht von »Ideen«, sondern vom irdischen Leben, von Bedürfnissen aus. Sie berühren sich im besonderen in ihrer gemeinsamen Einschätzung des Bewußtseins, das ihnen weniger Motor menschlichen Verhaltens als Spiegelbild anderer geheimer Kräfte zu sein scheint. Aber hier, bei der Frage nach dem Wesen dieser eigentlichen, das Bewußtsein bestimmenden Faktoren scheint ein unversöhnlicher Gegensatz zu bestehen. Der historische Materialismus sieht im Bewußtsein einen Ausdruck des gesellschaftlichen Seins, die Psychoanalyse einen des Unbewußten, der Triebe. Es entsteht die unabweisbare Frage, ob diese beiden Thesen in einem Widerspruch zueinander stehen und, wenn nicht, in welcher Weise sie sich zueinander verhalten und endlich, ob und warum eine Benutzung psychoanalytischer Methoden für den historischen Materialismus eine Bereicherung darstellt. [...]

Die Psychoanalyse fragt nach den den Mitgliedern einer Gruppe gemeinsamen seelischen Zügen, und sie versucht, diese gemeinsamen seelischen Haltungen aus gemeinsamen Lebensschicksalen zu erklären. Diese Lebensschicksale liegen aber nicht – je größer die Gruppe ist, um so weniger – im Bereich des Zufälligen und Persönlichen, sondern sie sind identisch mit der sozial-ökonomischen Situation eben dieser Gruppe. *Analytische Sozialpsychologie heißt also: die Triebstruktur, die libidinöse, zum großen Teil unbewußte Haltung einer Gruppe aus ihrer sozial-ökonomischen Struktur heraus zu verstehen.*

[...] Die konsequente Anwendung der Methode der analytischen Personalpsychologie auf soziale Phänomene ergibt folgende sozialpsychologische Methode: *Die sozialpsychologischen Erscheinungen sind aufzufassen als Prozesse der aktiven und passiven Anpassung des Triebapparates an die sozial-ökonomische Situation. Der Triebapparat selbst ist – in gewissen Grundlagen – biologisch gegeben, aber weitgehend modifizierbar; den ökonomischen Bedingungen kommt die Rolle als pri-*

mär formenden Faktoren zu. Die Familie ist das wesentlichste Medium, durch das die ökonomische Situation ihren formenden Einfluß auf die Psyche des einzelnen ausübt. Die Sozialpsychologie hat die gemeinsamen – sozial relevanten – seelischen Haltungen und Ideologien – und insbesondere deren unbewußte Wurzeln – aus der Einwirkung der ökonomischen Bedingungen auf die libidinösen Strebungen zu erklären.

Scheint soweit die Methode der Sozialpsychologie in einem guten Einklang sowohl mit der Methode der Freudschen Personalpsychologie wie auch mit den Anforderungen der materialistischen Geschichtsauffassung zu stehen, so ergeben sich neue Schwierigkeiten, wenn diese analytische Methode mit einer falschen, sehr verbreiteten Interpretation der marxistischen Theorie konfrontiert wird: der Auffassung des historischen Materialismus als psychologischer Theorie und speziell als ökonomistischer Psychologie. [...]

Der Gedanke, daß der »Erwerbstrieb« das wesentliche oder einzige Motiv des menschlichen Handelns sei, ist ein Gedanke des Liberalismus. Er wurde von bürgerlicher Seite einerseits als psychologisches Argument gegen die Verwirklichungsmöglichkeit des Sozialismus verwendet, andererseits aber wurde der Marxismus von seinen kleinbürgerlichen Anhängern im Sinne dieser ökonomistischen Psychologie interpretiert. In Wirklichkeit ist der historische Materialismus weit davon entfernt, eine psychologische Theorie zu sein. Er hat nur einige ganz wenige psychologische Voraussetzungen.

Zunächst die, daß es die *Menschen* sind, die ihre Geschichte machen, weiterhin die, daß es die *Bedürfnisse* sind, die das Handeln und Fühlen der Menschen motivieren (Hunger und Liebe) und weiterhin, daß diese Bedürfnisse im Laufe der gesellschaftlichen Entwicklung steigen und dieses *Steigen der Bedürfnisse* eine Bedingung für die steigende wirtschaftliche Tätigkeit darstellt.

Der ökonomische Faktor spielt im Zusammenhang mit der Psychologie im historischen Materialismus nur insofern eine Rolle, als die menschlichen Bedürfnisse – und zunächst die nach Selbsterhaltung – zum großen Teil ihre Befriedigung durch Produktion von Gütern finden, also in den Bedürfnissen der Hebel und Anreiz zur Produktion zu suchen ist. Marx und Engels haben wohl betont, daß unter den Bedürfnissen die nach Selbsterhaltung allen anderen voranstehen, sie haben sich im einzelnen aber über die Qualität der verschiedenen Triebe und Bedürfnisse nicht geäußert. Ganz gewiß aber haben sie nie den »Erwerbstrieb«, also das Bedürfnis, das auf den Erwerb *an sich*, den Erwerb als *Selbstzweck* geht, für das einzige oder auch nur wesentlichste Bedürfnis gehalten. Es ist nur eine naive Verabsolutierung eines psychischen Zuges, der in der kapitalistischen Gesellschaft eine unerhörte Stärke erlangt hat, wenn man ihn in dieser Stärke und Ausprägung für einen allgemeinmenschlichen deklariert. [...]

Wenn also in der materialistischen Geschichtsauffassung von ökonomischen Ursachen gesprochen wird, so ist nicht Ökonomie als *subjektives psychologisches Motiv*, sondern als *objektive Bedingung* der menschlichen Lebenstätigkeit gemeint. Alles menschliche Agieren, die Befriedigung aller Bedürfnisse hängt ab von der Eigenart der vorgefundenen natürlichen ökonomischen Bedingungen, und diese Bedingungen sind es, die das Wie des Lebens der Menschen vorschreiben. Das Bewußtsein der Menschen ist für Marx nur zu verstehen aus ihrem gesellschaftlichen Sein, aus ihrem irdischen, realen, eben durch den Stand der Produktivkräfte bedingten Leben. [...]

Die Psychoanalyse kann die Gesamtauffassung des historischen Materialismus an einer ganz bestimmten Stelle *bereichern, nämlich in der umfassenderen Kenntnis eines der im gesellschaftlichen Prozeß wirksamen Faktoren, der Beschaffenheit des Menschen selbst, seiner »Natur«.* Sie reiht den Triebapparat des Menschen in die Reihe der natürlichen Bedingungen ein, die selber modifizieren, aber in deren Natur auch die Grenzen der Modifizierbarkeit liegen. Der Triebapparat des Menschen ist eine der »natürlichen« Bedingungen, die zum Unterbau des gesellschaftlichen Prozesses gehören. Aber nicht der Triebapparat »im allgemeinen«, in seiner biologischen »Urform«. Als solcher erscheint er in Wirklichkeit niemals, sondern immer schon in einer bestimmten, eben durch den gesellschaftlichen Prozeß veränderten Form. Die menschliche Psyche bzw. deren Wurzeln, die libidinösen Kräfte, gehören mit zum Unterbau, sie sind aber nicht etwa *der* Unterbau, wie eine psychologistische Interpretation meint, und *die* menschliche Psyche ist auch immer nur die durch den gesellschaftlichen Prozeß modifizierte Psyche. Der historische Materialismus verlangt eine Psychologie, das heißt eine Wissenschaft von den seelischen Eigenschaften des Menschen. Erst die Psychoanalyse hat eine Psychologie geliefert, die für den historischen Materialismus brauchbar ist.

Diese Ergänzung ist besonders aus folgendem Grunde wichtig. Marx und Engels konstatierten die Abhängigkeit allen ideologischen Geschehens vom ökonomischen Unterbau, sahen im Geistigen »das in den Menschenkopf umgesetzte Materielle«. Gewiß konnte in vielen Fällen der historische Materialismus auch ohne alle psychologischen Voraussetzungen richtige Antworten geben. Aber doch nur entweder da, wo die Ideologie einen mehr oder weniger zweckrationalen Charakter mit Bezug auf gewisse Klassenziele trägt oder da, wo es sich darum handelt, richtige Zuordnungen zwischen ökonomischem Unterbau und ideologischem Überbau vorzunehmen, ohne doch zu erklären, wie der Weg von der Ökonomie zum menschlichen Kopf oder Herz geht. Aber über das *Wie* der Umsetzung des Materiellen in den Menschenkopf konnten und wollten – mangels einer brauchbaren Psychologie – Marx und Engels keine Antwort geben. Die Psychoanalyse kann zeigen, daß die Ideologien die Produkte von bestimmten Wünschen, Triebregungen, Interessen, Bedürfnissen sind, die, selber zum großen Teil nicht bewußt, als »Rationalisierung« in Form der Ideologie auftreten; daß aber diese Triebregungen selbst zwar einerseits auf der Basis biologisch bedingter Triebe erwachsen, aber weitgehend ihrer Quantität und ihrem Inhalt nach von der sozialökonomischen Situation des Individuums bzw. seiner Klasse geprägt sind. Wenn, wie Marx sagt, die Menschen die Produzenten ihrer Ideologie sind, so kann eben gerade die Analytische Sozialpsychologie die Eigenart dieses Produktionsprozesses der Ideologien, die Art des Zusammenwirkens »natürlicher« und gesellschaftlicher Faktoren in ihm beschreiben und erklären. *Die Psychoanalyse kann also zeigen, wie sich auf dem Wege über das Triebleben die ökonomische Situation in Ideologie umsetzt.* Dabei ist ganz besonders zu betonen, daß dieser »Stoffwechsel« zwischen Triebwelt und Umwelt dazu führt, daß sich der Mensch als solcher verändert, genauso wie die »Arbeit« die außermenschliche Natur verändert. Die Richtung dieser Veränderung des Menschen kann hier nur angedeutet werden. Sie liegt vor allem in dem von Freud verschiedentlich betonten Wachstum der Ich-Organisation und dem damit verbundenen Wachstum der Sublimierungsfähigkeit. Die Psychoanalyse erlaubt uns also, die Ideologiebildung als eine Art »Arbeitsprozeß«, als eine der Situationen des Stoffwechsels zwischen Mensch und Natur anzusehen, wobei die Besonderheit darin liegt, daß die »Natur« in diesem Fall innerhalb und nicht außerhalb des Menschen liegt.

Die Psychoanalyse kann gleichzeitig über die Wirkungsweise der Ideologien oder Ideen auf die Gesellschaft Aufschluß geben. Sie kann aufzeigen, daß die Wirkung einer »Idee« wesentlich auf ihrem unbewußten und an bestimmte Triebtendenzen appellierenden Gehalt beruht, das heißt, daß es Art und Stärke des libidinösen Resonanzbodens der Gesellschaft oder einer Klasse ist, die über die soziale Wirkung der Ideologien mitbestimmt. [...]

Der Grad der *Fruchtbarkeit* einer psychoanalytischen Sozialpsychologie hängt natürlich ab von dem Grad der Bedeutung, den die libidinösen Kräfte im gesellschaftlichen Prozeß haben. Eine auch nur einigermaßen vollständige Untersuchung müßte weit über den Rahmen dieses Aufsatzes hinausführen. Wir begnügen uns deshalb an dieser Stelle mit einigen andeutenden grundsätzlichen Bemerkungen.

Wenn man fragt, durch welche Kräfte eine bestimmte Gesellschaft in ihrer Stabilität gehalten, durch welche andererseits diese Stabilität erschüttert wird, so sieht man, daß es zwar die ökonomischen Bedingungen, die gesellschaftlichen Widersprüche sind, die über Stabilität oder Zerfall einer Gesellschaft entscheiden, daß aber der Faktor, der auf der Basis dieser Bedingungen ein überaus wichtiges Element in der gesellschaftlichen Struktur darstellt, die in den Menschen wirksamen libidinösen Tendenzen sind. Gehen wir zunächst von einer relativ stabilen gesellschaftlichen Konstellation aus. Was hält die Menschen zusammen, was macht gewisse Solidaritätsgefühle, was gewisse Einstellungen der Unter- und Überordnung möglich? Gewiß, es ist der äußere Machtapparat (also Polizei, Justiz, Militär usw.), der die Gesellschaft nicht aus den Fugen gehen läßt. Gewiß, es sind die zweckrationalen, egoistischen Interessen, die zur Formierung und Stabilität beitragen. Aber weder der äußere Machtapparat noch die rationalen Interessen würden ausreichen, um das Funktionieren der Gesellschaft zu garantieren, wenn nicht die libidinösen Strebungen der Menschen hinzukämen. Es sind die libidinösen Kräfte der Menschen, die gleichsam den Kitt formieren, ohne den die Gesellschaft nicht zusammenhielte, und die zur Produktion der großen gesellschaftlichen Ideologien in allen kulturellen Sphären beitragen.

Verdeutlichen wir dies an einer besonders wichtigen gesellschaftlichen Konstellation, am Verhältnis der Klassen zueinander. In der uns bekannten Geschichte herrscht eine Minorität über die Majorität der Gesellschaft. Diese Klassenherrschaft war nicht der Erfolg von List und Betrug, wie es etwa die Aufklärung darstellt, sondern sie war notwendig und bedingt von der ökonomischen Gesamtsituation der Gesellschaft, vom Stand der Produktivkräfte. So erscheint etwa Necker »das Volk durch Eigentumsgesetze verdammt, immer nur das Allernotwendigste für seine Arbeit zu bekommen«.

Die Gesetze werden als Schutzmaßregeln der Besitzenden gegen die Besitzlosen angesehen. Sie seien, so schreibt Linguet, gewissermaßen »eine Verschwörung gegen den zahlreichsten Teil des Menschengeschlechts, gegen den dieser nirgends und auf keine Art Hilfe finden könne« (zit. nach K. Grünberg, 1924, S. 31).

Die Aufklärung hat das Abhängigkeitsverhältnis beschrieben und kritisiert, wenn sie auch seine ökonomische Bedingtheit nicht erkannte. In der Tat entspricht die Feststellung der Herrschaft einer Minorität dem geschichtlichen Verlauf. Welches sind aber die Faktoren, die diesem Abhängigkeitsverhältnis Bestand verleihen?

Es sind wohl in erster Reihe die Mittel physischen Zwangs, und es sind bestimmte Gruppen, die mit der Handhabung dieser Mittel beauftragt sind, aber daneben gibt es noch einen anderen wichtigen Faktor: die libidinösen Bindungen, Angst, Liebe, Vertrauen, die die Seelen der Majorität in ihrem Verhältnis zur herrschenden Klasse erfüllen. Diese seelische Einstellung ist aber keine willkürliche, zufällige, sie ist der Ausdruck der libidinösen Anpassung der Menschen an die ökonomisch notwendigen Lebensbedingungen. Da und solange diese die Herrschaft einer Minorität über eine Majorität notwendig machen, paßt sich auch die Libido dieser ökonomischen Struktur an und wird damit selbst zu einem das Klassenverhältnis stabilisierenden Moment.

Über der Anerkennung der *ökonomischen Bedingtheit* der libidinösen Struktur darf aber die Sozialpsychologie nicht vergessen, die *psychologische Basis* dieser Struktur zu untersuchen; das heißt, es ist nicht nur zu erforschen, warum diese libidinöse Struktur *notwendig* ist, sondern auch wie sie psychologisch möglich ist, durch welche Mechanismen sie funktioniert. Bei der Untersuchung dieser Wurzeln der libidinösen Bindung der Majorität an die herrschende Minorität wird etwa die Sozialpsychologie feststellen, daß diese Bindung eine Wiederholung bzw. eine Fortsetzung der seelischen Haltung ist, die diese erwachsenen Menschen als Kinder zu ihren Eltern, speziell zu ihrem Vater gehabt haben (innerhalb der bürgerlichen Familie).

Es handelt sich um eine Mischung von Bewunderung, Angst, Glauben an die Kraft, Klugheit und guten Absichten des Vaters, das heißt affektiv bedingte Überschätzung seiner intellektuellen und moralischen Qualitäten, wie wir sie beim Kind im Verhältnis zum Vater wie beim Erwachsenen innerhalb der patriarchalischen Klassengesellschaft im Verhältnis zum Angehörigen der herrschenden Klasse finden. Hiermit eng verknüpft sind gewisse moralische Prinzipien, die es den Armen vorziehen lassen zu leiden, als »Unrecht« zu tun, die ihn glauben lassen, der Sinn seines Lebens sei Gehorsam und Pflichterfüllung im Dienste der Mächtigen usf. Auch diese für die soziale Stabilität so überaus wichtigen ethischen Vorstellungen sind das Produkt bestimmter affektiver, emotionaler Beziehungen zu denjenigen, die diese Vorstellungen inaugurieren und vertreten.

Selbstverständlich wird es nicht dem Zufall überlassen, ob solche Vorstellungen entstehen oder nicht. Vielmehr dient ein ganz wesentlicher Teil des Kulturapparates dazu, die sozial geforderte Haltung systematisch und planmäßig zu schaffen. Die Darstellung der Rolle, die das gesamte Erziehungswesen oder auch zum Beispiel die Strafjustiz hierbei spielen, ist eine wichtige Aufgabe der Sozialpsychologie.

Wir haben die libidinösen Beziehungen zwischen der herrschenden Minorität und der beherrschten Majorität herausgegriffen, weil dieses Verhältnis der soziale wie psychische Kern jeder Klassengesellschaft ist. Aber auch alle anderen Beziehungen innerhalb der Gesellschaft tragen ihr besonderes libidinöses Gepräge. Etwa die Beziehungen der Angehörigen der gleichen Klasse weisen eine andere psychische Färbung innerhalb des Kleinbürgertums als innerhalb des Proletariats auf, die libidinöse Beziehung zum politischen Führer ist psychologisch anders strukturiert beim seine Klasse zwar führenden, aber sich mit ihr identifizierenden und ihren Wünschen dienenden, proletarischen und anders bei dem der Masse als starker Mann, als mächtiger, vergrößerter *pater familias* gegenüberstehenden, kommandierenden Führer.

Entsprechend der Mannigfaltigkeit der möglichen libidinösen Beziehungen herrschen auch tatsächlich die allerverschiedensten Arten gefühlsmäßiger Bindungen innerhalb der Gesellschaft. Ihre Beschreibung und Erklärung ist an dieser Stelle auch nur andeutungsweise ganz unmöglich. Es ist dies eine Hauptaufgabe einer analytischen Sozialpsychologie. Nur so viel muß gesagt werden, daß jede Gesellschaft, so wie sie eine bestimmte ökonomische und eine soziale, politische und geistige Struktur hat, auch eine ihr ganz spezifische *libidinöse Struktur* hat. Die libidinöse Struktur ist das Produkt der Einwirkung der sozial-ökonomischen Bedingungen auf die Triebtendenzen, und sie ist ihrerseits ein wichtiges bestimmendes Moment für die Gefühlsbindung innerhalb der verschiedenen Schichten der Gesellschaft wie auch für die Beschaffenheit des »ideologischen Überbaus«. Die libidinöse Struktur einer Gesellschaft ist das Medium, in dem sich die Einwirkung der Ökonomie auf die eigentlich menschlichen, seelisch-geistigen Erscheinungen vollzieht.

Selbstverständlich bleibt die libidinöse Struktur einer Gesellschaft sowenig konstant wie ihre ökonomische und soziale. Sie hat aber eine relative Konstanz, solange die Gesellschaftsstruktur in einem gewissen Gleichgewicht ist, das heißt also in den relativ konsolidierten Phasen der gesellschaftlichen Entwicklung. Mit dem Wachsen der objektiven Widersprüche innerhalb der Gesellschaft, mit der beginnenden stärkeren Zersetzung einer bestimmten Gesellschaftsform treten auch gewisse Veränderungen in der libidinösen Struktur der Gesellschaft ein; traditionelle, die Stabilität der Gesellschaft erhaltende Bindungen verschwinden, traditionelle Gefühlshaltungen ändern sich. Libidinöse Kräfte werden zu neuen Verwendungen frei und verändern damit ihre soziale Funktion. Sie tragen nun nicht mehr dazu bei, die Gesellschaft zu erhalten, sondern sie führen zum Aufbau neuer Gesellschaftsformationen, sie hören gleichsam auf, Kitt zu sein und werden Sprengstoff. [...]

Innerhalb der Auffassung des historischen Materialismus findet die analytische Psychologie eindeutig ihren Platz. Sie untersucht einen der im Verhältnis Gesellschaft-Natur wirksamen natürlichen Faktoren, die menschliche Triebwelt, die aktive und passive Rolle, die sie innerhalb des gesellschaftlichen Prozesses spielt. Sie untersucht damit zugleich einen entscheidenden zwischen der ökonomischen Basis und der Ideologiebildung vermittelnden Faktor. Die Analytische Sozialpsychologie ermöglicht dadurch das volle Verständnis des ideologischen Überbaus aus dem zwischen Gesellschaft und Natur sich abspielenden Prozeß.

Kurz zusammengefaßt ist das Ergebnis dieser Untersuchung über Methode und Aufgabe einer psychoanalytischen Sozialpsychologie:

Die *Methode* ist die der klassischen Freudschen Psychoanalyse, das heißt auf soziale Phänomene übertragen: Verständnis der gemeinsamen, sozial relevanten seelischen Haltungen aus dem Prozeß der aktiven und passiven Anpassung des Triebapparates an die sozial-ökonomischen Lebensbedingungen der Gesellschaft.

Die *Aufgabe* einer psychoanalytischen Sozialpsychologie liegt zunächst in der Herausarbeitung der sozial wichtigen libidinösen Strebungen, mit anderen Worten in der Darstellung der libidinösen Struktur der Gesellschaft. Ferner hat die Sozialpsychologie die Entstehung dieser libidinösen Struktur und ihre Funktion im gesellschaftlichen Prozeß zu erklären. Die Theorie, wie die Ideologien aus dem Zusammenwirken von seelischem Triebapparat und sozial-ökonomischen Bedingungen entstehen, wird dabei ein besonders wichtiges Stück sein.

Der dynamische Charakterbegriff

Für die Behavioristen ist bei der Erforschung des Menschen das Verhalten die letzte erreichbare und gleichzeitig wissenschaftlich befriedigende Gegebenheit. Für sie sind Verhaltensmerkmale und Charakterzüge identisch, ja von einem positivistischen Standpunkt aus mag es sogar als illegitim angesehen werden, den Begriff »Charakter« in einem wissenschaftlichen Sinn zu gebrauchen.

Vom psychoanalytischen Standpunkt aus ist ein Charakterzug ein energiegeladener Teil des gesamten Charaktersystems, das man nur ganz verstehen kann, wenn man die Gesamtstruktur versteht. Die Charakterzüge sind die Wurzeln der Verhaltensmerkmale, und ein bestimmter Charakterzug kann in einem oder mehreren verschiedenen Verhaltensmerkmalen zum Ausdruck kommen; seine Existenz kann dem Betreffenden nicht bewußt sein, doch kann man aus verschiedenen Phänomenen (wie aus scheinbar unbedeutenden Einzelheiten des Verhaltens, aus Träumen usw.) darauf schließen.

Das Verhalten, das im wesentlichen eine Anpassung an reale Umstände ist, ändert sich verhältnismäßig leicht, wenn die Umstände ein andersartiges Verhalten ratsamer erscheinen lassen; Charakterzüge bleiben gewöhnlich auch dann bestehen, wenn sie unter veränderten Umständen schädlich sind, was besonders für neurotische Charakterzüge gilt.

Die Entdeckung des dynamischen Charakterbegriffs war zweifellos einer der wichtigsten Beiträge Freuds zur Wissenschaft vom Menschen. Er begann 1908 mit seiner Entwicklung in seiner ersten Abhandlung über den analen Charakter. Das Wesentliche an der Abhandlung ›Charakter und Analerotik‹ (S. Freud, 1908b) war die Erkenntnis, daß bestimmte Charakterzüge, nämlich Eigensinn, Ordentlichkeit und Sparsamkeit, auffallend häufig als ein Syndrom von Charakterzügen nebeneinander zu finden sind. War dieses Syndrom gegeben, so waren außerdem stets auch bestimmte Besonderheiten bei der Erziehung des Kleinkindes zur Sauberkeit und zur Kontrolle des Schließmuskels und besondere Verhaltensweisen im Zusammenhang mit Verdauung und Defäkation zu beobachten. Zunächst brachte Freud die Entdeckung eines Syndroms von Verhaltensmerkmalen mit der (teilweise als Reaktion auf gewisse

Forderungen der Erziehung entstandenen) Verhaltensweise des Kindes bei Verdauung und Defäkation in Zusammenhang. Neu und bemerkenswert an diesem Schritt war die Tatsache, daß er die beiden Verhaltenskomplexe aufgrund theoretischer Überlegungen, die sich auf seine frühere Annahme von der Entwicklung der Libido gründeten, zueinander in Beziehung setzte. Dieser Annahme gemäß wird der Anus in einer frühen Phase der kindlichen Entwicklung, nachdem der Mund aufgehört hat, das Hauptorgan von Lust und Befriedigung zu sein, zu einer wichtigen erogenen Zone, so daß sich die meisten libidinösen Wünsche jetzt um den Prozeß von Zurückhaltung und Entleerung der Exkremente drehen. In einem zweiten Schritt erklärte Freud dieses Syndrom von Verhaltensmerkmalen als Sublimierung oder Reaktionsbildung auf libidinöse Befriedigung und Frustration der Analität. Im Eigensinn und in der Sparsamkeit sah er die Sublimierung der ursprünglichen Weigerung des Kindes, auf das Lustgefühl bei der Zurückhaltung des Stuhls zu verzichten, in der Ordentlichkeit die Reaktionsbildung auf seinen ursprünglichen Wunsch, sich zu entleeren, wenn es ihm gefiel. Das ursprünglich von Freud angenommene anale Syndrom, mit dem er die Charakterzüge erklärte, hat er später noch durch andere Charakterzüge erweitert. (Übertriebene Reinlichkeit und Pünktlichkeit sind ebenfalls als Reaktionsbildungen auf die ursprünglichen analen Impulse zu verstehen.) Freud zeigte, daß diese drei ursprünglichen Züge des Syndroms, von denen man glaubte, daß sie in keinerlei Beziehung zueinander stünden, Teile einer Struktur oder eines Systems bilden, weil sie alle auf die gleiche Quelle der analen Libido zurückgehen, welche sich in diesen Charakterzügen entweder unmittelbar oder in Form einer Reaktionsbildung oder Sublimierung äußert. Auf diese Weise konnte Freud erklären, warum diese Charakterzüge mit Energie geladen und derart resistent gegenüber Veränderung sind. Prinzipiell das gleiche Verfahren wandte er bei der Untersuchung des oral-rezeptiven und des oral-sadistischen Charakters sowie des genitalen Charakters an. Die wichtigste spätere Hinzufügung zum Begriff des analen Charakters war die Annahme, daß sadistisches Verhalten ebenfalls Bestandteil des analen Syndroms ist.

Es ist unverkennbar, wie fruchtbar dieser neue dynamische Charakterbegriff für die Erforschung des individuellen oder gesellschaftlichen Verhaltens ist. Ein einfaches Beispiel soll dies verdeutlichen: Wenn ein Mensch arm ist, dann kann sein Verhalten die Merkmale des Hortens und des Geizes aufweisen, das heißt, er wird nur mit größtem Widerstreben mehr Geld ausgeben, als unbedingt notwendig ist. Dabei kann es sich natürlich um ein Verhaltensmerkmal handeln, das den Erfordernissen seiner realen Situation entspricht. Ein armer Mensch muß sich notgedrungen so verhalten, wenn er überleben will. Sollte sich seine wirtschaftliche Lage bessern, änderte sich auch sein Verhalten und er scheute nicht mehr jede Ausgabe, die nicht unbedingt nötig ist. Wir bezeichnen einen solchen Menschen als sparsam. Ist Sparsamkeit jedoch ein Charakterzug, so ist sie von der wirtschaftlichen Lage des Betreffenden unabhängig. Wir bezeichnen diesen Typ des charakterologisch sparsamen Menschen als einen »Geizhals«, womit wir uns mehr auf seinen Charakter als auf sein sparsames Verhalten beziehen. (Den Charakter des Geizhalses haben Molière und Balzac meisterhaft beschrieben.) Solange ein solcher Mensch arm ist, wird man selbstverständlich geneigt sein, sein Verhalten als Reaktion auf die Armut zu erklären. Eine solche Erklärung straft sich jedoch selbst Lügen, wenn der Geizhals sich auch dann, wenn er zu Reichtum gekommen ist, noch immer so verhält wie früher.

Geiz als Charakterzug ist nicht angelernt und auch keine Anpassungsreaktion. Denn 1. ist dieser Geiz auch bei Menschen zu finden, für die er keine Notwendigkeit ist und die ihn niemals gelernt haben. (Wir wissen von einem Millionär zum Beispiel, daß er nicht wenig Zeit und Energie darauf verwandte, um sicherzugehen, daß kein von ihm oder seinem Büro abgeschickter Brief überfrankiert war.) Der Geizige handelt 2. nach dem Prinzip des Hortens, und zwar nicht nur hinsichtlich materieller Dinge und da, wo das Sparen noch als nutzbringend rationalisiert werden könnte, sondern auch wenn es darum geht, seine physische, sexuelle oder seelische Energie zu sparen, weil er alles, was er an Energie ausgibt, als Verlust empfindet. 3. Wenn der Geizige seiner Charakterstruktur entsprechend handelt, empfindet er eine starke Befriedigung, die man gelegentlich an seinem selbstgefälligen Gesichtsausdruck ablesen kann. 4. Jeder Versuch, seine Verhaltensstruktur zu ändern, stößt auf große Schwierigkeiten (Widerstand). Mancher Geizige, der in einem Milieu lebt, wo ein geiziges Verhalten nicht geschätzt wird, möchte sein Verhaltensmuster gern ändern, ist aber dazu nicht fähig. Wenn es sich nur um ein angelerntes Verhalten handelte, wäre das kaum zu verstehen. Es wird jedoch durchaus verständlich, wenn man darin einen mit Energie geladenen Charakterzug sieht, der Bestandteil eines Charaktersystems ist und der sich nur ändern kann, wenn sich das ganze System ändert. Hätten die Behavioristen recht, dann wäre es in der Tat kaum zu verstehen, weshalb Einzelpersonen oder auch ganze Gesellschaftsklassen oft gegen ihre eigenen Interessen, ja sogar gegen ihr Interesse am Überleben handeln, obwohl vernünftig und realistisch gesehen alternative Verhaltensmuster zur Verfügung stünden. Tatsächlich sind alle irrationalen Leidenschaften des Menschen, von denen die Geschichte ein trauriges Zeugnis gibt, nicht ein Ausdruck der Anpassung, sondern sogar schädlich. Häufig ist die Unfähigkeit von Gesellschaften, ihre traditionellen Charakterzüge in angemessenere zu verändern, eine der Ursachen für ihren Untergang.

Als ein weiteres Beispiel, um den Unterschied zwischen einem Verhaltensmerkmal und einem Charakterzug zu verdeutlichen, kann der Mut dienen. Mutiges Verhalten läßt sich beschreiben als ein Verhalten, bei dem sich der Mensch in der Verfolgung eines Zieles nicht leicht durch Gefährdung seines Lebens, seiner Gesundheit und Freiheit oder seines Besitzes abschrecken läßt. Diese Definition gilt praktisch für alle Arten mutigen Verhaltens. Ganz anders sieht es aus, wenn wir die – oft unbewußte – Motivation für mutiges Verhalten betrachten. Ein mutiger Mensch (zum Beispiel ein Soldat im Krieg) kann durch seine Hingabe an ein bestimmtes Ziel oder durch sein Pflichtgefühl motiviert sein, und wir denken meist an diese Motivation, wenn wir vom Mut als von einer Tugend sprechen. Aber Mut kann auch von Eitelkeit, von dem Verlangen nach Anerkennung und Bewunderung motiviert sein; es können Selbstmordtendenzen im Spiel sein, und der Verlust des Lebens kann – wenn auch unbewußt – erwünscht sein. Ein Mensch kann auch aus Mangel an Vorstellungsvermögen mutig sein, der ihn blind macht gegen Gefahren, oder Angst haben, als Feigling angesehen zu werden. Auch Alkohol fördert ihn. (Im Ersten Weltkrieg wurden deshalb in manchen Armeen vor einem Angriff größere Mengen Alkohol ausgeteilt. So wußten etwa die italienischen Soldaten immer schon im voraus, daß ein Angriff beabsichtigt war, weil große Mengen Wein herbeigeschafft wurden.) Natürlich können alle genannten Faktoren untereinander in Beziehung stehen.

Sind sich die Menschen ihrer Motivationen bewußt? Welches die Motive eines mutig handelnden Menschen auch immer sein mögen, sowohl er als auch die Zeugen seines Verhaltens werden im allgemeinen glauben, er sei von Hingabe oder Pflichtgefühl motiviert. Sobald die motivierende Kraft nicht Hingabe, sondern vielleicht ein weniger edler Impuls ist, besteht die Wahrscheinlichkeit, daß die wahren Motive unbewußt bleiben.

Ist das Verhalten trotz unterschiedlicher Motivationen wirklich gleich? Oberflächlich besehen scheint es so zu sein, eine genauere Analyse des Verhaltens zeigt jedoch Unterschiede. Nehmen wir zum Beispiel einen Offizier, der einer Kompanie vorsteht. Sofern er aus einem Gefühl der Hingabe an ein hohes Ziel oder aus Pflichtgefühl handelt, wird er Risiken eingehen – und dies auch von seinen Soldaten verlangen –, die in einem angemessenen Verhältnis zu den taktischen Zielen stehen. Motivieren ihn dagegen Eitelkeit oder Selbstmordtendenzen, dann wird er das Leben seiner Soldaten (und auch sein eigenes) unnötigerweise aufs Spiel setzen. Unter Umständen führt er sogar die Befehle seiner Vorgesetzten nicht durch und beeinträchtigt so die allgemeine Taktik oder die strategische Gesamtplanung. Unterschiedliche Motivationen der führenden Generäle und Politiker können auf diese Weise über Leben und Tod ganzer Nationen entscheiden.

Noch ein anderer wichtiger Unterschied zwischen Verhaltensmerkmalen und Charakterzügen ist zu erwähnen: Verhaltensweisen sind Anpassungsvorgänge an eine bestimmte gesellschaftliche Situation und im wesentlichen das Ergebnis eines Lernprozesses. Darum lassen sie sich – wie bereits erwähnt – auch verhältnismäßig leicht verändern, sobald sich die Bedingungen ändern. Charakterzüge hingegen sind Teil eines dynamischen Systems, des Charaktersystems. Sie ändern sich nur, insofern sich das gesamte System ändert, jedoch nicht unabhängig vom System. Das System als Ganzes hat sich aber als Reaktion auf die gesellschaftliche Gesamtkonfiguration herausgebildet. Diese Reaktion ist nicht willkürlich, sondern durch die Natur des Menschen bedingt, welche darüber entscheidet, in welche Kanäle menschliche Energie geleitet werden kann. *Das Charaktersystem stellt die relativ beständige Form dar, in der menschliche Energie im Prozeß der Bezogenheit auf andere und der Assimilierung mit der Natur Gestalt angenommen hat.* Das System Charakter ist das Ergebnis der dynamischen Wechselwirkung zwischen dem System Mensch und dem System Gesellschaft, in dem der Mensch lebt.

Die Eigenart, daß der Charakter die Qualität eines Systems oder einer Struktur hat, ist für Freuds Charakterbegriff von ausschlaggebender Bedeutung. Vielleicht hat deshalb der Freudsche Charakterbegriff nicht das volle Verständnis und die verdiente Anerkennung gefunden. Es ist zu hoffen, daß das gegenwärtige Interesse am Begriff des Systems und der Struktur auch zu einer neuen Wertschätzung der psychoanalytischen Charakterauffassung führen wird.

Der dynamische Charakterbegriff gewinnt seine Bedeutung jedoch erst dann, wenn man ihn nicht wie Freud von einem mechanistisch-physiologischen Standpunkt aus betrachtet, sondern von einem sozio-biologischen. Die Determiniertheit des Handelns durch Instinkte ist ja beim Menschen schwächer als bei sämtlichen anderen Lebewesen. Tatsächlich gibt es im Menschen kaum noch ein rein instinktives Verhalten. Der Mensch muß aber dennoch wie alle anderen Lebewesen handeln und Entscheidungen treffen. Im Gegensatz zu diesen kann er sie jedoch nicht automatisch treffen, weil seine Entschlüsse nicht von Instinkten bestimmt sind. Müßte andererseits jeder Entschluß aufgrund bewußter Entscheidungen gefaßt werden, wäre der Betreffende von der Informationsfülle und von Zweifeln überwältigt. Viele lebenswichtige Entscheidungen müssen innerhalb eines Zeitraumes gefällt werden, der kein langes Abwägen mehr zuläßt. Der Charakter in diesem Sinne wird zu einem *Ersatz für den Instinkt.* Ein Mensch mit einem Charakter, den Freud als »anal« bezeichnet, wird »instinktiv« horten, Ausgaben scheuen und gegen eine Bedrohung seines Besitzes heftig reagieren. Er braucht über diese Reaktionen nicht erst *nachzudenken,* weil sein Charaktersystem ihn spontan – ohne Überlegung – handeln läßt, obwohl seine Handlungsweise nicht vom Instinkt beherrscht ist. (Der Widerspruch zwischen der Theorie des von Instinkten determinierten und des durch Lernen konditionierten Verhaltens könnte unserer Meinung nach dadurch gelöst werden, daß beide Seiten eingehend die Charakterleidenschaften studierten, die nicht instinktiv, aber im wesentlichen auch nicht erlernt sind, sondern bei denen es sich um eine dynamische Anpassung des Systems psychischer Energie [des Charakters] an die gegebenen Verhältnisse handelt.)

Eine weitere signifikante Funktion des Charakters im dynamischen Sinn ist darin zu sehen, daß er die Handlungsweise eines Menschen vereinheitlicht. Der anale Charakter, der zum Horten, zur Pünktlichkeit, zur übertriebenen Reinlichkeit und zum Argwohn neigt und sich ständig in der Defensive befindet, hat ein in sich geschlossenes System aufgebaut, das seine eigene

Logik und Ordnung besitzt. Er ist nicht heute geizig und morgen großzügig oder heute kalt und zugeknöpft und morgen warm und aufgeschlossen. Anders gesagt, es wird durch die vereinheitlichende Eigenschaft des Systems eine ständige Reibung zwischen unterschiedlichen Tendenzen vermieden. Zu dieser Reibung käme es, wenn der Betreffende jede seiner Entscheidungen bewußt als Ergebnis von Entschlüssen und Stimmungen treffen müßte. Die Funktion der Vereinheitlichung ist deshalb wichtig, weil sonst die Reibung miteinander im Widerstreit stehender Tendenzen zu einem deutlichen Energieverlust innerhalb des Gesamtsystems führen würde. Tatsächlich wäre in diesem Fall das Leben recht schwierig.

Nachdem wir auf die Bedeutung von Freuds Entdeckung des dynamischen Charakterbegriffs hingewiesen haben, ist noch hinzuzufügen, daß dieser Begriff vor Freud natürlich keineswegs unbekannt war. Von Heraklit, der gesagt hat, der Charakter sei des Menschen Schicksal, und den griechischen Tragödien bis zu Shakespeares Dramen und Balzacs Romanen finden wir das gleiche Charakterkonzept, daß nämlich der Mensch dazu getrieben wird, sich auf bestimmte Weise zu verhalten, daß es mehrere Charaktersysteme gibt, die zu unterschiedlichen Verhaltensweisen führen und daß man eine Persönlichkeit nur verstehen kann, wenn man das dem Verhalten zugrunde liegende System begreift. Aber Freud war der erste Wissenschaftler und Psychologe, der auf wissenschaftliche Weise einen Charakterbegriff ausgearbeitet hat und der die Grundlagen für ein systematisches Studium der Charakterstruktur legte.

Obwohl die hier vertretene Auffassung des Charakters sich auf diese Grundlagen stützt, unterscheidet sie sich doch hinsichtlich einer Reihe theoretischer Elemente, die ein Bestandteil von Freuds ursprünglicher Theorie waren.

Vor allem sind wir nicht der Ansicht, daß der Trieb in menschlichen Beziehungen bestimmend ist. So gründet sich zum Beispiel die Bindung des Kleinkindes an seine Mutter nicht in erster Linie auf die Befriedigung des Saugtriebs, sondern ist in einem viel weiteren Sinn zu verstehen. Die Befriedigung des Saugbedürfnisses gehört zwar zu den Funktionen der Mutter, doch gibt es andere Funktionen, die wichtiger sind, wie zum Beispiel den Hautkontakt. Noch wichtiger jedoch ist die bedingungslose Liebe, die nicht mit einem spezifischen Bedürfnis zusammenhängt, sondern vielmehr mit der Gesamteinstellung der Mutter zum Kind. Die Mutter ist immer da, sie ist immer bereit zu helfen, einen unbehaglichen Zustand zu beheben, zu antworten. Für das Kind ist sie die Vermittlerin der gesamten Realität, ja, sie ist die Realität, die Welt selbst. Sie ist wie eine Göttin, die tröstet und auf die sich das Kind jederzeit verlassen kann, zumindest in seinen ersten Lebensjahren. Die entscheidende Frage ist deshalb für das Kind nicht eine mechanistische: welche Instinkte befriedigt werden, sondern die sozio-biologische: welche Funktion die Mutter im und für den Lebensprozeß des Kindes an einem bestimmten Punkt seiner Entwicklung erfüllt.

Freuds klinische Beschreibung des oral-rezeptiven, des oral-ausbeuterischen und des analen Charakters scheint uns im wesentlichen richtig und durch Erfahrungen bei der Analyse von Einzelpersonen wie auch durch die analytische Untersuchung der Charakterstruktur von Gruppen bestätigt. Der Unterschied zur Freudschen Auffassung liegt nicht in der *Beschreibung* des Charaktersyndroms, sondern in seiner *theoretischen Erklärung*, die wichtige Konsequenzen für die Anwendung der Charaktersyndrome, wie sie Freud beim einzelnen gefunden hat, auf das Verständnis des Gesellschafts-Charakters hat. Freuds theoretische Leitideen bezogen sich, wie bereits gesagt, auf das Schicksal der Libidoentwicklung insofern, als die Reihenfolge in beiden Fällen die gleiche ist und außerdem die Energie, mit der das Charaktersyndrom geladen ist, aus der Sexualenergie stammt, die in den entsprechenden prägenitalen erogenen Zonen gespeichert ist.

Wir dagegen gehen von einer sozio-biologischen Überlegung aus: Welche Art von Bindungen an die Welt, an Personen und Dinge muß – und kann – der Mensch entwickeln, um zu überleben angesichts seiner spezifischen Anlagen und der Natur der ihn umgebenden Welt? Um zu überleben, muß der Mensch zwei Funktionen erfüllen: Er muß erstens seine materiellen Bedürfnisse (Nahrung, Unterkunft usw.) befriedigen und außerdem diejenigen, die dem Fortbestand der Gruppe dienen, das heißt, er muß sich fortpflanzen und den Nachwuchs schützen. Wir haben dies »Assimilierungsprozeß« genannt und in ›Psychoanalyse und Ethik‹ darauf hingewiesen, daß es nur bestimmte spezifische Möglichkeiten gibt, wie der Mensch sich die Dinge zu seinem Gebrauch assimilieren kann: entweder indem er sie passiv in sich aufnimmt (rezeptiver Charakter), indem er sie sich mit Gewalt aneignet (ausbeuterischer Charakter), indem er alles, was er hat, hortet (hortender Charakter) oder indem er das, was er braucht, in eigener Arbeit erzeugt (produktiver Charakter). Da aber der Mensch ein Bewußtsein seiner selbst besitzt und das Bedürfnis hat, auszuwählen und zu planen, da er Gefahren und Schwierigkeiten voraussieht und seiner ursprünglichen Heimat in der Natur entwurzelt ist, weil ihn nicht mehr die Instinkte determinieren, kann er sich bei aller Befriedigung seiner materiellen Bedürfnisse dennoch nicht seine seelisch-geistige Gesundheit erhalten, wenn er nicht mit anderen Menschen in Beziehung tritt, so daß er sich »zu Hause« fühlen kann und er vor der völligen affektiven Isolierung und Abgesondertheit bewahrt wird, die für schwere seelische Erkrankungen typisch sind. (Übrigens ist die Bezogenheit auf andere auch eine gesellschaftliche Notwendigkeit, weil es keine gesellschaftliche Organisation geben könnte, wenn es nicht das Gefühl gäbe, aufeinander bezogen zu sein). Insofern der Mensch Tier ist, kämpft er gegen den Tod, insofern er Mensch ist, kämpft er gegen den Wahnsinn. Er tut dies, indem er im »Sozialisationsprozeß« auf verschiedene Weise auf andere bezogen ist. Der Mensch kann symbiotisch (sadistisch oder masochistisch), destruktiv, narzißtisch oder liebend auf andere bezogen sein. [...] Beide Prozesse aber haben nicht nur das Überleben (das physische wie das psychische) zum Ziel, sondern dienen auch dazu, daß das Potential des Menschen durch die aktive Betätigung seiner physischen, affektiven und intellektuellen Kräfte zum Ausdruck kommt. In diesem Prozeß, das zu werden, was er potentiell ist, bringt der Mensch seine Energien auf die adäquateste Weise zum Ausdruck. Kann er sein Selbst nicht aktiv ausdrücken, so leidet er, ist passiv und wird krank. (Viele Philosophen zeigen eine tiefe Einsicht in dieses Problem. Unter den modernen Psychiatern und Psychologen hat Kurt Goldstein das Verständnis dafür vertieft und auf seine Bedeutung hingewiesen. Später haben A. Maslow und andere ihm ihre Aufmerksamkeit gewidmet.)

Um noch einmal zusammenzufassen: Wenn wir von der rezeptiven, der ausbeuterischen, der hortenden und der produktiven Orientierung sprechen, meinen wir damit nicht die Form der Bezogenheit auf die Welt, die durch gewisse Formen des Sexualtriebs vermittelt wird, sondern die im Lebensprozeß entstehenden Formen der Bezogenheit des Menschen auf die Welt. Diese Änderung der Vorstellung führt auch zu einer Änderung des Begriffs der Energie, mit der das Charaktersystem geladen ist. Für Freud war diese Energie Sexualenergie, Libido. Aus unserer Sicht handelt es sich um die Energie in einem lebendigen Gesamtorganismus, der überleben und sich ausdrücken möchte. Es ist dabei nicht nötig, von einer »desexualisierten Energie« zu sprechen, denn damit würde nur am orthodoxen Standpunkt festgehalten. Rein deskriptiv gesehen bedienen wir uns eines generalisierten Begriffs von Energie, der dem Verständnis von »Libido« bei Jung nahekommt.

Freud hat seinen Charakterbegriff anhand von klinischen Beobachtungen einzelner und nicht an Gruppen entwickelt. Darüber hinaus sah er die Basis für die Entwicklung des individuellen Charakters in einem anderen »privaten« Phänomen, nämlich in der jeweiligen Familie. Freud hat seinen Begriff des Charakters nicht auf Gesellschaften oder Klassen angewandt. Diese Feststellung besagt nun nicht, daß Freud nicht auch gesellschaftlich orientiert gewesen wäre. Für ihn war sehr klar, daß die Individualpsychologie die Beziehung der Menschen zueinander nicht vernachlässigen darf und daß – wie er in ›Massenpsychologie und Ich-Analyse‹ (1921c, S. 73) schrieb – »die Individualpsychologie ... daher von Anfang an auch gleichzeitig Sozialpsychologie in diesem erweiterten, aber durchaus berechtigten Sinn« ist. Er ging sogar noch weiter und stellte Spekulationen an über die Möglichkeiten von kollektiven Neurosen, wobei er zu folgendem Schluß kam: »Trotz aller dieser Erscheinungen darf man erwarten, daß jemand eines Tages das Wagnis einer solchen Pathologie der kulturellen Gemeinschaften unternehmen wird.« Aber trotz dieser Spekulationen ist Freud nie über die Untersuchungen des individuellen Charakters und seiner Verwurzelung in der Familie hinausgegangen.

Untersucht man die psychologischen Reaktionen einer Gesellschaftsgruppe, so hat man es mit der Charakterstruktur der Mitglieder dieser Gruppe, das heißt mit individuellen Personen zu tun. Wir interessieren uns hier jedoch nicht so sehr für die Besonderheiten, durch welche sich diese Personen voneinander unterscheiden, sondern für den Teil ihrer Charakterstruktur, welcher den meisten Mitgliedern der Gruppe gemeinsam ist. Ich bezeichne diesen Charakter als Gesellschafts-Charakter *(social character)*. Der Gesellschafts-Charakter ist notwendigerweise weniger spezifisch als der Individual-Charakter. Beschreibt man letzteren, so befaßt man sich mit der Gesamtheit der Wesenszüge, die in ihrer besonderen Konfiguration die Persönlichkeitsstruktur des betreffenden Menschen ausmachen. Der Gesellschafts-Charakter dagegen umfaßt nur eine Auswahl aus diesen Wesenszügen, und zwar den *wesentlichen Kern der Charakterstruktur der meisten Mitglieder einer Gruppe, wie er sich als Ergebnis der grundlegenden Erfahrungen und der Lebensweise dieser Gruppe entwickelt hat.* Wenngleich es immer »Abweichler« mit einer völlig anderen Charakterstruktur geben wird, sind doch die Charakterstrukturen der meisten Mitglieder der Gruppe Variationen dieses Kerns, wie sie durch die zufälligen Faktoren von Geburt und Lebenserfahrungen zustande kamen, die ja von Mensch zu Mensch verschieden sind. Wenn wir einen Einzelmenschen ganz verstehen wollen, sind diese Unterscheidungsmerkmale von größter Wichtigkeit. Wollen wir dagegen verstehen, in welche Kanäle die menschliche Energie geleitet wird und wie sie sich als Produktivkraft in einer bestimmten Gesellschaftsordnung auswirkt, dann gehört unser Hauptinteresse dem Gesellschafts-Charakter.

Der Begriff des Gesellschafts-Charakters ist ein Schlüsselbegriff für das Verständnis des Gesellschaftsprozesses überhaupt. Der Charakter im dynamischen Sinn der analytischen Psychologie ist die besondere Form, in welche die menschliche Energie durch die dynamische Anpassung menschlicher Bedürfnisse an die besonderen Daseinsformen einer bestimmten Gesellschaft gebracht wird. Der Charakter bestimmt dann seinerseits das Denken, Fühlen und Handeln des einzelnen Menschen. In bezug auf unser Denken können wir das nur schwer einsehen, da wir herkömmlicherweise alle zu der Überzeugung neigen, das Denken sei ein ausschließlich intellektueller Akt und sei von der psychologischen Struktur der Persönlichkeit unabhängig. Das ist jedoch nicht der Fall, und es trifft um so weniger zu, je mehr unsere Gedanken sich mit ethischen, philosophischen, politischen, psychologischen oder gesellschaftlichen Problemen befassen, statt mit konkreten Objekten empirisch umzugehen. Derartige Gedanken werden – soweit es sich nicht um die rein logischen Elemente des Denkakts handelt – weitgehend durch die Persönlichkeitsstruktur des Denkenden bestimmt. Dies gilt für die ganze Doktrin oder für ein ganzes theoretisches System ebenso wie für einzelne Begriffe wie Liebe, Gerechtigkeit, Gleichheit oder Opfer. Ein jeder derartiger Begriff und eine jede Doktrin besitzt eine emotionale Matrix, und diese Matrix ist in der Charakterstruktur des einzelnen Menschen verwurzelt. [...] Obwohl zwei Menschen von unterschiedlicher Persönlichkeit sich desselben Wortes bedienen, wenn sie zum Beispiel von Liebe sprechen, so hat das Wort doch entsprechend ihrer Charakterstruktur eine völlig unterschiedliche Bedeutung für sie. Zweifellos wären viele Mißverständnisse zu vermeiden, wenn man diese Begriffe psychologisch korrekt analysierte, weil jeder Versuch einer rein logischen Klassifizierung unvermeidlich fehlschlagen muß.

Die Tatsache, daß Ideen eine emotionale Matrix besitzen, ist von größter Bedeutung, denn sie ist der Schlüssel zum Verständnis des Geistes einer Kultur. Verschiedene Gesellschaften oder Klassen innerhalb einer Gesellschaft besitzen einen spezifischen Gesellschafts-Charakter, und auf dieser Basis entwikkeln sich unterschiedliche Ideen, die zu mächtigen Triebkräften werden. So konnte zum Beispiel die Idee, Arbeit und Erfolg seien das Hauptziel des Lebens, eine so mächtige Anziehungskraft auf den modernen Menschen ausüben, weil er sich einsam fühlt und an allem zweifelt. Würde man dagegen versuchen, Pueblo-Indianer oder mexikanische Bauern für den Gedanken zu gewinnen, man müsse sich unaufhörlich anstrengen und nach Erfolg streben, so wäre das völlig zwecklos. Diese Menschen mit ihrer andersartigen Charakterstruktur würden kaum begreifen, wovon einer, der solche Ziele propagiert, überhaupt redet – selbst wenn sie seine Sprache verstehen würden. So hatten auch Hitler und der Teil der deutschen Bevölkerung, der dieselbe Charakterstruktur besaß, ganz aufrichtig das Gefühl, daß jeder, der behauptete, man könne den Krieg abschaffen, entweder ein vollkommener Narr oder ein offenkundiger Lügner sei. Auf Grund ihres Gesellschafts-Charakters war für sie ein Leben ohne Leiden und Katastrophen genauso unfaßbar wie Freiheit und Gleichberechtigung.

Ideen werden oft von bestimmten Gruppen bewußt akzeptiert, aber auf Grund der Besonderheiten ihres Gesellschafts-Charakters nicht wirklich angenommen. Für solche Menschen bilden derartige Ideen einen Vorrat an bewußt vertretenen Überzeugungen, aber in kritischen Augenblicken handeln sie nicht danach. Ein Beispiel hierfür war die deutsche Arbeiterbewegung zur Zeit des Siegs des Nazismus. Vor Hitlers Machtergreifung gaben die allermeisten deutschen Arbeiter ihre Stimme der Sozialdemokratischen oder Kommunistischen Partei, was besagt, daß deren Ideen unter der Arbeiterschaft äußerst weit verbreitet waren. Aber das *Gewicht,* das diese Ideen für sie besaßen, stand in keinem Verhältnis zu ihrer Verbreitung. Beim Ansturm des Nazismus waren die meisten seiner politischen Gegner nicht bereit, für ihre Ideen zu kämpfen. Viele Anhänger der linken Parteien glaubten zwar an ihr Parteiprogramm, solange diese Parteien noch Macht und Ansehen besaßen, als dann aber die Stunde der Krise kam, resignierten sie. Bei einer genauen Analyse der Charakterstruktur der deutschen Arbeiter ergibt sich ein Grund – wenn auch gewiß nicht der einzige – für dieses Phänomen. Sehr viele von ihnen gehörten einem Persönlichkeitstyp an, der viele Merkmale des autoritären Charakters aufweist. Sie hatten tiefen Respekt vor der etablierten Autorität und sehnten sich nach ihr. Wenn der Sozialismus die individuelle Unabhängigkeit gegenüber der Autorität beziehungsweise die Solidarität gegenüber jedem individualistischen Sich-Absondern betonte, so war dies nicht das, was viele dieser Arbeiter auf Grund ihrer Persönlichkeitsstruktur wirklich wollten. Es war ein Fehler ihrer radikalen Führer, daß diese die Macht ihrer Partei nur nach der Verbreitung dieser Ideen, und nicht nach dem *Gewicht* einschätzten, das diese Ideen besaßen.

Demgegenüber kann eine Analyse der lutherischen und calvinistischen Doktrinen zeigen, daß jene Ideen für die Anhänger der neuen Religion eine starke Anziehungskraft besaßen, weil sie an die Bedürfnisse und Ängste appellierten, welche der Charakterstruktur der Menschen entsprachen, an die sie sich richteten. Anders gesagt: *Ideen können zu mächtigen Kräften werden, jedoch nur in dem Maße, wie sie Antworten auf be-*

sondere menschliche Bedürfnisse eines speziellen Gesellschafts-Charakters sind.

Nicht nur das Denken und Fühlen eines Menschen wird von seiner Charakterstruktur bestimmt, sondern auch sein Tun. Es ist Freuds Verdienst, dies nachgewiesen zu haben, wenn auch sein theoretischer Bezugrahmen nicht richtig ist. Daß die Handlungsweise eines Menschen von den dominierenden Tendenzen seiner Charakterstruktur bestimmt wird, ist bei Neurotikern besonders deutlich zu erkennen. Es ist leicht einzusehen, daß der Zwang, die Fenster von Häusern oder die Pflastersteine zu zählen, in bestimmten Trieben des Zwangscharakters wurzelt. Dagegen scheint das Tun eines normalen Menschen von rein rationalen Erwägungen und von den Erfordernissen der Wirklichkeit bestimmt zu sein. Man kann jedoch mit Hilfe der neuen Beobachtungsmöglichkeiten, welche die Psychoanalyse bietet, erkennen, daß auch das sogenannte rationale Verhalten weitgehend von der Charakterstruktur bestimmt wird. [...]

Wir müssen uns jetzt fragen, welche Funktion der Charakter für den einzelnen und für die Gesellschaft hat. Ersteres ist unschwer zu beantworten. Wenn der individuelle Charakter eines Menschen mehr oder weniger genau dem Gesellschafts-Charakter entspricht, veranlassen ihn die in seiner Persönlichkeit dominierenden Triebe, eben das zu tun, was unter den spezifischen gesellschaftlichen Bedingungen seiner Kultur notwendig und wünschenswert ist. Hat er zum Beispiel einen leidenschaftlichen Hang zum Sparen und einen Abscheu davor, Geld für überflüssige Dinge auszugeben, so wird ihm das außerordentlich zustatten kommen, wenn er der Besitzer eines kleinen Ladens ist, der sparen und sich einschränken muß, wenn er weiterhin bestehen will. Außer dieser wirtschaftlichen Funktion haben die Charakterzüge auch noch eine rein psychologische Bedeutung, die nicht weniger wichtig ist. Einem Menschen, bei dem etwa das Sparen in der Persönlichkeit verankert ist, gewährt es auch eine tiefe psychologische Befriedigung, sich entsprechend zu verhalten; das heißt, es kommt ihm nicht nur praktisch zugute, wenn er spart, es befriedigt ihn auch. Man kann sich davon leicht überzeugen, wenn man zum Beispiel eine Frau aus dem Kleinbürgertum auf dem Markt einkaufen sieht und feststellt, daß sie ebenso glücklich darüber ist, wenn sie zwanzig Pfennig spart, wie jemand mit einer anderen Charakterstruktur, wenn er sich einem sinnlichen Genuß hingibt. Zu dieser psychologischen Befriedigung kommt es nicht nur, wenn jemand dem gemäß seiner Charakterstruktur entspringenden Verlangen handelt, sondern auch wenn er über Ideen liest oder von ihnen hört, die ihn aus eben diesem Grund ansprechen. Auf den autoritären Charakter übt eine Ideologie, welche die Natur als gewaltige Macht auffaßt, der wir uns zu unterwerfen haben, oder eine Rede, die in sadistischen Schilderungen politischer Ereignisse schwelgt, eine tiefe Anziehungskraft aus, und es gewährt ihm Befriedigung, wenn er etwas Derartiges liest oder anhört. Um noch einmal zusammenzufassen: Die subjektive Funktion des Charakters besteht bei einem normalen Menschen darin, *daß er ihn veranlaßt, so zu handeln, wie dies vom praktischen Standpunkt aus für ihn notwendig ist, und daß er ihm darüber hinaus bei seiner Betätigung noch eine psychologische Befriedigung gewährt.*

Betrachten wir den Gesellschafts-Charakter im Hinblick auf seine Funktion im Gesellschaftsprozeß, so müssen wir von der Feststellung ausgehen, die wir hinsichtlich seiner Funktion für den einzelnen Menschen machten: daß nämlich der Mensch, indem er sich den gesellschaftlichen Bedingungen anpaßt, eben jene Charakterzüge entwickelt, auf Grund derer er so handeln *möchte*, wie er handeln *muß*. Wenn der Charakter der meisten Mitglieder einer bestimmten Gesellschaft, wenn also der Gesellschafts-Charakter derart an die objektiven Aufgaben angepaßt ist, die der einzelne in dieser Gesellschaft zu erfüllen hat, dann werden die Energien dieser Menschen so geformt, daß sie zu produktiven Kräften werden, die für das Funktionieren eben dieser Gesellschaft unentbehrlich sind. Nehmen wir die Arbeit als Beispiel. Unser modernes Industriesystem macht es erforderlich, daß der größte Teil unserer Energie in die Arbeit gesteckt wird. Würden die Menschen nur unter dem Druck äußerer Notwendigkeiten arbeiten, dann käme es häufig zu Reibereien darüber, was sie tun sollten und was sie lieber tun möchten, und das würde ihre Leistungsfähigkeit beeinträchtigen. Dagegen wird die menschliche Energie durch die dynamische Anpassung des Charakters an die gesellschaftlichen Erfordernisse in solche Formen gebracht, daß sie – anstatt Reibungen zu erzeugen – die Menschen dazu antreibt, sich den besonderen ökonomischen Notwendigkeiten entsprechend zu verhalten. Daher muß man den heutigen Menschen nicht mehr zwingen, möglichst hart zu arbeiten, sondern er wird durch einen inneren Zwang zur Arbeit getrieben. Oder anders gesagt: Er hat sich – anstatt äußeren Autoritäten zu gehorchen – eine innere Autorität in Gestalt von Gewissen und Pflicht aufgebaut, die ihn wirksamer unter Kontrolle hält, als das eine äußere Autorität jemals vermöchte. Kurz, *der Gesellschafts-Charakter internalisiert äußere Notwendigkeiten und spannt auf diese Weise die menschliche Energie für die Aufgaben eines bestimmten ökonomischen und gesellschaftlichen Systems ein.*

Wie wir bereits feststellten, ist jedes Verhalten, das gewissen Bedürfnissen entspricht, die sich zu einer Charakterstruktur entwickelt haben, sowohl psychologisch als auch vom Standpunkt des materiellen Erfolges aus befriedigend. Solange eine Gesellschaft dem einzelnen diese beiden Arten der Befriedigung gleichzeitig bieten kann, haben wir es mit einer Situation zu tun, in welcher die psychologischen Kräfte die gesellschaftliche Struktur zementieren. Früher oder später kommt es jedoch zu einer Verschiebung. Die traditionelle Charakterstruktur besteht weiter, während neue wirtschaftliche Bedingungen entstehen, die mit den traditionellen Charakterzügen nichts mehr anfangen können. Die Menschen neigen dazu, sich auch weiterhin ihrer Charakterstruktur entsprechend zu verhalten, aber nun wird ihre Handlungsweise entweder zu einem Handicap in bezug auf ihre wirtschaftlichen Ziele, oder es sind nicht genügend Möglichkeiten vorhanden, Stellungen zu finden, die es ihnen erlauben, sich ihrer »Natur« gemäß zu betätigen. Ein Beispiel dafür ist die Charakterstruktur des alten Mittelstandes, besonders in Ländern mit einer so starren Klassenschichtung wie Deutschland. Die alten bürgerlichen Tugenden – Genügsamkeit, Sparsamkeit, Vorsicht, Argwohn – wurden im modernen Geschäftsleben immer weniger wert im Vergleich zu neuen Tugenden wie Initiative, Risikobereitschaft, Aggressivität und so weiter. Selbst dort, wo diese alten Tugenden noch von Vorteil waren – wie etwa bei den kleinen Geschäftsleuten – gingen die Möglichkeiten in dieser Branche so zurück, daß nur noch wenige Söhne aus diesem alten Mittelstand diese Charakterzüge in ihrem Beruf erfolgreich »nutzen« konnten. Durch die Art ihrer Erziehung hatten sie Charakterzüge entwickelt, die ehemals der gesellschaftlichen Situation ihres Standes angepaßt waren, aber die wirtschaftliche Entwicklung schritt schneller voran als die Charakterentwicklung. Diese Verschiebung zwischen der ökonomischen und der psychologischen Entwicklung führte zu einer Situation, in der die seelischen Bedürfnisse nicht länger mit der üblichen wirtschaftlichen Betätigung befriedigt werden konnten. Diese Bedürfnisse existierten jedoch weiter und mußten auf einem anderen Weg nach ihrer Befriedigung suchen. Das engherzige egoistische Streben nach dem eigenen Vorteil, wie es für das Kleinbürgertum kennzeichnend war, verschob sich nun von der individuellen auf die nationale Ebene. Auch die sadistischen Impulse, die man im privaten Existenzkampf eingesetzt hatte, wurden jetzt einerseits auf die gesellschaftliche und politische Szene verlagert und andererseits durch Frustration intensiviert. Als dann alle Hemmungen fielen, suchte man in der Verfolgung politischer Gegner und im Krieg Befriedigung. So kam es, daß die psychologischen Kräfte im Verein mit den durch die Gesamtsituation bedingten Entbehrungen die bestehende Gesellschaftsordnung nicht länger festigten, sondern zu Dynamit wurden, dessen sich Gruppen bedienten, welche die herkömmliche politische und wirtschaftliche Struktur der demokratischen Gesellschaft zerstören wollten.

Wir haben noch nicht davon gesprochen, welche Rolle der Erziehungsprozeß bei der Bildung des Gesellschafts-Charakters spielt. Mir scheinen jedoch einige Bemerkungen hierzu angebracht, weil viele Psychologen die Erziehung in der frühen Kindheit und die Erziehungsmethoden beim heranwachsenden Kind für die *Ursache* der Charakterentwicklung halten. Dabei sollten wir uns zunächst fragen, was wir unter Erziehung verstehen. Man kann sie auf verschiedene Weise definieren. Unter dem Gesichtspunkt des Gesellschaftsprozesses ist etwa folgendes darüber zu sagen: Die gesellschaftliche Funktion der Erziehung besteht darin, daß man den einzelnen in die Lage versetzt, die Rolle auszufüllen, die er später in der Gesellschaft spielen soll, das heißt, daß man seinen Charakter so formt, daß er dem Gesellschafts-Charakter möglichst nahekommt, daß seine persönlichen Wünsche mit den Erfordernissen seiner gesellschaftlichen Rolle übereinstimmen. Das Erziehungssystem einer jeden Gesellschaft wird durch diese Aufgabe bestimmt. Man kann daher die Struktur einer Gesellschaft oder die Persönlichkeit ihrer Mitglieder nicht mit dem Erziehungsprozeß *erklären.* Wir müssen umgekehrt das Erziehungssystem mit den Erfordernissen erklären, die sich aus der sozialen und wirtschaftlichen Struktur der jeweiligen Gesellschaft ergeben. Die Erziehungsmethoden sind jedoch deshalb von größter Bedeutung, weil sie die Mechanismen sind, mit deren Hilfe der einzelne in die gewünschte Form gebracht wird. Man kann sie als die Mittel ansehen, mit deren Hilfe die gesellschaftlichen Erfordernisse in persönliche Eigenschaften umgewandelt werden. Die Erziehungsmethoden sind zwar nicht die Ursache für einen speziellen Gesellschafts-Charakter, aber sie begründen einen der Mechanismen, mit deren Hilfe der Charakter geformt wird. In diesem Sinn ist die Kenntnis der Erziehungsmethoden und das Verständnis dafür ein wichtiger Bestandteil der Gesamtanalyse der Funktionsweise einer Gesellschaft.

Das eben Gesagte gilt auch für einen speziellen Sektor des gesamten Erziehungsprozesses, für die Familie. Freud hat nachgewiesen, daß die frühen Kindheitserfahrungen auf die Bildung der Charakterstruktur einen entscheidenden Einfluß haben. Wenn das zutrifft, muß man sich fragen, wie es möglich ist, daß das Kind, das doch – wenigstens in unserer Kultur – kaum mit dem Leben in der Gesellschaft in Berührung kommt, von dieser geformt werden soll. Die Antwort lautet nicht nur, daß die Eltern – von gewissen individuellen Ausnahmen abgesehen – die Erziehungsmethoden der Gesellschaft anwenden, in der sie selbst leben, sondern daß auch deren eigene Persönlichkeit den Charakter ihrer Gesellschaft oder ihres Standes repräsentiert. Sie übermitteln dem Kind das, was man als die psychologische Atmosphäre oder den Geist einer Gesellschaft bezeichnen könnte, indem sie das sind, was sie sind, nämlich die Vertreter dieses Geistes. *So kann man die Familie als die psychologische Agentur der Gesellschaft ansehen.*

2
Die Entdeckung verschiedener Gesellschafts-Charaktere

Fromms Interesse gilt dem Unbewußten, der psychischen Struktur gesellschaftlicher Größen. Hierfür (und für seine psychotherapeutische Praxis) läßt er sich zwischen 1924 und 1930 in München, Frankfurt und Berlin zum Psychoanalytiker ausbilden. Dieses analytisch-sozialpsychologische Interesse führt aber auch dazu, daß er, 1930 von Max Horkheimer nach Frankfurt gerufen, ein Mitglied des Instituts für Sozialforschung wird. In den Jahren bis 1938 – ab 1933 in der Emigration in Chicago und New York – arbeitet er in der sogenannten Frankfurter Schule vor allem am Aufweis der autoritären psychischen Struktur gesellschaftlicher Größen und schafft so die Grundlage für eine langanhaltende Diskussion über die Autorität.

Es ist Fromms Überzeugung, daß sich die psychische Struktur gesellschaftlicher Größen – der Gesellschafts-Charakter also – in Abhängigkeit von der sozialen und ökonomischen Struktur entwickelt. Diesen Prägungszusammenhang zeigt er besonders anschaulich bei der Gesellschafts-Charakterorientierung des Marketing-Charakters, den er in den vierziger Jahren in seinem Werk ›Die Furcht vor der Freiheit‹ zunächst als konformistischen Fluchtmechanismus, dann in ›Psychoanalyse und Ethik‹ als Marketing-Charakter entdeckt und beschreibt.

Während der Marketing-Charakter auch von anderen Autoren und Literaten in ähnlicher Weise erkannt wurde, wird Fromm Anfang der sechziger Jahre einer weiteren Orientierung des Gesellschafts-Charakters gewahr, die bis heute noch weitgehend unbewußt ist, weshalb ihre Rezeption an mannigfachen Widerständen gegen das Bewußtwerden scheitert. Und doch ist die Entdeckung der Nekrophilie – erstmals 1964 dargelegt in seinem Buch ›Die Seele des Menschen‹, dann 1973 im Zusammenhang mit der Diskussion um die Aggressionstheorie in ›Anatomie der menschlichen Destruktivität‹ vertieft – der wichtigste Beitrag Fromms neben der Entwicklung seiner Analytischen Sozialpsychologie. Für alle drei Orientierungen des Gesellschafts-Charakters (weitere finden sich in ›Psychoanalyse und Ethik‹ beschrieben) gilt, daß sie entsprechend den sozialökonomischen Verhältnissen an Bedeutung gewinnen oder verlieren. Aller-

dings hat die gegenwärtig dominant werdende Anziehungskraft des Toten und Leblosen, wie sie für den nekrophilen Charakter kennzeichnend ist, eine ganz andere historische Bedeutung, denn von ihrer Stärke hängt angesichts der atomaren Hochrüstung das Überleben der Menschheit ab.

Wenn man auch den Charakter von Menschen, in denen sado-masochistische Triebe am Werk sind, als sado-masochistisch bezeichnen kann, so müssen doch solche Personen nicht unter allen Umständen neurotisch sein. Es hängt weitgehend von den speziellen Aufgaben ab, die die Betreffenden in ihrer gesellschaftlichen Situation zu erfüllen haben, wie auch von den in ihrer Kultur vorhandenen Gefühls- und Verhaltensmustern, ob ihre Charakterstruktur als »neurotisch« oder als »normal« empfunden wird. Tatsächlich ist für weite Teile des Kleinbürgertums in Deutschland und anderen europäischen Ländern der sado-masochistische Charakter typisch, und Menschen mit dieser Charakterstruktur fühlten sich von der Nazi-Ideologie am stärksten angesprochen. Da der Begriff »sado-masochistisch« mit Perversion und Neurose in Zusammenhang gebracht wird, möchte ich lieber statt von einem sado-masochistischen Charakter von einem *autoritären Charakter* sprechen, besonders wenn es sich dabei nicht um einen neurotischen, sondern um einen normalen Menschen handelt. Diese Bezeichnung scheint mir deshalb gerechtfertigt, weil für einen sado-masochistischen Menschen stets seine Einstellung zur Autorität charakteristisch ist. Er bewundert die Autorität und neigt dazu, sich ihr zu unterwerfen, möchte aber gleichzeitig selbst eine Autorität sein, der sich die anderen zu unterwerfen haben. Und noch aus einem anderen Grund habe ich diese Bezeichnung gewählt: Die faschistischen Systeme nennen sich selbst autoritär wegen der beherrschenden Rolle, welche die Autorität in ihrem gesellschaftlichen und politischen System spielt. Mit dem Begriff »autoritärer Charakter« möchte ich deshalb darauf hinweisen, daß er die Persönlichkeitsstruktur benennt, welche die menschliche Grundlage des Faschismus bildet.

Bevor wir nun den autoritären Charakter erörtern, sollten wir noch den Begriff *Autorität* klären. Autorität ist keine Eigenschaft, die jemand »hat« in dem Sinn, wie er Besitz oder körperliche Eigenschaften hat. Autorität bezieht sich auf eine zwischenmenschliche Beziehung, bei der der eine den anderen als ihm überlegen betrachtet. Aber es besteht ein grundsätzlicher Unterschied zwischen einer Überlegenheits-Unterlegenheits-Beziehung, die man als eine rationale Autoritätsbeziehung bezeichnen, und einer solchen, die man als hemmende Autoritätsbeziehung beschreiben kann. Ein Beispiel soll zeigen, was ich damit meine. Die Beziehung zwischen Lehrer und Schüler und die zwischen Sklavenbesitzer und Sklave gründen sich beide auf die Überlegenheit des einen über den anderen. Das Interesse von Lehrer und Schüler geht in gleicher Richtung. Der Lehrer ist zufrieden, wenn es ihm gelingt, seinen Schüler zu fördern; gelingt es ihm nicht, dann ist er genauso gescheitert wie der Schüler. Dagegen möchte der Sklavenhalter den Sklaven nach Möglichkeit ausbeuten; je mehr er aus ihm herausholt, um so befriedigter ist er. Gleichzeitig versucht der Sklave, so gut er kann seine Ansprüche auf ein Minimum an Glück zu verteidigen. Diese Interessen laufen zweifellos einander zuwider, da der Vorteil des einen der Nachteil des anderen ist. In beiden Fällen hat die Überlegenheit des einen Partners eine unterschiedliche Funktion: Im ersten Fall ist sie die Vorbedingung dafür, daß der der Autorität unterworfenen Person geholfen werden kann; im zweiten Fall ist sie die Vorbedingung für deren Ausbeutung.

Auch die Dynamik der Autorität ist in beiden Fällen eine andere: Je mehr der Schüler lernt, um so schmaler wird die Kluft zwischen ihm und seinem Lehrer. Er wird dem Lehrer immer ähnlicher. Mit anderen Worten, die Autoritätsbeziehung zeigt die Tendenz, sich aufzulösen. Dient dagegen die Überlegenheit der Ausbeutung, wird der Abstand auf die Dauer immer größer.

Die psychologische Situation ist in beiden Autoritätssituationen unterschiedlich. In der ersten sind Liebe, Bewunderung und Dankbarkeit die vorherrschenden Elemente. Die Autoritätsperson ist gleichzeitig ein Vorbild, mit dem man das eigene Selbst ganz oder teilweise identifizieren möchte. Im zweiten Fall entsteht Ressentiment und Feindseligkeit gegen den Ausbeuter, da die Unterordnung unter ihn den eigenen Interessen zuwiderläuft. Aber oft würde – wie im Fall des Sklaven – der Haß nur zu Konflikten führen, unter denen der Sklave zu leiden hätte, ohne eine Chance zu haben zu siegen. Daher wird er gewöhnlich eher dazu neigen, seine Haßgefühle zu verdrängen und wird sie gelegentlich sogar durch ein Gefühl blinder Bewunderung ersetzen. Dieses hat zweierlei Funktionen: Erstens beseitigt es das schmerzliche und gefährliche Haßgefühl, und zweitens mildert sich das Gefühl der Demütigung. Wenn der, der mich beherrscht, ein so prachtvoller oder vollkommener Mensch ist, dann brauche ich mich nicht zu schämen, wenn ich ihm gehorche. Ich kann ihm ja doch niemals gleichkommen, weil er so viel stärker, klüger und besser ist als ich. Bei dieser den anderen hemmenden Art der Autorität wird daher der Haß oder die irrationale Bewunderung und Überschätzung der Autoritätsperson sich ständig vergrößern. Ein rationales Autoritätsverhältnis wird dagegen im gleichen Verhältnis abgebaut, wie der der Autorität Unterworfene selbst stärker und daher der Autoritätsperson ähnlicher wird.

Der Unterschied zwischen der rationalen und der hemmenden Autorität ist natürlich nur relativ. Selbst in der Beziehung zwischen dem Sklaven und seinem Herrn hat der Sklave noch gewisse Vorteile. Er bekommt wenigstens soviel Essen und Schutz, daß er in der Lage ist, für seinen Herrn zu arbeiten. Andererseits gibt es nur bei einer idealen Beziehung zwischen Lehrer und Schüler keine sich widerstreitenden Interessen. Zwischen diesen beiden Extremfällen gibt es viele Abstufungen, so zum Beispiel in der Beziehung zwischen einem Fabrikarbeiter und seinem Chef oder zwischen einem Bauernsohn und seinem Vater oder einer Hausfrau und ihrem Mann. Aber wenn auch im täglichen Leben beide Arten von Autorität miteinander verquickt sind, so unterscheiden sie sich doch ihrem Wesen nach, und jede Analyse einer konkreten Autoritätsbeziehung muß daher stets das spezifische Gewicht der einen wie der anderen Art feststellen. Die Autorität muß nicht unbedingt eine Person oder eine Institution sein, die sagt: »Du mußt das tun« oder »Das darfst du nicht tun«. Man könnte diese Form als äußere Autorität bezeichnen, aber sie kann auch als innere Autorität: als Pflicht, Gewissen oder Über-Ich auftreten. Tatsächlich könnte man die Entwicklung des modernen Denkens vom Protestantismus bis zur Philosophie Kants dadurch charakterisieren, daß die äußere Autorität durch eine internalisierte Autorität ersetzt wurde. Durch die politischen Siege des aufsteigenden Bürgertums verlor die äußere Autorität an Ansehen, und das eigene Gewissen nahm den Platz ein, den diese innegehabt hatte, worin viele einen Sieg der Freiheit sehen. Sich (zum mindesten in religiösen Dingen) Anordnungen von außen zu unterwerfen, schien nun eines freien Mannes unwürdig. Dagegen sah man im Sieg über seine natürlichen Neigungen und in der »Selbstbeherrschung«, das heißt in der Beherrschung des einen Teils des Menschen – seiner Natur – durch einen anderen Teil seines Wesens – seine Vernunft, seinen Willen oder sein Gewissen – das Wesen der Freiheit. Die Analyse zeigt, daß das *Gewis-*

sen ein ebenso strenger Zwingherr ist wie äußere Autoritäten. Außerdem zeigt sie, daß die Gewissensinhalte im letzten keine Forderungen des individuellen Selbst sind, sondern gesellschaftliche Forderungen, die die Würde ethischer Normen angenommen haben. Die Herrschaft des Gewissens kann sogar noch strenger sein als die der äußeren Autoritäten, weil der Betreffende die Befehle seines Gewissens als ureigenste erfährt. Wie aber kann jemand gegen sich selbst rebellieren?

In den letzten Jahrzehnten hat das Gewissen viel von seiner Bedeutung verloren. Es sieht so aus, als ob im Leben eines Menschen weder äußere noch innere Autoritäten mehr eine hervorragende Rolle spielen. Jeder ist völlig »frei«, wenn er nur den legitimen Ansprüchen anderer Menschen nicht ins Gehege kommt. Tatsächlich aber finden wir, daß die Autorität nicht verschwunden ist, sondern daß sie sich nur unsichtbar gemacht hat. An Stelle der offenen Autorität regiert jetzt die *anonyme Autorität*. Sie tarnt sich als gesunder Menschenverstand, als Wissenschaft, als psychische Gesundheit, als Normalität oder als öffentliche Meinung. Sie verlangt nichts als das, was »selbstverständlich« ist. Sie scheint keinerlei Druck auszuüben, sondern nur sanft überreden zu wollen. [...] Die anonyme Autorität ist deshalb noch wirksamer als die offene Autorität, weil einem gar nicht erst der Verdacht kommt, daß da ein Befehl gegeben wird, den man zu befolgen hat. Bei der äußeren Autorität ist es klar, daß ein Befehl vorliegt und wer ihn gegeben hat. Man kann sich gegen die Autorität wehren, und persönliche Unabhängigkeit und moralischer Mut können sich in diesem Kampf entfalten. Aber während auch noch bei der internalisierten Autorität der Befehl – wenn er auch in unserem Inneren besteht – doch erkennbar bleibt, sind bei der anonymen Autorität sowohl der Befehl als auch die Instanz, die ihn erteilt, unsichtbar geworden. Es ist, als ob ein unsichtbarer Feind auf uns schießen würde. Da ist niemand und nichts, wogegen man sich wehren könnte.

Wenn wir uns jetzt wiederum dem autoritären Charakter zuwenden, so ist zunächst als wichtigstes Merkmal seine Einstellung zur Macht zu erwähnen. Für den autoritären Charakter gibt es sozusagen zwei verschiedene Geschlechter: die Mächtigen und die Machtlosen. Seine Liebe, seine Bewunderung und seine Bereitschaft zur Unterwerfung werden automatisch von der Macht geweckt, ganz gleich, ob es sich dabei um eine Person oder eine Institution handelt. Die Macht fasziniert ihn, nicht weil sie vielleicht irgendwelche speziellen Werte repräsentiert, sondern schlicht als Macht. Genauso automatisch, wie seine »Liebe« durch Macht geweckt wird, wecken machtlose Menschen oder Institutionen seine Verachtung. Allein schon der Anblick eines machtlosen Menschen erweckt in ihm den Wunsch, diesen anzugreifen, zu beherrschen und zu demütigen. Während für einen Menschen mit einem anderen Charakter der Gedanke, über einen Hilflosen herzufallen, entsetzlich wäre, fühlt sich der autoritäre Charakter um so mehr dazu angestachelt, je hilfloser sein Objekt wird.

Ein bestimmter Wesenszug des autoritären Charakters hat schon viele Beobachter irregeführt: seine Neigung, der Autorität zu trotzen und sich gegen jeden Einfluß von »oben« zu wehren. Manchmal überschattet dieser Widerstand das gesamte Bild, und die Unterwürfigkeit tritt in den Hintergrund. Ein solcher Mensch rebelliert ständig gegen irgendeine Autorität, selbst wenn diese seinen eigenen Interessen tatsächlich förderlich wäre und ihn in keiner Weise zu unterdrücken versucht. Manche nehmen auch eine zwiespältige Haltung zur Autorität ein. Sie begehren gegen eine bestimmte Autorität auf – besonders wenn sie nicht so mächtig ist wie erwartet –, während sie sich gleichzeitig oder auch später einer anderen Autorität unterwerfen, die durch größere Machtentfaltung oder durch größere Zusagen ihnen ihre masochistischen Sehnsüchte zu erfüllen scheint. Schließlich gibt es auch einen Typ, der seine rebellischen Neigungen völlig verdrängt hat, so daß diese nur an die Oberfläche kommen, wenn die Kontrolle durch das Bewußtsein nachläßt. Manchmal erkennt man sie auch erst *ex posteriori* an dem Haß, der den Betreffenden gegen eine Autorität erfüllt, wenn deren Macht schwindet und sie zu stürzen droht. Bei Menschen vom ersten Typ, bei denen die rebellische Haltung das Bild bestimmt, wird man leicht zu der Annahme verführt, ihre Charakterstruktur sei genau das Gegenteil von der des unterwürfigen masochistischen Typs. Es sieht so aus, als handele es sich um Personen, die sich auf Grund ihres hochgradigen Bedürfnisses nach Unabhängigkeit jeder Autorität widersetzen. Sie wirken wie Menschen, die auf Grund ihrer inneren Kraft und Integrität gegen jene Mächte ankämpfen, die ihrer Freiheit und Unabhängigkeit im Wege sind. Aber bei dem Kampf eines autoritären Charakters gegen die Autorität handelt es sich im wesentlichen um Trotz. Es handelt sich um den Versuch, sich durchzusetzen und das Gefühl der Ohnmacht zu überwinden, indem man die Autorität bekämpft, obwohl man auch weiterhin das Bedürfnis hat, sich zu unterwerfen – bewußt oder unbewußt. Ein autoritärer Mensch ist niemals ein »Revolutionär«, lieber würde ich ihn einen »Rebellen« nennen. Viele Menschen und viele politischen Bewegungen sind dem oberflächlichen Beobachter ein Rätsel, weil sie anscheinend unerklärlicherweise vom »Radikalismus« zu einem äußerst autoritären Gehabe hinüberwechseln. [...]

Die Einstellung des autoritären Charakters zum Leben, seine gesamte Weltanschauung wird von seinen emotionalen Strebungen bestimmt. Der autoritäre Charakter hat eine Vorliebe für Lebensbedingungen, welche die menschliche Freiheit einschränken, er liebt es, sich dem Schicksal zu unterwerfen. Was er unter »Schicksal« versteht, hängt von seiner gesellschaftlichen Stellung ab. Das »Schicksal« eines Soldaten ist der Wille oder die Laune seines Vorgesetzten, dem er sich mit Freuden unterordnet. Für den kleinen Geschäftsmann ist Schicksal gleichbedeutend mit den ökonomischen Gesetzen. Wirtschaftskrisen und Prosperität sind für ihn keine gesellschaftlichen Phänomene, die durch menschliche Aktivität geändert werden können, sondern Ausdruck des Willens einer höheren Macht, der man sich zu unterwerfen hat. Für die an der Spitze der Pyramide ist die Situation im Grunde nicht anders. Der Unterschied liegt nur in der Größe und Reichweite der Macht, der man sich unterwirft, und nicht im Abhängigkeitsgefühl als solchem.

Nicht nur die Instanzen, die das eigene Leben direkt bestimmen, sondern auch jene Mächte, die das Leben im allgemeinen bestimmen, werden als unausweichliches Schicksal empfunden. Es ist Schicksal, daß es Kriege gibt und daß die einen herrschen und die anderen beherrscht werden. Es ist Schicksal, daß die Summe des Leidens niemals geringer werden kann, als sie es von jeher war. Man kann das Schicksal philosophisch als »Naturgesetz« oder als »Los des Menschen«, religiös als »Willen des Herrn« oder moralisch als »Pflicht« rationalisieren – für den autoritären Charakter ist es stets eine höhere Macht außerhalb des einzelnen Menschen, der sich jeder nur unterwerfen kann. Der autoritäre Charakter verehrt die Vergangenheit. Was einmal war, wird in alle Ewigkeit so bleiben. Sich etwas noch nie Dagewesenes zu wünschen oder darauf hinzuarbeiten, ist Verbrechen oder Wahnsinn. Das Wunder der Schöpfung – und Schöpfung ist immer ein Wunder – liegt außerhalb seines emotionalen Erfahrungsbereichs. [...]

Der Mut des autoritären Charakters ist im wesentlichen ein Mut, das zu ertragen, was das Schicksal oder sein persönlicher Repräsentant oder »Führer« für ihn bestimmt hat. Zu leiden ohne zu klagen ist seine höchste Tugend – und nicht der Mut zum Versuch, das Leiden zu enden oder wenigstens zu mildern. Nicht das Schicksal zu ändern, sondern sich ihm zu unterwerfen, macht den Heroismus des autoritären Charakters aus.

Er glaubt an die Autorität, solange sie stark ist und Befehle erteilen kann. Letzten Endes wurzelt sein Glaube in seinem Zweifel und ist der Versuch, diesen zu kompensieren. Aber er hat keinen Glauben, wenn wir unter Glauben das feste Vertrauen auf die Verwirklichung dessen verstehen, was bisher nur als Möglichkeit existiert. Die autoritäre Weltanschauung ist ihrem Wesen nach relativistisch und nihilistisch, mag sie auch noch so leidenschaftlich behaupten, den Relativismus besiegt zu haben, und mag sie noch so ihre Aktivität zur Schau tragen. Sie wurzelt in einer letzten Verzweiflung, im völligen Mangel an Glauben und führt zum Nihilismus und zur Verleugnung des Lebens.

Die Marketing-Orientierung entwickelte sich erst in der Gegenwart zu einer dominanten Orientierung. Um ihre Eigenart zu verstehen, muß man die ökonomische Funktion sehen, die der Markt für die moderne Gesellschaft hat. Sie ist nicht nur dieser Charakterorientierung analog, sondern die Basis und die entscheidende Voraussetzung für deren jetzige Entwicklung.

Der Tausch ist einer der ältesten Mechanismen der Wirtschaft. Der herkömmlich an einen bestimmten Ort gebundene Markt unterscheidet sich wesentlich vom Markt, wie er sich im modernen Kapitalismus herausgebildet hat. Der an einen bestimmten Ort gebundene Tauschhandel bot die Möglichkeit, sich zum Zwecke des Warenaustausches zu treffen. Produzenten und Verbraucher lernten sich dabei kennen. Beide waren verhältnismäßig kleine Gruppen. Der Bedarf war mehr oder weniger bekannt, so daß der Produzent entsprechend dem gegebenen Markt produzieren konnte.

Der moderne Markt ist kein Treffpunkt mehr, sondern ein Mechanismus, bei dem die Frage des Bedarfs unabhängig vom Menschen gelöst wird (zur Geschichte und Funktion des modernen Marktes vgl. K. Polanyi, 1944). Man produziert für diesen Markt, nicht aber für einen bekannten Kreis von Verbrauchern. Die Entscheidung hängt von Angebot und Nachfrage ab. Danach richtet es sich, ob und zu welchem Preis eine Ware verkauft werden kann. Es ist belanglos, welchen *Gebrauchswert* beispielsweise ein Paar Schuhe hat; wenn das Angebot größer ist als die Nachfrage, wird ein Teil der Schuhe wirtschaftlich gesehen wertlos. Sie hätten genausogut auch nicht produziert werden können. Solange der *Tauschwert* für den Wert einer Ware ausschlaggebend ist, ist der Markttag zugleich auch der »Tag des Gerichts«.

Der Leser mag einwenden, daß eine solche Beschreibung des Marktes die Dinge allzu sehr vereinfacht. Der Produzent versuche ja, den Bedarf im voraus richtig zu schätzen, wozu ihm unter den Bedingungen des Monopols sogar gewisse Kontrollmöglichkeiten gegeben sind. Dennoch war und ist noch immer die regulative Funktion des Marktes dominant genug, um einen tiefen Einfluß auf die Charakterbildung des städtischen Bürgertums und – durch den gesellschaftlichen und kulturellen Einfluß – der gesamten Bevölkerung auszuüben. Der Begriff des Marktwertes, bei dem der Tauschwert einer Ware wichtiger ist als ihr Gebrauchswert, führte zu einer ähnlichen Wertauffassung bezüglich des Menschen und besonders der eigenen Person. Die Charakterorientierung, die in der Erfahrung wurzelt, daß man selbst eine Ware ist und einen Tauschwert hat, nenne ich Marketing-Orientierung.

In unserer Zeit wuchs die Marketing-Orientierung rapide an, und zwar zusammen mit der Entwicklung eines neuen Marktes, der sich in den letzten Jahrzehnten herausgebildet hat: der Personalmarkt. Angestellte und Vertreter, Geschäftsführer und Ärzte, Anwälte und Künstler, alle treten auf diesem Markt in Erscheinung. Ihr legaler Status und ihre wirtschaftliche Position sind zwar verschieden: Die einen sind Freischaffende, die sich ihre Dienstleistung bezahlen lassen, die anderen sind Arbeitnehmer und als solche Lohn- und Gehaltsempfänger. Aber für alle ist der materielle Erfolg davon abhängig, ob sie persönlich von denen anerkannt werden, die ihre Dienste in Anspruch nehmen oder sie beschäftigen.

Das Prinzip für die Bewertung ist auf beiden Märkten, dem Personal- und dem Warenmarkt, dasselbe. Dort wird die Person angeboten, hier die Ware. Der Wert entspricht beide Male dem Tauschwert, für dessen Festsetzung der Gebrauchswert eine zwar notwendige, doch keineswegs hinreichende Bedingung ist. Tatsächlich könnte unser Wirtschaftssystem nicht funktionieren, wenn die Menschen, statt Fachkenntnisse zu besitzen, nur liebenswürdig wären. Selbst das taktvollste Benehmen und das eleganteste Konsultationszimmer an der Park Avenue würde keinem New Yorker Arzt zum Erfolg verhelfen, wenn er nicht ein Minimum an medizinischen Kenntnissen und Erfahrungen mitbrächte. Der größte Charme würde keine Sekretärin vor dem Verlust ihrer Stelle schützen, wenn sie nicht einigermaßen schreiben könnte. Wenn wir jedoch untersuchen, welches Gewicht das Können und welches die Persönlichkeit als Erfolgsbedingung hat, dann zeigt sich, daß Erfolg nur in Ausnahmefällen vorwiegend auf fachlichem Können und auf gewissen menschlichen Werten wie Ehrlichkeit, Anstand und Integrität beruht. Obwohl hinsichtlich der Erfolgsaussichten das Verhältnis zwischen Können und menschlichen Qualitäten einerseits und der »Persönlichkeit« andererseits variiert, spielt doch der »Persönlichkeitsfaktor« immer eine entscheidende Rolle. Erfolg hängt weitgehend davon ab, wie gut sich jemand auf dem Markt verkauft, wie gut er seine Persönlichkeit einbringt, sich in netter »Aufmachung« präsentiert: ob er freundlich, tüchtig, aggressiv, zuverlässig, ehrgeizig ist, welche Familie hinter ihm steht, welchen Clubs er angehört und ob er mit den richtigen Leuten bekannt ist. Der jeweils geforderte Typ ist bis zu einem gewissen Grad von dem speziellen Bereich abhängig, in dem jemand arbeitet. Ein Börsenmakler, ein Vertreter, ein Sekretär, ein Bahnbeamter, ein Universitätsprofessor oder ein Hoteldirektor, jeder von ihnen muß eine andere Art von Persönlichkeit anzubieten haben. Ungeachtet dieser Unterschiede müssen aber alle die eine Bedingung erfüllen: Sie müssen gefragt sein.

Die Tatsache, daß die Fähigkeiten für eine bestimmte Aufgabe noch nicht als Erfolgsaussicht genügen, sondern daß man auch imstande sein muß, seine Persönlichkeit im Konkurrenzkampf gegen viele andere »durchzusetzen«, diese Tatsache wirkt auf die Haltung ein, die man sich selbst gegenüber einnimmt. Dürfte man sich nur auf das verlassen, was man weiß und kann, so stünde die eigene Bewertung im proportionalen Verhältnis zu den eigenen Fähigkeiten, das heißt zum eigenen Gebrauchswert. Da Erfolg aber weitgehend davon abhängt, wie man die eigene Persönlichkeit verkauft, erlebt man sich selbst als Ware. Oder, genauer gesagt, zugleich als Verkäufer *und* als Ware. Der Mensch ist mehr an seiner Verkäuflichkeit als an seinem Leben oder seinem Glück interessiert. Dieses Gefühl könnte man mit einer Ware, zum Beispiel mit einigen auf dem Ladentisch liegenden Handtaschen vergleichen, sofern diese fühlen und denken könnten. Um Kunden anzulocken, würde jede Handtasche sich so »attraktiv« wie möglich machen, und um einen höheren Preis als die Rivalinnen zu erzielen, so »kostbar« wie möglich geben. Die zum höchsten Preis verkaufte Handtasche wäre stolz, weil sie die »wertvollste« ist; die nichtverkaufte wäre traurig und von der eigenen Wertlosigkeit überzeugt. So könnte es einer Handtasche ergehen, die gut aussähe und praktisch wäre, doch unmodern geworden ist, weil die Mode sich geändert hat.

Auch auf dem »Personal-Markt« muß man in Mode sein, und um in Mode zu sein, muß man wissen, nach welcher Art Persönlichkeit die größte Nachfrage besteht. Diese Kenntnis wird dem Menschen in allgemeinen Zügen schon während des gesamten Erziehungsprozesses beigebracht, beginnend im Kindergarten und endend auf der Universität. Die Familie vervollständigt sie. Das im Jugendalter erworbene Wissen ist noch unzureichend, denn es weist lediglich auf einige allgemeine Qualitäten hin, zum Beispiel auf Anpassungsvermögen, Ehrgeiz, Fingerspitzengefühl, die den wechselnden Erwartungen anderer Menschen entsprechen sollen. Ein detailliertes Bild des Erfolgsmenschen wird andernorts vermittelt. Magazine, Zeitungen und Wochenschauen bringen in mannigfachen Variationen Bilder und Lebensgeschichten der Erfolgreichen. Bildinserate haben die gleiche Wirkung. Der erfolgreiche Geschäftsmann, der im Inserat eines Konfektionshauses abgebildet ist, demonstriert, wie man sich geben und wie man aussehen muß, um auf dem derzeitigen Personalmarkt *big money* zu machen.

Das wichtigste Medium, das dem Durchschnittsmenschen einen Begriff gibt, wie die erfolgreiche Persönlichkeit auszusehen hat, ist der Film. Das junge Mädchen sucht Gesichtsausdruck, Frisur und Gesten des hochbezahlten Stars zu imitieren, weil das anscheinend den größten Erfolg verspricht. Der junge Mann will so aussehen und sich so aufführen wie das Modell auf der Leinwand. Der Durchschnittsmensch hat nur selten Kontakt mit den Erfolgreichsten. Anders dagegen sein Verhältnis zum Filmstar. Zwar hat er auch mit ihm keinen Kontakt, aber er kann ihn, sooft er will, auf der Leinwand sehen, kann ihm schreiben und Photographien mit Autogramm von ihm erhalten. Früher wurde der Schauspieler gesellschaftlich nicht anerkannt, aber er war der Vermittler aller großen dramatischen Werke. Die heutigen Filmstars vermitteln keine großen Werke und keine großen Ideen, aber dafür sind sie das Bindeglied zwischen dem Durchschnittsmenschen und der Welt »der Großen«. Das ist ihre eigentliche Funktion. Auch wenn der Durchschnittsmensch nicht damit rechnen kann, den gleichen Erfolg zu erreichen, wie diese »Großen«, so kann er wenigstens versuchen, sie nachzuahmen. Für ihn sind sie Heilige, und da sie Erfolg haben, verkörpern sie die Lebensnormen.

Da der moderne Mensch sich gleichzeitig als Ware auf einem Markt und als Verkäufer dieser Ware empfindet, ist seine Selbstachtung von Voraussetzungen abhängig, die sich seiner Kontrolle entziehen. Hat er Erfolg, dann ist er wertvoll, wenn nicht, ist er wertlos. Das hieraus entstehende Gefühl der Unsicherheit kann kaum überschätzt werden. Wenn man glaubt, der eigene Wert sei nicht von eigenen menschlichen Qualitäten abhängig, sondern von dem Erfolg bei ständig wechselnden Marktbedingungen, dann muß die Selbstachtung unsicher werden und ein ständiges Bedürfnis nach Bestätigung durch andere entwickeln. Man jagt unablässig dem Erfolg nach, weil jedes Zurückgesetztwerden eine schwere Belastung für die Selbstachtung ist. Hilflosigkeit, Unsicherheit und Minderwertigkeitsgefühle sind das Ergebnis. Mißt man den eigenen Wert an den Wechselfällen des Marktes, so geht jegliches Empfinden für Würde und Stolz verloren.

Das alles ist jedoch nicht nur ein Problem der Selbst-Beurteilung und der Selbstachtung, sondern es handelt sich darum, ob man sich als unabhängiges Wesen erlebt – ob man mit sich selbst identisch ist. Wie wir noch sehen werden, leitet der reife und produktive Mensch das Gefühl seiner Identität davon her, daß er sich als ein Handelnder erlebt, der im Tun mit seinen Kräften eins ist. *»Ich bin, was ich tue«*, das ist, kurz gesagt, der Inhalt dieses Selbstgefühls. Bei der Marketing-Orientierung aber steht der Mensch seinen eigenen Kräften als einer ihm fremden Ware gegenüber. Er ist nicht mit ihnen eins, vielmehr treten sie ihm gegenüber in einer Rolle auf; denn es kommt nicht mehr auf seine Selbstverwirklichung durch ihren Gebrauch an, sondern auf seinen Erfolg bei ihrem Verkauf. Beides, die Kräfte und das, was sie hervorbringen, sind nichts Eigenes mehr, sondern etwas, das andere beurteilen und gebrauchen können. Daher wird das Identitätsgefühl ebenso schwankend wie die Selbstachtung; es wird durch die Summe der Rollen bestimmt, die ein Mensch spielen kann: *»Ich bin so, wie ihr mich wünscht.«*

Ibsen hat diese Art der Selbstachtung symbolisch im ›Peer Gynt‹ dargestellt. Peer sucht sich zu erkennen und muß feststellen, daß er einer Zwiebel gleicht. Eine Schicht löst sich nach der anderen, der Kern ist unauffindbar. Da der Mensch nicht leben kann, wenn er an der eigenen Identität zweifelt, muß er in der Marketing-Orientierung die Gewißheit der eigenen Identität nicht in sich oder in seinen Kräften suchen, sondern in dem, was andere über ihn denken. Prestige, Stellung, Erfolg und die Tatsache, daß er anderen als eine bestimmte Person bekannt ist, sind der Ersatz für das echte Identitätsgefühl. In dieser Situation wird er gänzlich davon abhängig, wie andere ihn einschätzen und sehen. Das zwingt ihn, die gleiche Rolle weiterzuspielen, mit der er einmal Erfolg hatte. Wenn ich und meine Kräfte zweierlei sind, dann bestimmt sich mein Selbst von dem Preis her, den ich erzielen kann.

Das Erlebnis anderer und die Art, wie man sie einschätzt und wertet, unterscheiden sich in nichts von dem, wie man sich selbst erlebt und einschätzt. So wie man sich selbst als Ware sieht, so sieht man auch die anderen als Ware. Auch sie stellen *nicht sich selbst* dar, sondern nur den Teil, den sie verkaufen. Die Menschen unterscheiden sich nur noch quantitativ voneinander, also darin, ob sie *mehr oder weniger* Erfolg haben und attraktiv sind und dementsprechend mehr oder weniger wertvoll sind. Diese Bewertung ist dieselbe, die für Waren auf dem Markt gilt. Sowohl ein Gemälde wie ein Paar Schuhe können nach ihrem Tauschwert beurteilt werden; das ist der Preis, auf den ihr Wert reduziert wird. Soundso viele Paar Schuhe »entsprechen« dem Wert eines Gemäldes. In gleicher Weise werden Menschen gewertet: Ihr Wert wird auf den Nenner reduziert, der für jeden gilt, auf seinen Markt-Wert. Die Individualität, das Besondere und Einmalige, ist wertlos, ein unnötiger Ballast. Höchst bezeichnend hierfür ist die Bedeutung, die das Wort *besonders* angenommen hat. Es bezeichnet nicht mehr die größtmögliche Leistung eines Menschen, die Entwicklung und Entfaltung seiner Individualität, sondern ist fast schon zu einem Synonym für *sonderbar* oder *seltsam* geworden. Auch das Wort *Gleichheit* hat eine andere Bedeutung angenommen. Die Idee, alle Menschen seien gleich geschaffen, bedeutete, daß alle Menschen das gleiche fundamentale Recht haben, als Selbstzweck und nicht als Mittel angesehen zu werden. Heute bedeutet Gleichheit soviel wie *Austausch- oder Auswechselbarkeit* und ist damit gerade die Negierung der Individualität. Gleichheit sollte die Voraussetzung sein, daß der einzelne sich in seiner Eigenart entfalten kann. Statt dessen heißt Gleichheit heute soviel wie »Auslöschung der Individualität«, womit jene für die Marketing-Orientierung typische »Selbst-Losigkeit« gemeint ist. Die Begriffe »Gleichheit« und »Verschiedenheit« standen einst in einem ursächlichen Zusammenhang. Heute ist »Gleichheit« synonym mit »Indifferenz«, »Unterschieds-Losigkeit«, und diese Indifferenz oder Gleichgültigkeit, sich vom anderen nicht zu unterscheiden, charakterisiert das Verhältnis des modernen Menschen zu sich und zu anderen.

Dieser Umstand wirkt sich zwangsläufig auf alle menschlichen Beziehungen aus. Wird das Selbst der einzelnen mißachtet, dann müssen auch die Beziehungen der Menschen untereinander oberflächlich werden. Sie stehen nicht mehr als Einzelpersönlichkeit, sondern als austauschbare Ware miteinander in Beziehung und sind weder gewillt noch imstande, das Einmalige und Besondere des anderen zu erfassen. Der Markt schafft jedoch eine Kameradschaft eigener Prägung. Jeder steht im gleichen Konkurrenzkampf und strebt in gleicher Weise nach Erfolg. Alle unterliegen den gleichen Marktbedingungen (oder glauben es wenigstens), und da alle im gleichen Boot sitzen, weiß jeder, was der andere fühlt und empfindet: er ist nur auf sich gestellt, lebt in ständiger Angst zu versagen und möchte vor allem gefallen. Ein »Pardon« wird in diesem Kampf nicht gegeben und nicht erwartet.

Die Oberflächlichkeit menschlicher Beziehungen verleitet manchen zu der Hoffnung, er werde ein tieferes und intensiveres Gefühl in der individuellen Liebe finden. Aber die Liebe zu einem einzelnen Menschen ist mit der Liebe zu den Nächsten untrennbar verknüpft: in jedem Kulturkreis drücken die Liebesbeziehungen nur in deutlicherer Form aus, welche allgemein menschlichen Beziehungen vorherrschen. Die Annahme, die in der Marketing-Orientierung wurzelnde Einsamkeit eines Menschen könne durch individuelle Liebe geheilt werden, ist daher eine Illusion.

Die Marketing-Orientierung beeinflußt Denken und Fühlen. Das Denken bekommt die Funktion, Dinge rasch zu begreifen, um sie mit Erfolg verwenden zu können. Wird diese Einstellung durch umfassende und wirksame Erziehungsmethoden gefördert, so führt sie zu einem hohen Intelligenzquotienten, nicht aber zu Vernunft. Für bloße Verwendungszwecke genügt es, die Außenseite, die Oberfläche der Dinge zu kennen. Die Wahrheit, die sich nur enthüllt, wenn man zum Wesen einer Erscheinung vordringt, gerät als Begriff in Vergessenheit. Hiermit ist weniger die »absolute« Wahrheit im vorwissenschaftlichen Sinn gemeint, die ohne Bezug auf Erfahrungstatsachen dogmatisch verfochten wird, sondern die Wahrheit, die ein Mensch findet und die für Revisionen offen ist, indem er seine Vernunft auf seine Beobachtungen anwendet. Die meisten Intelligenztests sind auf die oben genannte Denkweise abgestimmt. Sie messen nicht so sehr die Fähigkeiten, die ein Mensch in bezug auf Vernunft und Verstehenkönnen besitzt, als vielmehr sein rasches Anpassungsvermögen an eine gegebene Situation; »geistige Anpassungstests« wäre die zutreffende Bezeichnung. (Vgl. E. Schachtel, 1937.) Als wesentlich betrachtet diese Denkart die Anwendung von Vergleichskategorien und quantitativen Maßstäben, nicht die gründliche Analyse eines gegebenen Phänomens und seiner Qualität. Sämtliche Probleme sind gleichermaßen »interessant«; Unterschiede in ihrer tatsächlichen Bedeutung werden kaum beachtet. Das Wissen selbst wird zur Ware. Auch hier ist der Mensch seinen eigenen Kräften entfremdet; Denken und Wissen empfindet er nur als Werkzeuge für irgendwelche Zwecke. Sogar das Wissen über den Menschen, die Psychologie, die in der großen Tradition westlichen Denkens immer als Voraussetzung galt, um den Weg zur Tugend, zum rechten Leben und zum Glück zu finden, ist zu einem bloßen Instrument entartet, mit dem man zum Zwekke der Marktforschung, der politischen Propaganda, der Reklame usw. sich selbst und andere besser manipulieren kann.

Dieses Denken hat ohne Zweifel großen Einfluß auf unser Erziehungssystem. Von der Grundschule bis zur Universität wird mit dem Lernen nur der Zweck verfolgt, so viele Informationen wie möglich zu sammeln, die sich für Marktzwecke als brauchbar erweisen können. Die Schüler sollen so vielerlei lernen, daß ihnen kaum noch Zeit und Kraft zum *Denken* bleibt. Der Grund, daß man eine bessere und umfassendere Erziehung fordert, ist nicht das Interesse am Lehrstoff, am Wissen oder an der Erkenntnis als solcher, sondern der höhere Tauschwert, den das Wissen vermittelt. Erziehung und Wissen gelten heute sehr viel. Gleichzeitig beobachtet man tiefe Skepsis und Mißachtung einem Denken gegenüber, das sich »nur« um die Erkenntnis der Wahrheit bemüht. Ein solches Denken wird als unpraktisch und nutzlos bezeichnet, weil es für den Markt keinen Tauschwert repräsentiert.

Ich habe die Marketing-Orientierung als eine der nicht-produktiven Orientierungen dargestellt. Sie unterscheidet sich jedoch von diesen in so vieler Hinsicht, daß sie eigentlich in eine eigene Kategorie gehört. Die rezeptive, die ausbeuterische und die hortende Orientierung haben eines gemeinsam: Jede stellt eine Form der menschlichen Bezogenheit dar, die, sofern sie vorherrschend ist, einen Menschen charakterisiert. Die Marketing-Orientierung aber entwickelt nichts, was in einem Menschen potentiell vorhanden ist (es sei denn, wir würden die absurde Behauptung aufstellen, daß auch »Nichts« zur menschlichen Ausstattung gehöre). Ihr wirkliches Wesen besteht darin, daß keine spezifische und dauerhafte Form der Bezogenheit entwickelt wird; die Auswechselbarkeit der Haltungen ist das einzig Beständige einer solchen Orientierung. Es werden nur diejenigen Eigenschaften entwickelt, die sich am besten verkaufen lassen. Dominant ist keine besondere Haltung, sondern das

Vakuum, das sich am schnellsten mit der jeweils gewünschten Eigenschaft ausfüllen läßt. Dies ist jedoch nicht mehr eine Eigenschaft im eigentlichen Sinne des Wortes. Es ist höchstens eine Rolle oder die Vorspiegelung einer Eigenschaft, die in dem Augenblick ausgewechselt wird, in dem größerer Bedarf nach einer anderen besteht. So ist zum Beispiel Ehrbarkeit zuweilen erwünscht. Vertreter gewisser Branchen sollen das Publikum durch Zuverlässigkeit, Besonnenheit und Ehrbarkeit beeindrucken, also durch Eigenschaften, die bei manchem Geschäftsmann des neunzehnten Jahrhunderts echt waren. Heute dagegen sucht man einen Vertreter, der Vertrauen einflößt, weil er so *aussieht,* als ob er diese Eigenschaften besäße. Was der Betreffende auf dem Personalmarkt verkauft, ist seine Befähigung, diese Rolle zu spielen. Welcher Mensch dahintersteht, ist unwichtig und uninteressant; auch er selbst interessiert sich nicht für seine Ehrlichkeit, sondern nur für ihren Marktwert. Voraussetzung für die Marketing-Orientierung ist innere Leere, das Fehlen jeder spezifischen Qualität, die unauswechselbar wäre, denn jeder bestimmte Charakterzug könnte eines Tages mit den Anforderungen des Marktes in Widerspruch geraten. Der Betreffende wird feststellen, daß einige Rollen nicht zu seinen Eigenheiten passen. Also muß er sie ablegen, das heißt, nicht die Rollen, sondern seine Eigenheiten. Denn die Marketing-Persönlichkeit muß frei sein, frei von jeglicher Individualität.

Ich habe den Begriff der Nekrophilie von Unamuno übernommen und habe das Phänomen der charakterologischen Nekrophilie seit 1961 studiert. Meine theoretischen Auffassungen habe ich in der Hauptsache aus der Beobachtung von Personen in der Analyse gewonnen. Die Untersuchung gewisser historischer Persönlichkeiten – Hitlers zum Beispiel –, die Beobachtung von Einzelpersonen, das Studium des Charakters und des Verhaltens sozialer Klassen haben mir zusätzlich Daten für die Analyse des nekrophilen Charakters geliefert. Aber so sehr meine klinischen Beobachtungen mich auch beeinflußt haben, so glaube ich doch, daß der entscheidende Impuls von Freuds Theorie des Lebens- und Todestriebes ausging. Ich war von seiner Auffassung tief beeindruckt, daß der Lebenstrieb und der Todestrieb die beiden fundamentalsten Kräfte im Menschen sein sollen; aber mit Freuds theoretischer Erklärung dafür konnte ich mich nicht befreunden. Trotzdem hat mich Freuds Theorie veranlaßt, klinische Daten in neuem Licht zu sehen, seine Auffassung neu zu formulieren – und so zu bewahren, allerdings auf einer anderen theoretischen Grundlage, auf klinischen Daten begründet, die, wie ich später zeigen werde, die Verbindung zu Freuds früheren Befunden über den analen Charakter herstellen.

Die Nekrophilie kann man im charakterologischen Sinn definieren als *das leidenschaftliche Angezogenwerden von allem, was tot, vermodert, verwest und krank ist; sie ist die Leidenschaft, das, was lebendig ist, in etwas Unlebendiges umzuwandeln; zu zerstören um der Zerstörung willen; das ausschließliche Interesse an allem, was rein mechanisch ist. Es ist die Leidenschaft, lebendige Zusammenhänge mit Gewalt entzweizureißen.* Das Angezogenwerden durch alles, was tot und verwest ist, kann man am deutlichsten in den Träumen nekrophiler Personen beobachten: »Ich sitze auf der Toilette. Ich habe Durchfall und entleere mich mit einer explosiven Gewalt, die sich anhört, als ob eine Bombe explodiert und das ganze Haus einstürzen könnte. Ich möchte baden, aber als ich das Wasser anzudrehen versuche, merke ich, daß die Wanne bereits mit schmutzigem Wasser gefüllt ist; ich sehe Kot und ein abgeschnittenes Bein und einen Arm im Wasser herumschwimmen.«

Der Träumende war ein stark nekrophiler Mensch, der eine ganze Anzahl ähnlicher Träume hatte. Als der Analytiker ihn fragte, was er denn bei dem, was sich da abspielte, empfunden habe, berichtete er, er habe die Situation nicht als erschreckend empfunden, doch sei es ihm peinlich, den Traum dem Analytiker zu erzählen.

Dieser Traum weist mehrere Elemente auf, die für die Nekrophilie kennzeichnend sind, unter denen das Thema von den abgetrennten Körperteilen das offensichtlichste ist. Außerdem weist der Traum auf den engen Zusammenhang zwischen Nekrophilie und Analität (worauf wir noch später zu sprechen kommen) mit dem Thema der Destruktivität hin; wenn wir von symbolischer in offene Sprache übersetzen, so drückt der Träumende das Gefühl aus, daß er mit der Gewalt seiner Entleerung das ganze Haus zerstören möchte. [...]

Eine andere Manifestation des nekrophilen Charakters ist die Überzeugung, daß sich Probleme und Konflikte nur mit Gewalt und Gewalttätigkeit lösen lassen. Die Frage lautet hier nicht, ob man unter bestimmten Umständen Gewalt anwenden sollte: für den Nekrophilen ist kennzeichnend, daß Gewalt – »die Macht, einen Menschen in einen Leichnam zu verwandeln«, um mit Simone Weil zu reden – die erste und letzte Lösung für alles ist; daß der gordische Knoten immer zerhauen und niemals geduldig aufgeknotet wird. Grundsätzlich besteht die Reaktion derartiger Menschen auf die Probleme des Lebens in Destruktion und niemals in dem Bemühen, anderen zu helfen, in einem konstruktiven oder beispielhaften Verhalten. Ihre Reaktion ist die der Königin von ›Alice im Wunderland‹: »Herunter mit ihren Köpfen!« Wer von diesem Impuls getrieben wird, ist in der Regel nicht in der Lage, andere Möglichkeiten zu erkennen, die keine Zerstörung erfordern, und er erkennt nicht, wie unwirksam sich Gewalt oft auf die Dauer erweist. Den klassischen Ausdruck für diese Haltung finden wir in König Salomons Urteil im Rechtsstreit der beiden Frauen, die beide behaupten, das Kind sei das ihre. Als der König vorschlägt, das Kind zu teilen, will es die echte Mutter lieber der anderen Frau überlassen; die Frau, welche nur vorgab, die Mutter zu sein, entscheidet sich dafür, das Kind zu teilen. Ihre Entscheidung ist typisch für einen nekrophilen, besitzbesessenen Menschen.

Einen etwas weniger drastischen Ausdruck findet die Nekrophilie in dem auffälligen Interesse an Krankheit in allen ihren

Formen und am Tod. Ein Beispiel dafür ist etwa die Mutter, die sich ständig für die Krankheiten ihres Kindes und für sein Versagen interessiert und dunkle Prognosen für seine Zukunft stellt; gleichzeitig macht ihr eine günstige Veränderung keinerlei Eindruck, sie reagiert nicht auf die Freude und Begeisterung des Kindes und bemerkt nichts Neues, das in ihm wächst. Sie fügt dem Kind damit keinen offenen Schaden zu, und doch kann sie langsam seine Lebensfreude, seinen Glauben an sein Wachstum ersticken und es mit ihrer eigenen nekrophilen Orientierung anstecken.

Jedem, der Gelegenheit hat, Unterhaltungen von Leuten aus allen Gesellschaftsklassen vom mittleren Alter aufwärts mit anzuhören, wird auffallen, wie oft von Krankheiten und vom Tod anderer Leute die Rede ist. Sicherlich ist dafür eine ganze Anzahl von Faktoren verantwortlich. Für viele Menschen, besonders für solche, die keine anderweitigen Interessen haben, sind Krankheit und Tod die einzigen dramatischen Elemente im Leben; dieses Thema ist eines der wenigen, über die sie sich, von den Familienereignissen abgesehen, unterhalten können. Aber auch wenn man all das einräumt, gibt es doch viele, für welche diese Erklärung unzureichend ist. Gewöhnlich sind sie daran zu erkennen, daß sie plötzlich lebhaft und angeregt werden, wenn von Krankheit oder anderen traurigen Erlebnissen wie Tod, finanziellen Schwierigkeiten und so weiter die Rede ist. Das besondere Interesse nekrophiler Personen am Toten zeigt sich oft nicht nur in ihrer Unterhaltung, sondern auch in der Art, wie sie die Zeitung lesen. Am meisten interessieren sie die Todesanzeigen und Nachrufe, und die lesen sie auch *zuerst;* auch unterhalten sie sich gern über den Tod und seine verschiedenen Aspekte: woran die Leute gestorben sind und unter welchen Umständen, wer kürzlich gestorben ist, wer demnächst sterben wird und so weiter. Sie gehen gern in Krematorien und auf Friedhöfe und lassen sich meist keine Gelegenheit dazu entgehen, wenn es nur irgend gesellschaftlich angebracht erscheint. Es ist auch leicht einzusehen, daß diese Vorliebe für Beerdigungen und Friedhöfe nur eine etwas abgemilderte Form der groberen Manifestationen des Interesses an Leichenhallen und Gräbern ist.

Ein etwas weniger leicht zu identifizierender Charakterzug des Nekrophilen ist die merkwürdige Unlebendigkeit seiner Unterhaltung. Dabei geht es nicht darum, worüber er sich unterhält. Ein sehr intelligenter, hochgebildeter, nekrophiler

Mensch kann über Dinge reden, die an sich sehr interessant wären, wenn nicht die Art und Weise wäre, wie der Betreffende seine Ideen vorbringt. Er bleibt steif, kalt, unbeteiligt; er stellt sein Thema pedantisch und unlebendig dar. Dagegen kann der entgegengesetzte Charaktertyp, der biophile Mensch, auch über ein Erlebnis sprechen, das an und für sich nicht besonders interessant ist, das er jedoch lebendig darstellt; er wirkt anregend, daher hört man ihm auch mit Vergnügen und Interesse zu. Ein Nekrophiler wirkt in einer Gruppe wie ein nasses Tuch und als Freudentöter; er ist langweilig und nicht anregend; er macht alles unlebendig und ermüdet die Anwesenden im Gegensatz zu einem lebensliebenden Menschen, der sie lebendiger macht.

Eine weitere Dimension nekrophiler Reaktionen ist die Einstellung zur Vergangenheit und zum Besitz. Der nekrophile Charakter erlebt nur die Vergangenheit und nicht die Gegenwart oder Zukunft als ganz real. Das, was gewesen ist, das heißt, was tot ist, beherrscht sein Leben: Institutionen, Gesetze, Eigentum, Traditionen und Besitztümer. Kurz gesagt, *die Dinge beherrschen den Menschen; das Haben* beherrscht das *Sein;* das *Tote* beherrscht das *Lebendige.* Im persönlichen, philosophischen und politischen Denken des Nekrophilen ist die Vergangenheit heilig, nichts Neues ist von Wert, eine drastische Veränderung ist ein Verbrechen gegen die »natürliche« Ordnung.

Ein weiterer Aspekt der Nekrophilie ist das Verhältnis zur Farbe. Nekrophile haben meist eine Vorliebe für dunkle, das Licht absorbierende Farben, wie schwarz oder braun, und eine Abneigung gegen helle, leuchtende Farben. Man kann diese Vorliebe an ihrer Kleidung oder auch in den Farben beobachten, die sie wählen, wenn sie malen. Natürlich hat die Farbe in Fällen, wo aus Tradition dunkle Kleider getragen werden, nichts mit dem Charakter zu tun. [...]

Die Sprache eines nekrophilen Menschen ist dadurch gekennzeichnet, daß er vorwiegend Worte benutzt, die sich auf Zerstörung, auf Exkremente und Toiletten beziehen. Wenn auch das Wort »Scheiße« heute sehr häufig gebraucht wird, so sind doch die Leute unschwer zu erkennen, deren Lieblingswort es ist, das sie überdurchschnittlich anwenden. Ein Beispiel dafür ist ein 22jähriger Mann, für den alles »Scheiße« war: das Leben, die Menschen, die Ideen und die Natur. Der gleiche junge Mann sagte stolz von sich: »Ich bin ein Künstler der Zerstörung.« [...]

Lewis Mumford hat den Zusammenhang aufgezeigt, der zwischen der Destruktivität und den machtzentrierten »Megamaschinen« besteht, wie sie in Mesopotamien und in Ägypten vor mehr als fünftausend Jahren existierten, in Gesellschaftssystemen, die – wie Mumford (1967) darlegt – viel mit den Megamaschinen des heutigen Europa und Nordamerika gemeinsam haben.

Beginnen wir mit der Betrachtung des einfachsten und augenfälligsten Merkmals des heutigen Industriemenschen: Im Brennpunkt seines Interesses stehen nicht mehr Menschen, Natur und lebendige Strukturen, sondern mechanische, nichtlebendige Artefakte üben immer größere Anziehung auf ihn aus. Beispiele gibt es in Fülle. Überall in unserer industrialisierten Welt gibt es Männer, die für ihren Wagen zärtlichere Gefühle und ein größeres Interesse hegen als für ihre Frau. Sie sind stolz auf ihren Wagen; sie pflegen ihn; sie waschen ihn eigenhändig (oft selbst dann, wenn sie das Geld hätten, jemand anderen für diese Arbeit zu bezahlen), und in manchen Ländern geben viele ihrem Wagen einen Kosenamen; sie beobachten ihn ständig und sind besorgt, wenn er die geringsten Anzeichen einer Fehlfunktion erkennen läßt. Sicher ist ein Wagen für sie kein Sexualobjekt – aber er ist ein Objekt ihrer Liebe; das Leben ohne Wagen kommt manchen unerträglicher vor als das Leben ohne Frau. Ist diese »Liebe« zum Automobil nicht etwas merkwürdig, um nicht zu sagen pervers?

Oder ein anderes Beispiel: das Fotografieren. Jeder, der Gelegenheit hat, Touristen – oder vielleicht auch sich selbst – zu beobachten, kann feststellen, daß das Fotografieren zum Ersatz für das Sehen geworden ist. Natürlich muß man hinsehen, um sein Objektiv auf das gewünschte Objekt richten zu können; dann aber drückt man auf den Auslöser, der Film wird weitergedreht und mit nach Hause genommen. Aber *Hinsehen* ist nicht *Sehen*. Sehen ist eine menschliche Funktion, eine der größten Gaben, die der Mensch mitbekommen hat; es erfordert Tätigsein, inneres Aufgeschlossensein, Interesse, Geduld und Konzentration. Einen *Schnappschuß* machen (die aggressive Bezeichnung ist aufschlußreich) bedeutet seinem Wesen nach, daß man den Akt des Sehens zu einem Objekt macht – dem Foto, das man später Bekannten als Beweis dafür zeigen will, daß »man dort war«. Das gleiche gilt für jene Musikfreunde, für die das Anhören von Musik nur ein Vorwand dafür ist, daß sie mit der Technik ihres Plattenspielers oder ihrer Stereoanlage und den speziellen technischen Verbesserungen, die sie daran angebracht haben, experimentieren. Das Anhören von Musik ist für sie zum Studium des Produktes einer technisch hochqualifizierten Darbietung geworden.

Ein anderes Beispiel ist der Apparatefan, der darauf aus ist, jede menschliche Anstrengung durch einen »handlichen«, »arbeitseinsparenden« Apparat zu ersetzen. Zu diesen Leuten gehören die Verkäufer, die selbst die einfachste Addition mit der Maschine machen, ebenso wie die, die sich weigern, auch nur einen Block weit zu Fuß zu gehen und ganz automatisch den Wagen nehmen. Viele von uns kennen vermutlich jene Heimbastler, die mechanisch betriebene Apparate konstruieren, bei denen man durch den Druck auf einen Knopf oder durch Drehen eines Schalters einen Springbrunnen anstellen, eine Tür öffnen oder noch unpraktischere, oft absurde Apparate à la Rube Goldberg in Betrieb setzen kann.

Natürlich möchte ich, wenn ich von derartigen Verhaltensweisen spreche, damit nicht sagen, daß die Benutzung eines Automobils oder das Fotografieren oder die Benutzung von technischen Apparaten schon an und für sich eine Manifestation nekrophiler Tendenzen sei. Aber es wird dazu, wenn es zum *Ersatz* für das Interesse am Leben und für die Ausübung all der reichen Funktionen wird, mit denen ein menschliches Wesen ausgestattet ist. Ich möchte damit auch nicht sagen, daß der Ingenieur, der leidenschaftlich an der Konstruktion von Maschinen aller Art interessiert ist, bereits aus diesem Grund eine nekrophile Neigung aufweist. Er kann ein sehr produktiver Mensch mit einer starken Liebe zum Leben sein, was in seiner Haltung zu anderen Menschen, zur Natur, zur Kunst und in seinen konstruktiven technischen Ideen zum Ausdruck kommt. Ich beziehe mich damit vielmehr auf all jene, deren Interesse an Artefakten das Interesse für alles Lebendige *verdrängt* hat und die sich auf eine pedantische und unlebendige Weise mit technischen Dingen befassen. [...]

Ist die Nekrophilie wirklich für den Menschen in der zweiten Hälfte des 20. Jahrhunderts in den Vereinigten Staaten und in anderen ebenso hoch entwickelten kapitalistischen oder staatskapitalistischen Gesellschaftssystemen charakteristisch?

Dieser neue Menschentyp interessiert sich ja schließlich nicht für Kot oder Leichen; er hat ganz im Gegenteil eine Phobie gegen Leichen, die er so präpariert, daß sie lebendiger aussehen als zu Lebzeiten des Verstorbenen. (Dies ist offenbar keine Reaktionsbildung, sondern es gehört zur Gesamtorientierung, welche die natürliche, nicht vom Menschen produzierte Realität verleugnet.) Aber er tut etwas noch viel Drastischeres. Er wendet sein Interesse ab vom Leben, von den Menschen, von der Natur und den Ideen – kurz, von allem, was lebendig ist; er verwandelt alles Leben in Dinge, einschließlich seiner selbst und der Manifestationen seiner menschlichen Fähigkeiten der Vernunft, des Sehens, des Hörens, des Fühlens und Liebens. Die Sexualität wird zu einer technischen Fertigkeit (zur »Liebesmaschine«); die Gefühle werden verflacht und manchmal durch Sentimentalität ersetzt; die Freude, Ausdruck intensiver Lebendigkeit, wird durch »Vergnügen« oder Erregung ersetzt, und viel von der Liebe und Zärtlichkeit, die ein Mensch besitzt, wendet er seinen Maschinen und Apparaten zu. Die Welt wird zu einer Summe lebloser Artefakte; von der synthetischen Nahrung bis zu den synthetischen Organen wird der ganze Mensch zum Bestandteil der totalen Maschinerie, welche er kontrolliert und die gleichzeitig ihn kontrolliert. Er hat keinen Plan, kein Lebensziel, außer daß er das tut, wozu die Logik der Technik ihn veranlaßt. Sein Streben gilt der Herstellung von Robotern, worin man eine der größten Leistungen des technischen Geistes sieht, und es gibt Spezialisten, die uns versichern, der Roboter werde sich kaum vom lebendigen Menschen unterscheiden. Diese Leistung wird uns weniger erstaunlich vorkommen, wenn der Mensch selbst kaum noch von einem Roboter zu unterscheiden ist.

Die Welt des Lebens ist zu einer Welt des »Nichtlebendigen« geworden; Menschen sind zu »Nichtmenschen« geworden – eine Welt des Toten. Symbolisch für das Tote sind nicht mehr unangenehm riechende Exkremente oder Leichen. Die Symbole des Toten sind jetzt saubere, glänzende Maschinen; die Menschen fühlen sich nicht mehr von übelriechenden Toiletten angezogen, sondern von Strukturen aus Aluminium und Glas. Aber die Wirklichkeit hinter dieser antiseptischen Fassade wird immer deutlicher sichtbar. Im Namen des Fortschritts verwandelt der Mensch die Welt in einen stinkenden, vergifteten Ort (und das *nicht* im symbolischen Sinn). Er vergiftet die Luft, das Wasser, den Boden, die Tiere – und sich selbst. Er tut dies in einem solchen Ausmaß, daß es zweifelhaft geworden ist, ob die Erde in hundert Jahren noch bewohnbar sein wird. Er kennt diese Tatsachen, aber wenn auch viele dagegen protestieren, so sind doch die Verantwortlichen auch weiterhin auf technischen

»Fortschritt« aus und gewillt, alles Leben dem Götzendienst an ihrem Idol zu opfern. Auch in früheren Zeiten haben Menschen ihre Kinder oder Kriegsgefangene geopfert, aber nie zuvor in der Geschichte war der Mensch gewillt, alles Leben dem Moloch zu opfern – sein eigenes und das seiner Nachkommen. Dabei macht es kaum einen Unterschied, ob er das absichtlich tut oder nicht. Wenn er die drohende Gefahr nicht kennen würde, könnte man ihn vielleicht von der Verantwortung freisprechen. Aber es ist das nekrophile Element in seinem Charakter, das ihn hindert, aus dem, was er weiß, die Konsequenz zu ziehen.

Das gleiche gilt für die Vorbereitung des nuklearen Krieges. Die beiden Supermächte vergrößern ständig ihre Fähigkeit, sich gegenseitig und gleichzeitig mindestens große Teile der menschlichen Rasse zu vernichten. Trotzdem haben sie nichts Ernsthaftes unternommen, die Gefahr zu beseitigen – und das einzig wirklich Ernsthafte wäre die Zerstörung aller Kernwaffen. Tatsächlich waren aber die Verantwortlichen schon mehrmals nahe daran, Kernwaffen einzusetzen – und sie haben mit der Gefahr gespielt. Strategische Überlegungen – zum Beispiel in Herman Kahns Buch ›On Thermonuclear War‹ (1960) – befassen sich gelassen mit der Frage, ob fünfzig Millionen Tote noch »vertretbar« wären. Daß wir es dabei mit dem Geist der Nekrophilie zu tun haben, kann kaum bezweifelt werden.

Phänomene, über die man sich so sehr entrüstet – wie Rauschgiftsucht, Verbrechen, der kulturelle und geistige Verfall und die Mißachtung echter ethischer Werte –, all das steht in enger Beziehung zur wachsenden Anziehungskraft von Totem und Schmutz. Wie kann man von der Jugend, von den Armen und von denen, die ohne Hoffnung sind, erwarten, daß sie sich nicht vom Verfall angezogen fühlen, wenn er von denen propagiert wird, die den Kurs der modernen Gesellschaft bestimmen? [...]

Zum Abschluß dieser Diskussion über die Nekrophilie und ihr Gegenteil, die Biophilie (Lebensliebe), dürfte es angebracht sein, kurz zu skizzieren, in welcher Beziehung diese Auffassung zu Freuds Theorie vom Todestrieb und Lebenstrieb (Eros) steht. Der Lebenstrieb ist darauf ausgerichtet, organische Substanz zu immer größeren Einheiten zusammenzuschließen, während der Todestrieb lebende Strukturen zu trennen und zu desintegrieren sucht. Die Beziehung des Todestriebes zur Nekrophilie bedarf kaum einer weiteren Erklärung, doch scheint zur Klärung der Beziehung zwischen Lebenstrieb und Biophilie eine kurze Erläuterung des letzteren Begriffes angebracht.

Die Biophilie ist die leidenschaftliche Liebe zum Leben und allem Lebendigen; sie ist der Wunsch, das Wachstum zu fördern, ob es sich nun um einen Menschen, eine Pflanze, eine Idee oder eine soziale Gruppe handelt. Der biophile Mensch baut lieber etwas Neues auf, als daß er das Alte bewahrt. Er will mehr *sein,* statt mehr zu *haben.* Er besitzt die Fähigkeit, sich zu wundern, und er erlebt lieber etwas Neues, als daß er das Alte bestätigt findet. Das Abenteuer zu leben ist ihm lieber als Sicherheit. Er hat mehr das Ganze im Auge als nur die Teile, mehr Strukturen als Summierungen. Er möchte formen und durch Liebe, Vernunft und Beispiel seinen Einfluß geltend machen – nicht durch Gewalt und dadurch, daß er die Dinge auseinanderreißt, nicht dadurch, daß er auf bürokratische Weise die Menschen behandelt, als ob es sich um tote Gegenstände handelte. Da er Freude am Leben und allen seinen Manifestationen hat, ist er kein leidenschaftlicher Konsument von frisch verpackten »Sensationen«.

Die *biophile Ethik* besitzt ihr eigenes Prinzip des Guten und Bösen. Gut ist alles, was dem Leben dient; böse ist alles, was dem Tod dient. Gut ist die Ehrfurcht vor dem Leben, alles, was dem Leben, dem Wachstum, der Entfaltung förderlich ist. Böse ist alles, was das Leben erstickt, einengt und alles, was es zerstückelt.

Der Unterschied zwischen Freuds Auffassung und der hier dargelegten liegt nicht in ihrer Substanz, sondern darin, daß nach Freuds Auffassung beide Tendenzen sozusagen gleichrangig sind, da sie beide biologisch gegeben sind. Jedoch ist die Biophilie als ein biologisch normaler Impuls zu verstehen, während die Nekrophilie als *psychopathologisches* Phänomen anzusehen ist. Sie tritt notwendigerweise als Folge eines gehemmten Wachstums, einer seelischen »Verkrüppelung« auf. Sie ist die Folge ungelebten Lebens, der Unfähigkeit, eine bestimmte Stufe jenseits des Narzißmus und der Indifferenz zu erreichen. *Die Destruktivität ist der Biophilie nicht parallel, sondern sie ist ihre Alternative. Die Liebe zum Leben oder die Liebe zum Toten ist die fundamentale Alternative, mit der jedes menschliche Wesen konfrontiert ist. Die Nekrophilie wächst in dem Maße, wie die Entwicklung der Biophilie am Wachstum gehindert wird. Der Mensch ist biologisch mit der Fähigkeit zur Biophilie ausgestat-*

tet, psychologisch aber hat er als Alternativlösung die Möglichkeit, nekrophil zu werden.

Daß sich aus psychischen Notwendigkeiten die Nekrophilie als Folge der Verkrüppelung entwickelt, ist aus der existentiellen Situation des Menschen zu verstehen. Wenn der Mensch nicht schaffen oder niemanden »bewegen« kann, wenn er nicht aus dem Gefängnis seines totalen Narzißmus und seines Abgetrenntseins ausbrechen kann, so kann er doch dem unerträglichen Gefühl seiner vitalen Impotenz und Nichtigkeit dadurch entrinnen, daß er in einem Akt der Zerstörung des Lebens sich selbst bestätigt. Dazu ist weder viel Anstrengung, noch Geduld, noch Sorgfalt notwendig, zur Zerstörung braucht man nur starke Arme, ein Messer oder einen Revolver.

Ich möchte diese Diskussion der Nekrophilie mit einigen allgemein klinischen und methodologischen Bemerkungen zur Diagnose abschließen.

1. Die Feststellung von einem oder zwei Charakterzügen genügt nicht zur Diagnose eines nekrophilen Charakters. Das hat verschiedene Gründe. Es kann vorkommen, daß ein bestimmtes Verhalten, das auf Nekrophilie hinzuweisen scheint, kein Charakterzug ist, sondern auf kulturelle Tradition oder ähnliche Faktoren zurückzuführen ist.

2. Andererseits müssen auch nicht alle charakterologischen nekrophilen Merkmale vorhanden sein, um diese Diagnose stellen zu können. Es gibt viele Faktoren sowohl persönlicher als auch kultureller Art, die dafür verantwortlich sind. Außerdem kommt es vor, daß gewisse nekrophile Züge nur schwer zu entdecken sind, wenn einer sie gut zu verbergen weiß.

3. Besonders wichtig ist, daß man begreift, daß nur eine relativ kleine Minderheit *völlig* nekrophil ist. Man könnte derartige Menschen als schwer pathologische Fälle ansehen und nach einer genetischen Disposition für diese Erkrankung suchen. Wie aus biologischen Gründen zu erwarten, sind die allermeisten Menschen nicht ganz ohne, wenn auch nur schwach ausgebildete biophile Neigungen. Unter ihnen dürfte es auch einen gewissen Prozentsatz geben, bei denen die Nekrophilie so dominiert, daß wir sie mit Recht als nekrophile Personen bezeichnen können. Vielleicht bei den meisten Menschen sind nekrophile Tendenzen zusammen mit biophilen Neigungen zu finden, wobei letztere stark genug sind, einen inneren Konflikt hervorzurufen, der oft sehr produktiv ist. Inwieweit das Ergebnis dieses Konfliktes die Motivation eines Menschen bestimmt, hängt von

zahlreichen Variablen ab: in erster Linie von der Intensität der jeweiligen Tendenz, weiterhin von dem Vorhandensein gesellschaftlicher Bedingungen, die der einen beziehungsweise der anderen Orientierung förderlich sind, ferner von bestimmten Ereignissen im Leben des Betreffenden, die ihn in die eine oder andere Richtung lenken können. Dann gibt es auch Menschen, die so vorwiegend biophil sind, daß ihre nekrophilen Impulse leicht im Zaum zu halten oder zu verdrängen sind oder dazu dienen, eine besondere Sensitivität *gegen* die nekrophilen Tendenzen in sich selbst und anderen aufzubauen. Schließlich gibt es noch eine Gruppe von Menschen – wiederum eine kleine Minderheit –, bei denen überhaupt keine Spur von Nekrophilie festzustellen ist, die reine Biophile sind, motiviert von einer höchst intensiven und reinen Liebe zu allem Lebendigen. Wohlbekannte Beispiele aus neuerer Zeit für diese Minderheit sind Menschen wie Albert Schweitzer, Albert Einstein und Papst Johannes XXIII.

Es folgt aus diesen Überlegungen, daß es keine feste Grenze zwischen der nekrophilen und der biophilen Orientierung gibt. Wie auch bei den meisten anderen Charakterzügen gibt es ebenso viele Kombinationen, wie es Individuen gibt. In der Praxis ist es jedoch durchaus möglich, zwischen vorwiegend nekrophilen und vorwiegend biophilen Menschen zu unterscheiden.

4. Da ich die meisten Methoden bereits erwähnt habe, die man zur Aufdeckung des nekrophilen Charakters anwenden kann, möchte ich sie hier nur noch einmal kurz zusammenfassen: a) die sorgfältige Beobachtung des Verhaltens des Betreffenden, besonders soweit es unbeabsichtigt ist, einschließlich des Gesichtsausdrucks, der Wortwahl, aber auch der allgemeinen Weltanschauung und der wichtigsten Entscheidungen, die der Betreffende in seinem Leben getroffen hat; b) die Untersuchung der Träume, Witze und Phantasien; c) die Auswertung der Art und Weise, wie der Betreffende andere Menschen behandelt, wie er auf sie wirkt, welche Art von Leuten er schätzt und welche er ablehnt; d) die Anwendung projektiver Tests, wie des Rorschachtests. (M. Maccoby [1972, S. 215f.] hat diesen Test zur Diagnose der Nekrophilie mit befriedigenden Resultaten angewandt.)

5. Man braucht kaum zu betonen, daß schwer nekrophile Personen sehr gefährlich sind. Es sind die Hasser, die Rassisten, die Befürworter von Krieg, Blutvergießen und Destruktion. Sie sind nicht nur dann gefährlich, wenn sie politische Führer sind,

sondern auch als die potentiellen Kohorten eines diktatorischen Führers. Aus ihnen rekrutieren sich die Henker, die Terroristen und Folterer; ohne sie könnte kein Terrorsystem errichtet werden. Aber auch die weniger intensiv Nekrophilen sind politisch von Bedeutung; sie sind vielleicht nicht unter den ersten Anhängern eines Terrorregimes, aber sie sind für seinen Fortbestand unentbehrlich, auch wenn sie nicht die Majorität repräsentieren.

6. Wäre es in Anbetracht dieser Tatsache nicht von großer gesellschaftlicher und politischer Bedeutung zu wissen, ein wie großer Prozentsatz der Bevölkerung als überwiegend nekrophil oder als überwiegend biophil anzusehen ist? Wenn man nicht nur die relative Häufigkeit jeder der beiden Gruppen feststellen könnte, sondern auch wie sie sich bezüglich Alter, Geschlecht, Bildung, Klasse, Beruf und geographischer Verteilung zusammensetzen? Wir untersuchen die politischen Meinungen, Werturteile usw. und erzielen durch geeignete Hochrechnungsmethoden der Meinungsforschung zufriedenstellende Resultate für die gesamte Bevölkerung. Aber aus diesen Resultaten erfahren wir nur, welche *Meinungen* die Leute haben, wir erfahren nichts über ihren *Charakter* – mit anderen Worten, wir lernen nicht die *wirksamen Überzeugungen* kennen, die sie motivieren. Wenn wir ebenso statistisch geeignete Gruppen untersuchen würden, die uns die Möglichkeit gäben, die weitgehend unbewußten Triebkräfte zu erkennen, die hinter dem manifesten Verhalten und den Meinungen stehen, so würden wir gewiß sehr viel über die Intensität und die Richtung der menschlichen Energie wissen. Wir könnten uns auf diese Weise sogar vor gewissen Überraschungen schützen, die wir als unerklärlich bezeichnen, nachdem sie sich ereignet haben. Oder ist es vielleicht so, daß wir uns nur für die Energie interessieren, die wir für die materielle Produktion brauchen, und nicht für die Formen der *menschlichen* Energie, die ein so entscheidender Faktor im sozialen Prozeß ist?

3
Die Mutterrechtsforschung und ihre Bedeutung für die Sozialpsychologie

Nur ganz selten wurde Fromm bei einer persönlichen Lektüreempfehlung aufdringlich: »Kennen Sie Bachofen? Haben Sie etwas von ihm gelesen? Lesen Sie Bachofen! Lesen Sie wenigstens die Einleitung zum ›Mutterrecht‹! Sie können dabei sehr viel lernen.« Fromm gab nie eine Empfehlung, die nicht einer persönlichen Erfahrung entsprang. Was hat er selbst bei Bachofen gelernt?

Gesellschaften und Kulturen haben nicht nur eine psychische Struktur, einen Gesellschafts-Charakter. Sie sind auch sozusagen geschlechtlich orientiert: entweder mehr vaterrechtlich oder mutterrechtlich. Und je nachdem, welches Recht vorherrscht, herrschen auch andere Gesetze des Denkens, des Zusammenlebens und der psychischen Entwicklung.

Geahnt hat Fromm dies bereits, bevor er mit den Schriften Bachofens, Morgans und Briffaults Anfang der dreißiger Jahre bekannt wird. Die Zweifel an der Freudschen Auffassung vom Ödipuskomplex werden durch die Kontakte mit Georg Groddeck in Baden-Baden und mit Karen Horney zur Kritik an der patriarchalisch gefaßten psychoanalytischen Theorie Freuds.

Es gibt keinen Zweifel, daß Fromms Vorliebe den matrizentrischen Kulturen gilt. Genauso unzweifelhaft ist aber auch, daß Fromm dem Feminismus skeptisch gegenübersteht, weil dieser entweder die Vorherrschaft des Mannes streitbar kopiert oder sich im Kampf gegen diese Vorherrschaft erschöpft, statt eine Integration beider Aspekte anzustreben. Fromms Enthusiasmus für Bachofens Einsichten geht über die nachfolgende Beschreibung der »Bedeutung der Mutterrechtstheorie für die Gegenwart« hinaus. Ihn fasziniert die Erkenntnis, daß die bedingungslose Liebe der Mutter weit mehr über die psychische Entwicklung eines Menschen entscheidet als die Probleme, die Ödipuskomplex oder Penisneid aufwerfen. Bedingungslose Liebe ist auch für das therapeutische Geschehen die entscheidende Dimension. Darin weiß er sich mit Psychoanalytikern wie Sándor Ferenci und Michael Balint trotz aller Auseinandersetzungen mit der psychoanalytischen Orthodoxie verbunden.

Die Bedeutung der Mutterrechtstheorie für die Gegenwart

Die Tatsache, daß Bachofens Theorien über das Mutterrecht und die matriarchalischen Gesellschaften im 19. und in der ersten Hälfte des 20. Jahrhunderts verhältnismäßig geringe Beachtung fanden, erklärt sich hinreichend aus dem Umstand, daß bis zum Ende des Ersten Weltkriegs das patriarchalische System in Europa und Amerika unerschüttert war, so daß der bloße Gedanke, Frauen könnten im Mittelpunkt einer gesellschaftlichen oder religiösen Struktur stehen, unvorstellbar und absurd erschien. Ebenso sollten die sozialen und psychologischen Veränderungen der letzten vier Jahrzehnte den Grund erkennen lassen, weshalb das Problem des Matriarchats ein neues und tiefes Interesse erwecken müßte. Erst jetzt, so scheint es, sind Veränderungen im Gange, welche eine Neueinschätzung von Ideen verlangen, die über hundert Jahre schlummerten. Bevor ich diese Veränderungen beschreibe, möchte ich dem Leser, der mit Bachofen und Morgan nicht vertraut ist, eine kurze Einführung in deren Vorstellungen von den Prinzipien und Werten einer matriarchalischen Gesellschaft geben.

Nach Bachofen ist das mütterliche Prinzip das des Lebens, der Einheit und des Friedens. Die für das Kleinkind sorgende Frau wendet ihre Liebe über ihr eigenes Selbst hinaus anderen menschlichen Wesen zu und richtet alle ihre Gaben und ihre Einbildungskraft auf das Ziel der Bewahrung und Verschönerung eines anderen Menschen. Das Prinzip des Matriarchats ist allumfassend, während das patriarchalische System ein System der Beschränkungen ist. Die Vorstellung, daß alle Menschen Brüder seien, ist im Prinzip der Mutterschaft verwurzelt; sie verblaßt mit der Entwicklung der patriarchalischen Gesellschaft. Das Matriarchat ist die Grundlage des Prinzips universaler Freiheit und Gleichheit, des Friedens und liebender Menschlichkeit. Es ist auch die Grundlage wohlüberlegter Sorge um materielles Wohlergehen und irdisches Glück. (Vgl. J. J. Bachofen, 1954.)

Ganz unabhängig davon kam L. H. Morgan (1870 und 1877) zu dem Schluß, daß das Verwandtschaftssystem der amerikanischen Indianer – ähnlich dem in Asien, Afrika und Australien – auf dem matriarchalischen Prinzip beruhte, und er behauptete, daß höhere Kulturformen »eine Wiederholung, und zwar auf höherer Ebene, der Grundsätze von Freiheit, Gleichheit und Brüderlichkeit bringen würden, die den alten Geschlechtern (*gens*) eigentümlich waren«. Selbst diese kurze Darstellung der Prinzipien des Matriarchats sollte erkennen lassen, weshalb ich den nachstehend genannten sozialpsychologischen Veränderungen für eine Neueinschätzung der Mutterrechtstheorie soviel Bedeutung beimesse:

1. Das Versagen des *patriarchalisch-autoritären Systems* bei der Erfüllung seiner Aufgabe: seine Unfähigkeit, große, verheerende Kriege und terroristische Diktaturen zu verhindern; seine Unfähigkeit zu entschiedenem Handeln, um zukünftige Katastrophen – beispielsweise einen Krieg mit atomaren, biologischen und chemischen Waffen, Hungersnöte in weiten Teilen der Welt und die katastrophalen Resultate einer zunehmenden Verpestung von Luft, Wasser und Erdboden – zu verhüten.

2. Die *demokratische Revolution,* die die überlieferten autoritären Strukturen besiegt und durch demokratische Strukturen ersetzt hat. Der Prozeß der Demokratisierung ging einher mit der Entstehung einer technologischen Überflußgesellschaft, die nicht vorwiegend persönliche Unterordnung fordert, sondern eher auf der Basis des Teamworks und der manipulierten Übereinstimmung funktioniert.

3. Die *Emanzipation der Frau,* die, obwohl nicht vollendet, viel dazu beigetragen hat, die radikalen Ideen der Aufklärung über die Gleichheit von Mann und Frau zu verwirklichen. Diese Revolution hat der patriarchalischen Autorität in den kapitalistischen Ländern ebenso wie in einem so konservativen Land wie der Sowjetunion einen schweren Schlag versetzt.

4. Die *Revolution der Kinder und Jugendlichen.* In der Vergangenheit konnten Kinder nur in unangemessener Weise rebellieren – durch Nahrungsverweigerung, Weinen, Verstopfung, Bettnässen und allgemeines Störrischsein –, aber seit dem 19. Jahrhundert haben sie Anwälte gefunden (Pestalozzi, Freud u. a.), die darauf bestanden, daß Kinder einen eigenen Willen und eigene Leidenschaften haben und ernst genommen werden müssen. Dieser Trend setzte sich mit zunehmender Stärke und Einsicht im 20. Jahrhundert fort. Dr. Benjamin Spock wurde sein einflußreichster Verfechter. Was Jugendliche und Heranwachsende angeht, so sprechen diese jetzt für sich selbst – und nicht mehr mit leiser Stimme. Sie fordern das Recht, angehört und ernst genommen zu werden, aktiv zu sein und nicht mehr passive Objekte, wo es um Angelegenheiten geht, die über ihr

Leben entscheiden. Sie greifen die väterliche Autorität direkt, energisch und manchmal bösartig an.

5. Die *Vision des Verbraucherparadieses:* Unsere Konsumentenstruktur schafft eine neue Vision: Wenn wir auf dem Pfad des technologischen Fortschritts weitergehen, werden wir schließlich einen Punkt erreichen, wo keine Wünsche, nicht einmal die ständig neugeschaffenen, unerfüllt bleiben; die Erfüllung wird augenblicklich erfolgen und ohne die Notwendigkeit besonderer Anstrengung. In dieser Vision erwirbt die Technik die Eigenschaften der Großen Mutter, einer technischen anstelle einer natürlichen, die ihre Kinder nährt und sie mit einem nie endenden Wiegenlied (in Form von Radio und Fernsehen) besänftigt. Im Verlaufe dieses Prozesses wird der Mensch in seiner Emotionalität zum Säugling, der sich sicher fühlt in der Hoffnung, daß Mutters Brüste jederzeit reichlich Milch geben werden und Entscheidungen nicht länger vom Individuum zu treffen sind. Sie werden vielmehr vom technologischen Apparat selbst gefällt, von den Technokraten interpretiert und ausgeführt, den Priestern einer heraufkommenden matriarchalischen Religion, deren Göttin die Technik ist.

6. Gewisse matriarchalische Neigungen kann man auch bei einigen Gruppen der radikalen Jugend beobachten, nicht nur weil sie strikt antiautoritär sind, sondern auch weil sie die oben genannten Werte und Einstellungen der matriarchalischen Welt, wie sie von Bachofen und Morgan beschrieben worden sind, zu ihren eigenen machen. Die Idee des Gruppensex (ob bei bürgerlichen Vorortbewohnern oder bei radikalen Kommunen) hat große Ähnlichkeit mit Bachofens Schilderung der frühen, matriarchalischen Entwicklungsstufe der Menschheit. Ebenso kann man fragen, ob die Neigung, die Geschlechtsunterschiede im Aussehen, der Kleidung etc. zurücktreten zu lassen, nicht gleichfalls mit der Tendenz zusammenhängt, die traditionelle Wertschätzung des Männlichen aufzugeben und die Polarität der beiden Geschlechter zu verringern, was zur (emotionalen) Regression auf die prägenitale Stufe des Kleinkindes führt. – Es gibt noch andere Züge, die die Annahme unterstützen, daß sich eine wachsende matriarchalische Tendenz in diesem Teil der jungen Generation entwickelt. Die »Gruppe« selbst scheint die Funktion der Mutter zu übernehmen. Auch könnte sich in dem Bedürfnis nach unmittelbarer Befriedigung aller Wünsche, in der passiv-rezeptiven Einstellung, die im Drogenmißbrauch am deutlichsten wird, und im Bedürfnis,

sich mit den anderen in der Gruppe körperlich zu berühren und nie allein zu sein, eine Regression zur infantilen Gebundenheit an die Mutter ausdrücken. – Es scheint auch, daß die junge Generation nicht so verschieden von der älteren Generation ist, wie sie selbst es glaubt, wenngleich sie andere Dinge konsumiert und ihre Verzweiflung einen offenen und aggressiven Ausdruck findet. Das beunruhigende Element in diesem Neomatriarchalismus ist, daß er eine reine Negation des Patriarchalismus und eine direkte Regression zu einer infantilen Einstellung statt eine dialektische Progression zu einer höheren Form des Matriarchalismus darstellt. Die Wirkung H. Marcuses auf die junge Generation scheint zum großen Teil auf der Tatsache zu beruhen, daß er zur Regression auf den Matriarchalismus aufruft und dieses Ziel durch revolutionäre Rhetorik besonders anziehend macht – und gleichzeitig verschleiert.

7. Vielleicht hängt mit diesen sozialen Veränderungen auch jene Richtung in der Psychoanalyse zusammen, die Freuds ältere Vorstellung von der zentralen Rolle der *sexuellen* Bindung des Sohnes an die Mutter und der daraus resultierenden Feindseligkeit gegenüber dem Vater zu korrigieren beginnt und die neue These vertritt, es gebe eine frühe und tiefe »prägenitale« Bindung von Mutter und Säugling, die vom Geschlecht des Kindes unabhängig ist. Ich habe an anderer Stelle (vgl. E. Fromm 1932a und 1932b) darauf hingewiesen, wie diese Entwicklung in Freuds späteren Schriften ihren Anfang nahm und dann von anderen aufgegriffen wurde, wenn auch sehr behutsam. Wenn Psychoanalytiker Bachofens Werk gründlich studieren, wird sich das als äußerst wertvoll für das Verständnis dieser nichtsexuellen Fixierung an die Mutter erweisen.

Ich möchte diese Bemerkungen mit einer theoretischen Betrachtung abschließen. Wie der Leser im nachfolgenden Kapitel feststellen wird, ist das mütterliche Prinzip das der uneingeschränkten Liebe, natürlichen Gleichheit, der Betonung der Bindung an Blut und Boden, des Mitleids und der Barmherzigkeit. Das väterliche Prinzip ist das der bedingten Liebe, der hierarchischen Strukturen, des abstrakten Denkens, der von Menschen gemachten Gesetze, des Staates.

Es scheint, daß im Laufe der Geschichte diese beiden Prinzipien manchmal heftig zusammenprallten, manchmal aber zu einer Synthese gelangten (beispielsweise in der katholischen Kirche oder in Marx' Begriff des Sozialismus). Wenn sie miteinander im Widerstreit stehen, manifestiert sich das mütterliche

Prinzip in übergroßer Nachgiebigkeit und Infantilisierung des Kindes, die seine volle Reifung verhindern; väterliche Autorität wird zu hartem Herrschaftsanspruch und zu Kontrolle, die sich auf Furcht und Schuldgefühl des Kindes gründen. Das ist der Fall in der Beziehung des Kindes zu Vater-Mutter sowohl in der Familie als auch in der Gesamtstruktur patriarchalischer und matriarchalischer Gesellschaften, die die Familienstruktur bestimmen. Die rein matriarchalische Gesellschaft steht der vollen Entfaltung des Individuums im Wege und verhindert so technischen, rationalen und künstlerischen Fortschritt. Die rein patriarchalische Gesellschaft schert sich nicht um Liebe und Gleichberechtigung; ihre Sorge gilt lediglich den von Menschen gemachten Gesetzen, dem Staat, abstrakten Prinzipien, dem Gehorsam. Sie wird in der ›Antigone‹ des Sophokles in der Person und dem System Kreons, des Prototyps eines faschistischen Führers, klar dargestellt. (Vgl. hierzu auch Kap. 5 in E. Fromm, 1951 a.)

Wenn aber patriarchalisches und matriarchalisches Prinzip eine Synthese bilden, dann erhält das eine vom anderen seine Tönung: mütterliche Liebe durch Gerechtigkeit und Rationalität, väterliche Autorität und Gnade und Gleichheit.

Der gegenwärtige Kampf gegen die väterliche Autorität scheint das patriarchalische Prinzip in regressiver und nichtdialektischer Weise anzudeuten. Eine lebensfähige, progressive Lösung liegt einzig in einer neuen Synthese der Gegensätze, in der der Widerstreit zwischen Gnade und Gerechtigkeit durch eine Vereinigung beider auf einer höheren Ebene ersetzt wird.

Wie es auch mit den einzelnen Ergebnissen der Mutterrechtsforschung bestellt sein mag – daß es gesellschaftliche Strukturen gibt, die man als matrizentrisch bezeichnen kann, dürfte feststehen. Es seien im folgenden einige Andeutungen gemacht, warum die Beschäftigung mit den schon vorliegenden und gewiß noch mehr mit den zukünftigen Ergebnissen der Mutterrechtsforschung für das Verständnis der sozialen Struktur der Gegenwart und ihrer Wandlungen wichtig und fruchtbar ist.

Zu den gesellschaftlichen Produktivkräften gehören die libidinösen Strebungen der Menschen. Infolge der Plastizität und Veränderbarkeit dieser Strebungen passen sie sich weitgehend – wenn auch in gewissen Grenzen – der gegebenen ökonomischen und sozialen Situation ihrer Gruppe an. Die den Mitgliedern einer gesellschaftlichen Gruppe gemeinsame psychische Struktur stellt zugleich eine unentbehrliche Stütze bei der Erhaltung der gesellschaftlichen Stabilität dar. Diese Struktur wirkt allerdings im Sinne der Stabilität nur so lange, als die Widersprüche zwischen der psychischen Struktur und den ökonomischen Bedingungen ein gewisses Maß nicht überschreiten. Ist dies der Fall, so wirken die psychischen Kräfte im Sinne der Auflösung und Veränderung der bestehenden Ordnung; dabei ist allerdings nicht zu vergessen, daß sich die psychischen Strukturen verschiedener Klassen in dieser Hinsicht je nach ihrer Rolle im gesellschaftlichen Prozeß völlig verschieden und auch entgegengesetzt verhalten. Wenn auch der einzelne durch seine individuelle Konstitution und seine individuellen Lebensschicksale, besonders die frühkindlichen, sich von den Mitgliedern der gleichen Gruppe psychisch unterscheidet, so ist doch ein großer Sektor seiner psychischen Struktur ein Produkt der Anpassung an die Situation seiner Klasse und der Gesamtgesellschaft, in der er lebt. Die Kenntnis der Bedingtheit dieser für eine bestimmte Klasse und Gesellschaft typischen Struktur und damit der in einer bestimmten Gesellschaft wirksamen psychischen Produktivkräfte ist noch weniger weit fortgeschritten als die der ökonomischen und sozialen Struktur. Der Grund liegt zum Teil darin, daß der Forscher selbst durch die für seine gesellschaftliche Situation typische Struktur geprägt ist und daß er nur den Geist begreift, dem er gleicht. Er wird leicht in den

Fehler verfallen, seine eigene psychische Struktur wie die seiner Gesellschaft für eine natürliche oder »menschliche« zu halten und zu übersehen, daß ganz andere Triebstrukturen als Produktivkraft unter anderen gesellschaftlichen Bedingungen wirksam gewesen sind und noch wirksam werden können. Die Bedeutung des Studiums matrizentrischer Kulturen für die Sozialforschung liegt darin, daß in ihnen ganz andere psychische Strukturen sichtbar werden, als sie dem Beobachter unserer Gesellschaft geläufig sind und daß die Einsicht in solche anderen Möglichkeiten eine wichtige Bereicherung der Forschung darstellt. Dies gilt ganz besonders für das, was wir als »matrizentrischen« Komplex im Gegensatz zum »patrizentrischen« bezeichnen möchten. Diese Behauptung sei im folgenden andeutungsweise illustriert; dabei sollen nur Problemstellungen aufgezeigt, nicht Lösungen gegeben werden.

Unter patrizentrischem Komplex ist eine psychische Struktur verstanden, in der die Beziehung zum Vater bzw. seinen psychologischen Äquivalenten die zentrale Objektbeziehung darstellt. Freud hat in seiner Konzeption des (positiven) Ödipuskomplexes einen der entscheidenden Züge dieser Struktur entdeckt, wenngleich er ihn auch infolge des oben angedeuteten Mangels an Distanz zu »seiner« Gesellschaft in seiner Allgemeingültigkeit überschätzt. Die sexuellen Impulse des Knaben, die sich auf die Mutter als das erste und wichtigste weibliche Liebesobjekt beziehen, lassen ihn den Vater als Rivalen empfinden, eine Konstellation, die erst dadurch ihre charakteristische Bedeutung erlangt, daß der Vater in der patriarchalischen Familie gleichzeitig auch die Funktion der das Leben des Kindes beherrschenden Autorität hat. Diese Doppelrolle des Vaters, abgesehen von der physiologischen Unmöglichkeit der Erfüllung der kindlichen Wünsche, bewirkt, wie Freud weiter gezeigt hat, daß der Wunsch, an die Stelle des Vaters zu treten, bis zu einem gewissen Grade zu einer Identifizierung mit dem Vater führt: Der Vater wird als Träger moralischer Forderungen introjiziert, und diese Introjektion stellt eine mächtige Quelle der Gewissensbildung dar. Da dieser Prozeß aber nur teilweise gelingt, führt die Rivalität mit dem Vater zur Ausbildung einer ambivalenten Gefühlshaltung, charakterisiert einerseits durch den Wunsch, von ihm geliebt zu werden, andererseits durch mehr oder weniger offene trotzige Auflehnung gegen ihn.

Der patrizentrische Komplex wird aber auch durch die psychischen Vorgänge, die sich im Vater selbst abspielen, formiert.

Auch von seiner Seite besteht eine Eifersucht gegen den Sohn, die zum Teil in der Tatsache begründet ist, daß die Lebenslinie des Vaters im Verhältnis zu der des Sohnes eine relativ absteigende ist. Wichtiger ist eine andere, eine sozial bedingte Quelle der Eifersucht des Vaters: die auf die von sozialen Pflichten noch relativ freie Lebenssituation des Kindes. Es ist klar, daß diese Eifersucht um so größer ist, je stärker der auf dem Vater lastende Druck ist.

Noch wichtiger für die Einstellung des Vaters zum Sohn und für die Formation seiner psychischen Struktur dürfte ein anderer gesellschaftlich und ökonomisch bedingter Tatbestand sein. Der Sohn ist entweder – unter gewissen ökonomischen Verhältnissen – der Erbe des väterlichen Vermögens oder, wo nichts zu vererben ist, in desto höherem Maße der künftige Ernährer des Vaters für den Fall einer durch Alter oder Krankheit bedingten Erwerbsunfähigkeit. Er stellt eine Art Kapitalanlage dar, und die für seine Aufzucht und Erziehung investierten Beträge spielen, ökonomisch gesehen, eine ähnliche Rolle, wie die Beiträge zu einer Alters- oder Invaliditätsversicherung. Hierzu kommt noch, daß der Sohn für das soziale Prestige des Vaters eine wichtige Rolle spielt, daß er es durch sozial anerkannte Leistungen erhöhen, wie auch durch Erfolglosigkeit bis zur Zerstörung schwächen kann. (Auch eine ökonomisch oder prestigemäßig erfolgreiche Heirat des Sohnes spielt die gleiche Rolle für den Vater wie andere soziale Leistungen.) Diese soziale und ökonomische Funktion des Sohnes bewirkt, daß im Durchschnittsfall das Ziel der »Erziehung« durchaus nicht das Glück des Sohnes im Sinne der maximalen Entfaltung seiner Persönlichkeit ist, sondern die maximale Nützlichkeit für die ökonomischen und Prestigebedürfnisse des Vaters. Zwischen Glück und Nützlichkeit des Sohnes besteht so zwar häufig ein objektiver Widerstreit, der aber dem Vater gewöhnlich nicht bewußt wird, da die gesellschaftliche Ideologie beide Ziele für ihn identisch sein läßt. Der Tatbestand wird noch dadurch kompliziert, daß sich der Vater häufig mit seinem Sohne identifiziert und von ihm nicht nur das sozial Nützliche, sondern gleichzeitig auch die Erfüllung seiner eigenen unbefriedigt gebliebenen Wünsche und Phantasien erwartet. Diese sozialen Funktionen des Sohnes sind entscheidend für die Liebeseinstellung des Vaters. Er liebt den Sohn unter der Bedingung, daß dieser die an ihn geknüpften Erwartungen befriedigt. Ist dies nicht der Fall, kann die Liebe bis zum Umschlagen in Haß und Verachtung geschwächt werden. (Auf dieser Konstellation beruht es auch, daß für die patrizentrische Struktur ein Lieblingssohn charakteristisch ist, das heißt derjenige Sohn, der die Erwartungen des Vaters am meisten befriedigt. Die Vorstellung des Lieblingssohns findet sich bei vielen patrizentrisch strukturierten Völkern und Religionen und spielt dort eine große Rolle.)

Die Bedingtheit der väterlichen Liebe führt typischerweise zu zwei Konsequenzen: zunächst zum Verlust jener seelischen Sicherheit, wie sie durch die Gewißheit eines unbedingten Geliebtwerdens geschaffen wird; weiterhin zur Verstärkung der Gewissensinstanz bzw. zu einer Haltung, in der Pflichterfüllung zum Zentrum des Lebens wird, weil nur diese wenigstens ein Minimum von Liebessicherheit garantieren kann. Allerdings wird auch die maximale Erfüllung der Gewissensforderung nicht die Produktion von Schuldgefühlen verhindern, da diese Erfüllung immer hinter den idealen Forderungen zurückbleibt.

Demgegenüber trägt die Liebe der Mutter zum Knaben typischerweise einen ganz anderen Charakter, vor allem darum, weil in den ersten Lebensjahren diese Liebe eine unbedingte ist. (Wenn hier von väterlicher oder mütterlicher Liebe gesprochen wird, so sind diese Begriffe im Sinne eines »Idealtypus« gebraucht. Es versteht sich, daß die Liebe eines bestimmten Vaters oder einer bestimmten Mutter häufig aus den verschiedensten Gründen nicht diesem Idealtypus entspricht.) Die Fürsorge der Mutter für das hilflose Kind ist nicht abhängig von irgendwelchen moralischen oder sozialen Verpflichtungen, die das Kind zu übernehmen hätte, noch nicht einmal von der Verpflichtung der Gegenliebe. Diese Unbedingtheit der mütterlichen Liebe ist in der Lebenspraxis begründet, wie sie sich aus der biologischen Situation ergibt. Sie mag verstärkt werden durch Züge, die aus dem gleichen Grunde anlagemäßig in der Frau vorhanden sind. Auf der anderen Seite wird sie in viel geringerem Maße durch die soziale Situation gestört, da die Mutter nicht die ökonomische Funktion hat, Mehrer und Bewahrer von Vermögen und Prestige zu sein. Die Gewißheit einer von keinen Bedingungen abhängigen Liebe der Mutter (oder ihrer psychologischen Äquivalente) hat zur Folge, daß die Erfüllung von moralischen Forderungen eine geringere Rolle spielt, da sie ja nicht erst die Befriedigung des Bedürfnisses nach Liebe ermöglicht.

Diese Züge weichen allerdings erheblich von dem konventionellen Bild der Mutter in der gegenwärtigen patrizentrischen Gesellschaft ab. Diese kennt im wesentlichen nur Mut und

Heldentum des Mannes (bei dem diese Eigenschaften in Wirklichkeit in hohem Maße mit dem Narzißmus verknüpft sind), während die Gestalt der Mutter im Sinn des Sentimental-Schwächlichen umgedeutet wird. An Stelle der mütterlichen Liebe, die an sich nicht nur dem eigenen Kinde, ja nicht einmal nur dem Kinde, sondern dem Menschen überhaupt gilt, tritt im Bild der Mutter das spezifisch bürgerliche Eigentumsgefühl hervor. Diese Veränderung der Figur der Mutter ist ein Ausdruck für die gesellschaftlich bedingte Störung der Mutter-Kind-Beziehungen von seiten sowohl der Mutter wie des Kindes. Eine weitere Folge dieser Störung – zugleich auch Ausdruck des Ödipuskomplexes – ist eine Einstellung, in der an Stelle des Wunsches nach der Liebe der Mutter der Wunsch tritt, Beschützer der Mutter zu sein, die »hochgehalten« und »über alles« gestellt wird. Nicht mehr die Mutter hat die Funktion des Schützens, sondern sie muß beschützt und »rein« erhalten werden. Diese Reaktionsbildung auf die Zerstörung der ursprünglichen Beziehung zur Mutter erstreckt sich auch auf die sie repräsentierenden Symbole wie Land, Volk, Erde usw. und spielt in den extrem patrizentrischen Ideologien der Gegenwart eine wichtige Rolle. Die Mutter und ihre psychologischen Äquivalente sind in diesen nicht verschwunden, aber sie haben ihre Funktion gewechselt: Aus der Schützenden ist sie zur Schutzbedürftigen geworden. Dem entspricht auch die Stellung der Frau in diesen Systemen.

Zusammenfassend kann man sagen, daß der patrizentrische Typ durch einen Komplex charakterisiert ist, in dem strenges Über-Ich, Schuldgefühle, gefügige Liebe gegenüber der väterlichen Autorität, Herrschlust gegenüber Schwächeren, Akzeptieren von Leiden als Strafe für eigene Schuld und gestörte Glücksfähigkeit dominierend sind. Der matrizentrische Komplex hingegen ist durch ein Gefühl optimistischen Vertrauens in eine unbedingte mütterliche Liebe, geringeres Schuldgefühl, geringere Stärke des Über-Ichs und stärkere Glücks- und Genußfähigkeit gekennzeichnet – bei gleichzeitiger Idealbildung im Sinne der Entwicklung der mütterlichen Qualitäten des Mitleids und der Liebe zu Schwachen und Hilfsbedürftigen.

Während beide Typen in jeder Gesellschaft erscheinen dürften – bedingt vor allem durch die individuelle Familienkonstellation der Kindheit –, so scheint es doch, daß sie als durchschnittlicher Typ jeweils für verschiedene Gesellschaftsformationen charakteristisch sind. Der patrizentrische Typ dürfte in der bürgerlich-protestantischen Gesellschaft dominierend sein, während für das katholische Mittelalter wie auch für den europäischen Süden der matrizentrische Komplex eine relativ große Rolle spielen wird. Wir stoßen hier auf ein Problem, das von Max Weber in fruchtbarer Weise behandelt worden ist, nämlich des Zusammenhangs zwischen dem bürgerlichen Kapitalismus und dem Protestantismus bzw. seinen Abkömmlingen, wie des Zusammenhangs zwischen dem Katholizismus und dem Wirtschaftsgeist der katholischen Länder. Bei allen Einwänden, die gegen einzelne Thesen Webers in der beträchtlichen Literatur zum Teil mit Recht erhoben worden sind, gehört doch die Feststellung dieses Zusammenhanges zum gesicherten Gut der Wissenschaft. Max Weber hat das Problem bewußtseinspsychologisch behandelt. Ein volles Verständnis des Zusammenhangs wird aber nur durch eine Analyse der Triebstruktur möglich sein, die sich als Basis des kapitalistisch-bürgerlichen Geistes ebensowohl wie des protestantischen erweist. In diesem Zusammenhang sei nur darauf hingewiesen, welche Rolle der patrizentrische bzw. der matrizentrische Komplex in dieser Triebstruktur spielt.

Wenn auch der Katholizismus in seinem väterlich-männlichen Gott, wie in seiner männlichen Priesterhierarchie viele patrizentrische Züge aufweist, so ist doch andererseits die bedeutende Rolle des matrizentrischen Komplexes in ihm unverkennbar. Die gnadenreiche heilige Jungfrau und die Kirche selbst bedeuten psychologisch die Große Mutter, die alle ihre Kinder in ihrem Schoße birgt, ja Gott selbst dürften, wenn auch unbewußt, gewisse mütterliche Züge zugeschrieben werden. Der einzelne »Sohn der Kirche« kann der Liebe der mütterlichen Kirche sicher sein, solange er ihr Kind ist oder wenn er in ihren Schoß zurückkehrt. Diese Kindschaft wird sakramental bewirkt; gewiß spielen moralische Forderungen eine große Rolle, aber durch einen komplizierten Mechanismus wird erreicht, daß sie zwar das gesellschaftlich notwendige Schwergewicht haben, daß aber der einzelne Gläubige unabhängig von der moralischen Sphäre eine Gewißheit des Geliebtwerdens haben kann. Schuldgefühle produziert der Katholizismus in nicht geringem Maße, doch liefert er gleichzeitig das Mittel, von diesen Schuldgefühlen frei zu werden; der Preis, der dafür gezahlt werden muß, ist die affektive Bindung an die Kirche und ihre Diener.

Der Protestantismus hat die matrizentrischen Züge des Christentums radikal ausgemerzt. Mütterliche Äquivalente wie die

Gestalt der heiligen Jungfrau oder die Kirche oder alle mütterlichen Züge Gottes sind verschwunden. Im Mittelpunkt der Theologie Luthers steht der Zweifel oder auch die Verzweiflung darüber, daß der sündige Mensch eben doch keine Sicherheit des Geliebtwerdens haben könne, und für diesen Zweifel gibt es nur eine Heilung, den Glauben. Diese Heilung erweist sich im Calvinismus und vielen anderen protestantischen Richtungen sogar als ungenügend und wird entscheidend durch die Rolle der Pflichterfüllung ergänzt, die »innerweltliche Askese«, und durch die Notwendigkeit des »Erfolgs« im bürgerlichen Leben als einzigen Beweises der göttlichen Liebe und Gnade.

Der Protestantismus ist gewiß in seiner Entstehung durch dieselben sozialen und ökonomischen Faktoren bedingt, welche die Entstehung des »Geistes« des Kapitalismus möglich gemacht haben. Er hat gleichzeitig, wie jede Religion, die Funktion, die für eine bestimmte Gesellschaft notwendige Triebstruktur immer wieder zu reproduzieren und zu verstärken. Der patrizentrische Komplex, jene Haltung, in der Pflichterfüllung und Erfolg zu den zentralen Motoren des Lebens gehören, während Glück und Lebensgenuß eine sekundäre Rolle spielen, ist eine der mächtigsten Produktivkräfte, die für die ungeheuren wirtschaftlichen und kulturellen Leistungen des Kapitalismus bedingend waren. Er hat es ermöglicht, daß die ausschließliche Hingabe aller Energie für wirtschaftlich nützliche Arbeit, die bis dahin, wie bei den Sklaven, durch Mittel der physischen Gewalt erzwungen werden mußte, »freiwillig« erfolgte, indem der äußere Zwang verinnerlicht wurde. Die Verinnerlichung des Zwangs fand am stärksten in der herrschenden Schicht der bürgerlichen Gesellschaft Platz, die der eigentliche Träger des spezifisch-bürgerlichen Arbeits- und Berufsethos war. Sie hatte aber, im Gegensatz zum äußeren Zwang, zur Folge, daß die Erfüllung der Gewissensforderung eine Befriedigung bot, die zur Verfestigung der patrizentrischen Struktur wesentlich beitrug.

Die Befriedigung dieses Bedürfnisses war aber doch nur eine sehr beschränkte, da auch Pflichterfüllung und wirtschaftlicher Erfolg keinen genügenden Ersatz für die verlorengegangene Fähigkeit zum Lebensgenuß und für die innere Sicherheit des unbedingten Geliebtwerdens boten und da andererseits die durch den Kampf aller gegen alle bedingte Isoliertheit und Liebesunfähigkeit sich als schwerer seelischer Druck äußern mußten, der im Sinn der Zerstörung der patrizentrischen Struktur wirkt. Die entscheidenden Faktoren, die zur Auflösung der patrizentrischen Struktur führen, liegen in den ökonomischen Veränderungen begründet.

War die patrizentrische Struktur der psychische Motor für die wirtschaftlichen Leistungen der bürgerlich-protestantischen Gesellschaft gewesen, so trugen diese auch wiederum die Bedingungen in sich, die eine Zerstörung der patrizentrischen Struktur und eine Erneuerung matrizentrischer Züge bewirken. Das Anwachsen der Produktivkräfte läßt zum erstenmal in der Geschichte der Menschheit einen Zustand als realisierbar erscheinen, der in aller bisherigen Geschichte nur Inhalt von Märchen und Mythen sein konnte: den Zustand, wo alle Menschen ausreichend und kontinuierlich mit den für ihr reales Lebensglück notwendigen Gütern versorgt werden und dies nur einen verhältnismäßig kleinen Aufwand an Arbeit des einzelnen erfordert, wo also die Entfaltung der menschlichen Anlagen, nicht die Beschaffung der als Bedingung der Kultur notwendigen wirtschaftlichen Güter den Hauptinhalt des menschlichen Energieaufwandes ausmachen. Wenn auch schon die fortgeschrittensten französischen Aufklärungsphilosophen der patrizentrischen Gefühls- und Denkstruktur entwachsen sind, so wird doch zum eigentlichen Träger neuer matrizentrischer Tendenzen jene Klasse, bei der die Antriebe zu einem ganz der Arbeit gewidmeten Leben im wesentlichen von einem ökonomischen und nur zum Teil von einem verinnerlichten Zwang ausgehen. In dieser Gefühlsstruktur lag auch eine der Bedingungen für die Wirkung des marxistischen Sozialismus bei der Arbeiterklasse, insoweit diese Wirkung auf der Eigenart ihrer Triebstruktur beruhte. Sein soziales Programm hat als seelische Basis überwiegend den matrizentrischen Komplex. Der rationale Gedanke, daß bei einer entsprechenden Organisation der Wirtschaft die Produktivkräfte es erlauben, jeden Menschen unabhängig von seiner Stellung im Produktivprozeß ausreichend mit den zu seinem Wohlbefinden notwendigen Gütern zu versehen und dies außerdem mit viel weniger Arbeit, als bisher nötig war, der Gedanke ferner, daß jedes menschliche Wesen Anspruch auf Lebensglück hat und daß dieses Glück in der »harmonischen Entfaltung der Persönlichkeit« liegt, sie appellierten alle an die matrizentrischen Kräfte. Sie waren der rationale wissenschaftliche Ausdruck dessen, was unter anderen ökonomischen Bedingungen nur die phantastische Form annehmen konnte: Die Mutter Erde gibt allen ihren Kindern das für sie Notwendige, unabhängig von deren Verdiensten. In diesem Zusammenhang zwischen den matrizentrischen Tendenzen und den sozialistischen Ideen liegt der eigentliche Grund, warum die matriarchalischen Gesellschaften jenen »materialistisch-demokratischen« Charakter haben, wie er von Bachofen bis Briffault beschrieben wird, und warum die sozialistischen Autoren der Mutterrechtstheorie mit so viel Wärme und Sympathie gegenüberstanden.

Die Weltwirtschaftskrise brachte eine neue Erschütterung der patrizentrischen Struktur mit sich. Die persönlich unverschuldete Arbeitslosigkeit vieler Millionen Menschen steht im Widerspruch zu einer Ideologie, die besagt, daß der Sinn und die Rechtfertigung des Lebens Arbeit sei. Das Dasein der Arbeitslosen verliert im Rahmen dieser Ideologie und der ihr zugrunde liegenden Triebstruktur jeden Sinn und jede Rechtfertigung. War im aufsteigenden Kapitalismus der patrizentrische Komplex durch die positiven Möglichkeiten der Wirtschaft und den Sozialismus bedroht, so bringt die Krise eine Gefährdung von der negativen Seite. Die zur Drosselung der Produktivkräfte führenden gesellschaftlichen Widersprüche wirken im Sinne einer rückläufigen psychischen Entwicklung, im Sinn der Verstärkung des patrizentrischen Komplexes, wie er bei den im Kampf gegen den Marxismus entstandenen Bewegungen sich vorfindet. An Stelle der Forderungen nach einem allen Menschen zustehenden Lebensglück stellen ihre ideologischen Repräsentanten wieder die Pflicht in den Mittelpunkt des Wertsystems, wobei allerdings, durch die ökonomische Situation bedingt, diese Pflicht in erster Linie keinen wirtschaftlichen Inhalt mehr hat, sondern den des heroischen Handelns und des Leidens für die Gesamtheit. Das Prinzip einer streng hierarchischen Gliederung des Volkes und der Menschheit, begründet auf moralischen und biologischen Verdiensten, ist ein typischer Bestandteil dieser patrizentrischen Ideologien. Der patrizentrische Komplex bedeutet für diese Bewegungen eine ebenso wirksame psychische Produktivkraft wie der matrizentrische für den Sozialismus. Es sei aber daran erinnert, daß eine solche Produktivkraft zwar aus den Inhalten und den Mechanismen des seelischen Apparates zu verstehen ist, daß aber ihr Auftreten zu einer bestimmten Zeit und in einer bestimmten gesellschaftlichen Situation von der ökonomischen und gesellschaftlichen Realität bedingt wird.

Wie schon oben gesagt, sollten diese Bemerkungen über die

Rolle des patrizentrischen Komplexes für den Zusammenhang zwischen Religion und Gesellschaft und für bestimmte politische Bewegungen nicht mehr bieten als Problemstellungen und sollen zeigen, daß die Verwendung jener psychologischen Kategorien für das vollständige Verständnis der sozialen Struktur einer bestimmten Gesellschaft und ihrer Wandlungen fruchtbar ist.

4
Die neue Sicht der Gesellschaft

Es werden oft Gemeinsamkeiten im Anliegen und Denken von Erich Fromm und Carl Gustav Jung postuliert. Aber gerade was die kulturelle und gesellschaftliche Determiniertheit des Unbewußten anbelangt, unterscheidet sich Jungs Archetypenlehre und seine Annahme eines kollektiven Unbewußten fundamental von Fromms Theorie des Gesellschafts-Charakters und des gesellschaftlichen Unbewußten. Fromm spricht von Kräften, die gesellschaftlich und kulturell jeweils neu und verschieden geprägt werden und über deren Bewußtheit oder Verdrängung wiederum allein die jeweilige Gesellschaft und Kultur entscheidet.

Das Ziel aller Tiefenpsychologie ist der optimale Umgang mit dem Unbewußten, um den ganzen *Menschen in Erfahrung zu bringen. Die Gesellschaft bestimmt, welcher Teil des Menschen bewußt ist und ob die progressiven oder die regressiven Kräfte zum Zuge kommen. Das therapeutische Bemühen, aber auch jedes erzieherische, bildungsorientierte, ethische, religiöse Bestreben um den ganzen und heilen Menschen zielt auf das Fruchtbarmachen des Unbewußten. – Das Unbewußte ist immer auch gesellschaftsgebunden. Wenn die Kräfte des Menschen, die lebendige Bezogenheit ermöglichen – seine Liebe und seine Vernunft – von der Gesellschaft nicht verlangt werden, weil der konsumorientierte, passive, von Surrogaten lebende und alle lebendigen Beziehungen verdinglichende Mensch ökonomisch und gesellschaftlich gefordert ist, dann ist die Gesellschaft krank und das Normale pathologisch, dann gibt es psychische Gesundheit und seelisches Überleben nur noch vermöge einer Neuordnung der Wirtschaft und Gesellschaft, dann sind Gesellschaftskritik und Gesellschaftstheorie Voraussetzungen therapeutischer und sozialtherapeutischer Bemühungen.*

Fromm setzt diese Einsichten erst relativ spät in seinem Leben um. Im Jahre 1955 erscheint sein Buch ›Wege aus einer kranken Gesellschaft‹, in dem er seine Vorstellungen einer Gesellschaft, die das Humane fördert, in einem humanistischen Sozialismus zu realisieren versucht. Er zieht persönlich die Konsequenz und engagiert sich als Psychoanalytiker und Sozialpsychologe in frie-

dens- und abrüstungspolitischen Bewegungen, ja, eine Zeitlang ist er sogar Mitglied der Sozialistischen Partei der USA. In modifizierter Form kehren seine Vorschläge zur Neugestaltung der Gesellschaft in ›Die Revolution der Hoffnung‹ (1968) und in ›Haben oder Sein‹ (1976) wieder.

Der Gesellschafts-Charakter, der die Menschen veranlaßt, so zu handeln und zu denken, wie es der reibungslose Ablauf ihres gesellschaftlichen Lebens erfordert, ist nur das eine Verbindungsglied zwischen Gesellschaftsstruktur und Ideen. Das andere Verbindungsglied ist die Tatsache, daß eine jede Gesellschaft bestimmt, welche Gedanken und Gefühle ins Bewußtsein gelangen dürfen und welche unbewußt bleiben müssen. Genauso wie es einen Gesellschafts-Charakter gibt, gibt es auch ein *»gesellschaftliches« Unbewußtes.*

Als das »gesellschaftliche« Unbewußte möchte ich jene Bereiche der Verdrängung bezeichnen, welche bei den meisten Mitgliedern einer Gesellschaft anzutreffen sind. Bei diesen von der Allgemeinheit verdrängten Elementen handelt es sich um Inhalte, die den Mitgliedern der jeweiligen Gesellschaft nicht bewußt werden dürfen, wenn diese Gesellschaft mit ihren spezifischen Widersprüchen reibungslos funktionieren soll. Das *individuelle Unbewußte,* mit dem sich Freud befaßt, bezieht sich auf Inhalte, die ein Einzelmensch aufgrund der individuellen Gegebenheiten seiner persönlichen Lebenssituation verdrängt. Auch Freud befaßt sich bis zu einem gewissen Grad mit dem gesellschaftlichen Unbewußten, wenn er sagt, die Verdrängung inzestuöser Strebungen sei für jede Art von Zivilisation kennzeichnend. In seiner klinischen Arbeit hat er sich jedoch hauptsächlich mit dem individuellen Unbewußten befaßt, und die meisten Analytiker schenken dem gesellschaftlichen Unbewußten nur wenig Aufmerksamkeit. [...]

Damit irgendeine Erfahrung ins Bewußtsein dringen kann, muß sie entsprechend den Kategorien, in denen sich das bewußte Denken abspielt, verständlich sein. Ich kann mir eines Ereignisses in mir oder außerhalb von mir nur bewußt werden, wenn ich es zu dem System von Kategorien, in denen ich wahrnehme, in Beziehung setzen kann. Einige dieser Kategorien, wie zum Beispiel Zeit und Raum, mögen universal sein und Wahrnehmungskategorien darstellen, die allen Menschen gemeinsam sind. Andere, wie zum Beispiel die Kausalität, mögen zwar für viele gelten, doch nicht allen Formen der bewußten Wahrnehmung entsprechen. Wieder andere Kategorien sind noch weniger allgemein und unterscheiden sich von Kultur zu Kultur.

Zum Beispiel kann es sein, daß Menschen in einer vorindustriellen Kultur gewisse Dinge hinsichtlich ihres Marktwertes nicht wahrnehmen, während die Angehörigen einer Industriegesellschaft dies tun. Jedenfalls kann eine Erfahrung nur dann ins Bewußtsein dringen, wenn sie wahrgenommen, in Beziehung gesetzt und in ein Begriffssystem mit seinen Kategorien eingeordnet werden kann.

Dieses System selbst ist das Ergebnis der gesellschaftlichen Entwicklung. Jede Gesellschaft bildet durch ihre Lebenspraxis und die Art ihres Bezogenseins, Fühlens und Wahrnehmens ein System von Kategorien, das die Formen des Bewußtseins bestimmt. Dieses System arbeitet sozusagen wie ein *gesellschaftlich bedingter Filter.* Eine Empfindung kann nur dann ins Bewußtsein eindringen, wenn sie diesen Filter passiert.

Damit stellt sich das Problem, konkreter zu verstehen, wie dieser »gesellschaftliche Filter« wirkt und wie es kommt, daß er gewisse Empfindungen durchläßt und andere daran hindert, in das Bewußtsein einzudringen.

Zunächst müssen wir bedenken, daß viele Empfindungen nicht ohne weiteres geeignet sind, bewußt wahrgenommen zu werden. Unter den körperlichen Empfindungen eignet sich vielleicht am besten der Schmerz für eine bewußte Wahrnehmung; auch sexuelle Begierde, Hunger usw. werden leicht wahrgenommen; offensichtlich gehen alle Empfindungen, die zur Erhaltung des Lebens des Individuums oder der Gruppe dienen, leicht in das Bewußtsein ein. Eine subtilere oder kompliziertere Empfindung, etwa beim Anblick einer Rosenknospe mit einem Tautropfen am frühen Morgen, während die Luft noch kühl ist, die Sonne gerade aufgeht und ein Vogel singt – wird in gewissen Kulturkreisen (zum Beispiel in Japan) leicht in das Bewußtsein dringen, während die gleiche Empfindung in der modernen westlichen Kultur gewöhnlich das Bewußtsein nicht erreichen wird, weil sie nicht genügend »wichtig« oder »ereignisreich« ist, um bemerkt zu werden. Ob subtile affektive Empfindungen bewußt werden können oder nicht, hängt davon ab, wieweit solche Empfindungen in einem Kulturkreis gepflegt werden. Es gibt viele affektive Empfindungen, für die eine bestimmte Sprache keine Bezeichnung hat, während eine andere reich an Ausdrücken ist, die diese Gefühle benennen. Im Deutschen haben wir beispielsweise das Wort »Liebe«, das Empfindungen vom einfachen Gernhaben bis zur erotischen Leidenschaft und bis zur brüderlichen Liebe und Mutterliebe umfaßt.

Wenn in einer Sprache verschiedene affektive Empfindungen nicht durch verschiedene Wörter ausgedrückt werden, ist es fast unmöglich, daß diese Empfindungen ins Bewußtsein dringen, und umgekehrt. Allgemein kann man sagen, daß eine Empfindung selten bewußt wird, für die die Sprache kein Wort hat.

Besonders relevant ist die Tatsache, wenn es sich um Erfahrungen handelt, die nicht in unser rationales Schema hineinpassen. So hat zum Beispiel im Englischen das Wort *awe* (genauso wie das hebräische Wort *nora*) zwei verschiedene Bedeutungen. *Awe* bezeichnet einmal einen intensiven *Schrecken*, eine Bedeutung, die wir auch in dem Wort *awful* (= schrecklich) finden. *Awe* kann aber auch so etwas wie *intensive Bewunderung* ausdrücken (was etwa dem deutschen Wort *Ehrfurcht* entspricht). Vom Standpunkt des bewußten rationalen Denkens aus sind Schrecken und Bewunderung unterschiedliche Gefühle, die daher nicht mit dem gleichen Wort bezeichnet werden könnten, und wenn dann ein Wort wie *awe* in dem einen *oder* anderen Sinne gebraucht wird, so vergißt man dabei, daß es ursprünglich *sowohl* Schrecken *als auch* Bewunderung zum Ausdruck brachte. In unserem Gefühlsleben jedoch schließen sich Schrecken und Bewunderung keineswegs aus. Ganz im Gegenteil gehören Schrecken und Bewunderung im Sinne einer Körpererfahrung häufig zu einem komplexen Gefühl, auch wenn sich der moderne Mensch dessen gewöhnlich nicht bewußt ist. Anscheinend hatte die Sprache von Völkern, die weniger Wert als wir auf die intellektuelle Seite einer Erfahrung legten, mehr Worte, die das Gefühl als solches ausdrückten, während unsere modernen Sprachen dazu tendieren, nur solche Gefühle auszudrücken, die der Prüfung unserer Art von Logik standhalten. Nebenbei bemerkt ist diese Erscheinung eine der größten Schwierigkeiten für die dynamische Psychologie. Unsere Sprache liefert uns einfach nicht die Worte, die wir brauchen, um viele Körpererfahrungen zu beschreiben, welche nicht in unser Denkschema hineinpassen. Aus diesem Grund hat die Psychoanalyse tatsächlich keine adäquate Sprache zur Verfügung. Sie könnte, wie es andere Wissenschaften tun, Symbole benutzen, um bestimmte komplexe Gefühle zu bezeichnen. So könnte zum Beispiel B/S das komplexe Gefühl von Bewunderung und Schrecken bezeichnen, das früher einmal durch ein einziges Wort ausgedrückt wurde. Oder XY könnte für das Gefühl »aggressiver Widerstand, Überlegenheit, Anklage und verletzte Unschuld, Märtyrertum und persönlich verfolgt und beschuldigt werden« stehen. Auch in diesem Fall handelt es sich nicht um eine Synthese verschiedener Gefühle, wie es unsere Sprache uns glauben machen möchte, sondern um ein einziges spezifisches Gefühl, das wir in uns und bei anderen Menschen beobachten können, wenn wir erst einmal die Barriere überschritten haben und nicht mehr davon ausgehen, daß wir nichts fühlen können, was wir nicht auch »denken« können. Benützt man keine abstrakten Symbole, so ist paradoxerweise für die Psychoanalyse die adäquateste wissenschaftliche Sprache die Sprache der Symbole, der Dichtung oder der Mythologie. (Dieser hat sich Freud häufig bedient.) Aber wenn der Psychoanalytiker meint, er könne wissenschaftlich sein, wenn er sich technischer Ausdrücke unserer Sprache bedient, um emotionale Phänomene auszudrükken, so täuscht er sich und spricht in abstrakten Konstrukten, die der Realität der gefühlten Erfahrung nicht entsprechen.

Das ist jedoch nur *ein* Aspekt der Filterwirkung der Sprache. Verschiedene Sprachen unterscheiden sich nicht nur in der Mannigfaltigkeit von Ausdrücken zur Bezeichnung gewisser affektiver Empfindungen, sondern auch in ihrer Syntax, in ihrer Grammatik und in der Stammbedeutung ihrer Wörter. Die ganze Sprache enthält eine Einstellung zum Leben, ist ein erstarrter Ausdruck für eine bestimmte Art und Weise, das Leben zu erleben. (Vgl. B. Whorf, 1952.)

Hier einige Beispiele. Es gibt Sprachen, in denen das Verb »regnen« verschieden konjugiert wird, je nachdem, ob ich sage, daß es regnet, weil ich im Regen draußen war und naß geworden bin, oder weil ich es von einer Hütte aus regnen gesehen habe oder weil mir jemand gesagt hat, daß es regne. Es ist ganz offenkundig, daß der Nachdruck, den die Sprache auf die verschiedenen *Quellen* legt, aus denen man eine Tatsache erfährt (in diesem Fall, daß es regnet), einen großen Einfluß auf die *Art* hat, wie die Menschen die Tatsachen erleben. (In unserer modernen Kultur beispielsweise, mit ihrer Betonung der rein intellektuellen Seite des Wissens, ist es ziemlich gleichgültig, auf welche Weise ich von einer Tatsache erfahren habe, ob aus direkter oder indirekter Erfahrung oder vom Hörensagen.) Oder: Im Hebräischen besteht das Hauptprinzip der Konjugation darin festzustellen, ob eine Handlung vollendet (perfekt) oder unvollendet (imperfekt) ist, während die Zeit, in der sie stattfindet – Vergangenheit, Gegenwart, Zukunft – erst in zweiter Linie zum Ausdruck gebracht wird. Im Lateinischen werden beide Prinzipien (Zeit und Vollendung) gemeinsam beachtet, während wir im Englischen (und Deutschen) hauptsächlich nach der Zeit orientiert sind. Wieder ist es selbstverständlich, daß diese Unterschiede in der Konjugation eine Verschiedenheit im Erleben zum Ausdruck bringen. (Die Bedeutung dieser Verschiedenheit wird in den englischen und deutschen Übersetzungen des Alten Testaments offenkundig; wenn der hebräische Text für eine emotionale Empfindung wie »lieben« die Vergangenheit verwendet, was bedeutet: »Ich empfinde tiefe Liebe«, mißversteht dies der Übersetzer und schreibt: »Ich liebte.«)

Ein weiteres Beispiel findet man in der unterschiedlichen Verwendung von Zeitwörtern und Hauptwörtern in verschiedenen Sprachen oder auch unter verschiedenen Menschen, die die gleiche Sprache sprechen. Das Hauptwort bezeichnet ein »Ding«, das Zeitwort eine Tätigkeit. Immer mehr Menschen denken lieber in Begriffen des »Habens von Dingen« anstatt in Begriffen des Seins oder *Tätig-Seins;* deshalb ziehen sie auch Hauptwörter den Zeitwörtern vor.

Die Sprache bestimmt durch ihre Vokabeln, ihre Grammatik, ihre Syntax und durch den ganzen Geist, der in ihr erstarrt ist, wie und was wir bewußt empfinden.

Der zweite Aspekt des Filters, der das Bewußtwerden ermöglicht, ist die *Logik,* die das Denken der Menschen in einem Kulturkreis lenkt. Wie die meisten Menschen annehmen, daß ihre Sprache »natürlich« sei und andere Sprachen nur andere Wörter für die gleichen Dinge verwenden, nehmen sie auch an, daß die Regeln für das richtige Denken natürlich und allgemeingültig seien und daß, was in einem Kulturkreis unlogisch ist, in jedem anderen ebenfalls unlogisch sei, weil es zur »natürlichen« Logik im Widerspruch stehe. Ein gutes Beispiel dafür ist der Unterschied zwischen der aristotelischen und der paradoxen Logik.

Die *aristotelische Logik* beruht auf dem Satz der Identität, der besagt, daß A gleich A ist, auf dem Satz vom Widerspruch (A ist nicht Nicht-A) und auf dem Satz vom ausgeschlossenen Dritten (A kann nicht gleichzeitig A und Nicht-A, und auch nicht weder A noch Nicht-A sein). Aristoteles drückte es so aus: »Es ist unmöglich, daß dasselbe gleichzeitig und in gleicher Hinsicht demselben zukomme und nicht zukomme ... Das ist das allergewisseste aller Prinzipien« (Aristoteles 1951, 1005b). Im Gegensatz zur aristotelischen Logik steht die sogenannte *paradoxe Logik,* die annimmt, daß A und Nicht-A einander als Prädikat von X nicht ausschließen. Die paradoxe Logik herrschte im chinesischen und indischen Denken, in der Philosophie Heraklits und ferner unter dem Namen Dialektik in den Gedanken von Hegel und Marx vor. Das allgemeine Prinzip der paradoxen Logik wurde von Lao-tse deutlich beschrieben: »Worte, die eindeutig wahr sind, scheinen paradox zu sein«, und von Tschuang-tse: »Was eines ist, ist eines. Was nicht-eines ist, ist ebenfalls eines.« (Vgl. F. M. Müller, 1927, S. 120.)

Lebt ein Mensch in einem Kulturkreis, in dem die Richtigkeit der aristotelischen Logik nicht bezweifelt wird, ist es für ihn überaus schwierig, wenn nicht überhaupt unmöglich, sich solcher Erfahrungen bewußt zu werden, die der aristotelischen Logik widersprechen und daher vom Standpunkt seiner Kultur aus unsinnig sind. Ein gutes Beispiel ist Freuds Begriff der Ambivalenz, der besagt, daß man zur gleichen Zeit für ein und dieselbe Person Liebe und Haß empfinden kann. Diese Erfahrung, vom Standpunkt der paradoxen Logik aus durchaus »logisch«, ist von dem der aristotelischen Logik aus unsinnig. Das Ergebnis ist, daß es den meisten Menschen überaus schwerfällt, sich ambivalenter Gefühle bewußt zu werden. Wenn sie sich der Liebe bewußt sind, können sie sich nicht des Hasses bewußt sein – da es völlig unsinnig wäre, gleichzeitig gegen dieselbe Person zwei einander widersprechende Gefühle zu haben.

Sprache und Logik sind Bestandteile des gesellschaftlich bedingten Filters, der es schwer oder gar unmöglich macht, daß eine Erfahrung ins Bewußtsein dringt. Noch wichtiger ist der dritte Geltungsbereich dieses gesellschaftlich bedingten Filters: Er läßt es nicht zu, daß bestimmte Gefühle das Bewußtsein erreichen, oder – falls sie es doch erreicht haben – versucht, sie wieder aus diesem Bereich zu vertreiben. Dieser Geltungsbereich des gesellschaftlich bedingten Filters erstreckt sich auf die gesellschaftlichen Tabus, für die bestimmte Ideen und Gefühle ungehörig, verboten, gefährlich sind, und die verhindern, daß solche Ideen und Gefühle bis zur Ebene des Bewußtseins vordringen. Als Einführung in das angesprochene Problem mag ein Beispiel aus einer primitiven Kultur dienen. In einem Stamm von Kriegern beispielsweise, dessen Mitglieder davon leben, Mitglieder anderer Stämme zu töten und zu berauben, könnte es einen einzelnen geben, der eine innere Abneigung gegen Töten und Rauben fühlt. Es ist jedoch höchst unwahrscheinlich, daß er sich seines Gefühls bewußt wird, da es mit dem Fühlen des ganzen Stammes unvereinbar wäre. Wenn er sich eines solchen Gefühls bewußt würde, brächte das die Gefahr mit sich, daß er sich völlig isoliert und ausgeschlossen fühlte. Deshalb würde ein Individuum, das eine solche Abneigung fühlt, wahrscheinlich ein psychosomatisches Symptom, etwa Erbrechen, entwickeln, anstatt das Gefühl der Abneigung in sein Bewußtsein dringen zu lassen.

Genau das Gegenteil würde man bei einem Mitglied eines friedlichen, ackerbauenden Stammes finden, das den Drang verspürte, Mitglieder anderer Gruppen zu töten und zu berauben. Es würde sich wahrscheinlich ebenfalls nicht gestatten, sich seiner Impulse bewußt zu werden, sondern würde statt dessen ein Symptom entwickeln – vielleicht heftige Angst. Noch ein weiteres Beispiel: Es muß in unseren großen Städten viele Geschäftsinhaber geben, zu denen ein Kunde kommt, der, sagen wir, dringend einen Anzug braucht, der aber nicht genügend Geld hat, um auch nur den billigsten zu kaufen. Unter diesen Geschäftsinhabern muß es einige geben, die den natürlichen menschlichen Impuls haben, dem Kunden den Anzug für den Preis zu überlassen, den er bezahlen kann. Wie viele dieser Geschäftsinhaber werden sich jedoch gestatten, sich eines solchen Impulses bewußt zu werden? Ich glaube, nur sehr wenige. Die meisten werden ihn verdrängen, und wir werden vermutlich unter ihnen eine ganze Anzahl treffen, die in der folgenden Nacht einen Traum haben, in dem der verdrängte Impuls in der einen oder anderen Form zum Ausdruck kommt.

Ein weiteres Beispiel ist der moderne »Organisationsmensch«, der das Gefühl hat, daß sein Leben wenig Sinn hat, daß das, was er tut, ihn langweilt, daß es ihm kaum freisteht, das zu tun und zu denken, was ihm angebracht scheint, und daß er hinter einer Illusion des Glücks herjagt, die sich nie erfüllt. Wäre er sich jedoch seiner Gefühle bewußt, so würde ihn das bei seinen gesellschaftlichen Funktionen stark behindern, ja es wäre für eine in bestimmter Weise organisierte Gesellschaft eine reale Gefahr. Folglich müssen solche Gefühle verdrängt werden.

Es gibt sicher viele Menschen, die das Gefühl haben, daß es unvernünftig ist, sich alle zwei Jahre einen neuen Wagen zu kaufen, und denen es sogar leid tut, sich von einem Wagen trennen zu müssen, den sie gefahren haben und der ihnen »ans Herz gewachsen« ist. Wenn sich aber viele Menschen derartiger Gefühle bewußt wären, bestünde die Gefahr, daß sie auch nach ihren Gefühlen handeln würden. Was aber würde dann aus unserer Wirtschaft, die sich gerade auf einen hemmungslosen Konsum gründet? Oder es läßt sich auch fragen, ob es tatsächlich den meisten Menschen so sehr an natürlicher Intelligenz fehlt, daß sie nicht bemerken, wie unzureichend viele ihrer politischen Führer ihre Aufgaben erfüllen – ganz gleich mit welchen Methoden diese an die Spitze gelangt sind. Aber was würde wohl aus dem gesellschaftlichen Zusammenhalt und Zusammenspiel, wenn solche Fakten mehr als nur einer winzigen Minderheit zu Bewußtsein kämen? Geschieht nicht im realen Leben genau das gleiche wie in Andersens Märchen von des Kaisers neuen Kleidern? Obgleich der Kaiser nackt ist, nimmt dies nur ein kleines Kind wahr, während alle anderen davon überzeugt sind, daß der Kaiser prächtige Kleider trägt.

Die Irrationalität einer jeden Gesellschaft hat zur Folge, daß ihre Mitglieder viele ihrer Gefühle und Beobachtungen aus ihrem Bewußtsein verdrängen müssen. [...] Warum verdrängen die Menschen, was ihnen bewußt sein könnte? Zweifellos ist der Hauptgrund: Angst. Aber Angst wovor? Ist es die Kastrationsangst, wie Freud annahm? Meiner Meinung nach gibt es hierfür nicht genügend Beweise. Ist es die Angst, umgebracht oder gefangengesetzt zu werden oder verhungern zu müssen? Das könnte eine einleuchtende Antwort sein, wenn die Verdrängung nur in Systemen des Terrors und der Unterdrückung vorkäme. Aber dies ist nicht der Fall und darum müssen wir weiterfragen. Gibt es vielleicht subtilere Ängste, die etwa eine Gesellschaft wie die unsere erzeugt? Denken wir an einen jungen leitenden Angestellten oder Ingenieur in einem Großunternehmen. Falls er Ideen hat, die nicht als »gesund« gelten, besteht die Möglichkeit, daß er sie verdrängt, um nicht bei der Beförderung übergangen zu werden. Das wäre an sich noch keine Tragödie, wenn er sich dann nicht selbst für einen Versager hielte und wenn nicht auch seine Frau und seine Freunde ihn so einschätzen würden, falls er beim Konkurrenzkampf ins Hintertreffen geriete. So kann auch die Angst vor Versagen ein ausreichender Grund für Verdrängung sein.

Ich glaube jedoch, daß es ein noch stärkeres Motiv für Verdrängung gibt, nämlich die *Angst vor der Isolation und vor der Ächtung*.

Für den Menschen als *Menschen* – das heißt, insofern er die Natur transzendiert und sich seiner selbst und des Todes bewußt ist – grenzt das Gefühl völligen Alleinseins und völliger Abgesondertheit an Wahnsinn. Der Mensch als Mensch hat vor dem Wahnsinn genauso Angst, wie der Mensch als animalisches Wesen Angst vor dem Tode hat. Der Mensch muß zu anderen in Beziehung treten, er muß Einheit mit anderen finden, um seine geistige Gesundheit zu behalten. Dieses Bedürfnis, mit anderen Menschen eins zu sein, ist seine stärkste Leidenschaft. Sie ist stärker als Sexualität und oft sogar selbst stärker als der Wunsch zu leben. Es ist die Angst vor der Isolation und vor der Ächtung, und nicht die »Kastrationsangst«, die die Menschen veranlaßt, das zu verdrängen, was tabu ist, weil dessen Gewahrwerden bedeuten würde, daß man andersartig, abgesondert und daher von den anderen geächtet ist. Deshalb muß der einzelne die Augen vor dem schließen, wovon die Gruppe behauptet, es existiere nicht, und er muß das als Wahrheit akzeptieren, wovon die Mehrheit behauptet, es sei wahr, und das auch dann, wenn seine eigenen Augen ihn davon überzeugen könnten, daß es falsch ist. Die Herde ist für den einzelnen von einer so lebenswichtigen Bedeutung, daß ihre Ansichten, Überzeugungen und Gefühle für ihn die Wirklichkeit darstellen, und zwar in stärkerem Maße als das, was seine Sinne und sein Verstand ihm sagen. Genauso wie die Stimme und die Worte des Hypnotiseurs im Zustand der Dissoziation an die Stelle der Realität treten, so ist das Gesellschaftsmodell für die meisten Menschen gleichbedeutend mit der Realität. Was der einzelne für wahr, der Wirklichkeit entsprechend und vernünftig hält, das sind die Klischees, die von seiner Gesellschaft akzeptiert sind, und vieles von dem, was in diese Klischees nicht hineinpaßt, wird aus dem Bewußtsein ausgeschlossen, ist unbewußt. Es gibt fast nichts, das ein Mensch nicht glauben – oder verdrängen – kann, wenn ihm ausgesprochen oder unausgesprochen die Ächtung durch die anderen droht. Ich möchte hier noch einmal auf die bereits erörterte Angst vor dem Verlust der Identität zurückkommen und darauf hinweisen, daß für die meisten Menschen ihr Identitätsgefühl auf ihrer Konformität mit den gesellschaftlichen Klischees beruht. »Sie« sind das, was man von ihnen erwartet – deshalb zieht die Angst vor der Ächtung auch die Angst vor dem Identitätsverlust nach sich, und die Verbindung beider Ängste übt auf den Menschen die stärkste Wirkung aus.

Die Auffassung, daß die Angst vor der Ächtung der Verdrängung zugrunde liegt, könnte zu der recht hoffnungslosen Ansicht führen, daß eine jede Gesellschaft den Menschen dehumanisieren und deformieren kann, wie immer es ihr auch beliebt, weil ihm jede Gesellschaft mit der Ächtung drohen kann. Diese

Annahme würde jedoch eine andere Tatsache außer acht lassen. Der Mensch ist nämlich nicht nur Glied einer Gesellschaft, er ist auch ein Glied der gesamten Menschheit. Er hat nicht nur Angst vor einer völligen Isolierung von seiner gesellschaftlichen Gruppe, sondern er fürchtet auch, vom Mensch-Sein abgeschnitten zu werden, das in ihm lebt und von seinem Gewissen und seiner Vernunft repräsentiert wird. Völlig inhuman zu sein, ist angsterregend selbst dann, wenn eine ganze Gesellschaft inhumane Verhaltensnormen angenommen hat. Je humaner eine Gesellschaft ist, um so weniger braucht der einzelne zwischen der Isolation von der Gesellschaft oder von der Humanität zu wählen. Je größer der Konflikt zwischen den Zielen der Gesellschaft und den wirklich humanen Zielen ist, um so stärker wird der einzelne zwischen den beiden gefährlichen Polen der Isolation hin und her gerissen. In dem Maße wie jemand – aufgrund seiner eigenen intellektuellen und spirituellen Entwicklung – seine Solidarität mit der Menschheit empfindet, kann er auch die gesellschaftliche Ächtung ertragen, und umgekehrt. Die Fähigkeit, dem eigenen Gewissen zu folgen, hängt davon ab, bis zu welchem Grad jemand über die Grenzen seiner eigenen Gesellschaft hinausgelangt und zum Weltbürger geworden ist.

Der einzelne gestattet sich gewöhnlich nicht, sich Gedanken oder Gefühle bewußtzumachen, die mit dem System seiner Kultur unvereinbar sind, und muß sie daher verdrängen. *Formal* hängt daher das, was bewußt ist, und das, was unbewußt ist, von der Struktur der Gesellschaft und von den Gefühls- und Denkmodellen ab, die sie hervorbringt. Was dagegen die *Inhalte des Unbewußten* betrifft, so ist hier keine Verallgemeinerung möglich. Eines kann man jedoch feststellen: Das Unbewußte repräsentiert stets den ganzen Menschen mit all seinen Möglichkeiten zum Dunklen und Hellen. Es bildet stets die Basis für die verschiedenen Antworten, welche der Mensch auf die Frage geben kann, die seine Existenz ihm stellt. Im Extremfall äußerst regressiver Kulturen, die im Begriff sind, in eine tierische Existenz zurückzukehren, herrscht dieses Verlangen bewußt vor, während alle Strebungen, aus diesem Niveau emporzutauchen, verdrängt werden. In einer Kultur, die von regressiven zu geistig-progressiven Zielen fortgeschritten ist, sind die das Dunkle repräsentierenden Kräfte unbewußt. Aber der Mensch hat in einer jeden Kultur alle Möglichkeiten in sich; er ist der archaische Mensch, das Raubtier, der Kannibale, der Götzendiener, und er ist zugleich das Wesen mit der Fähigkeit zu Vernunft,

Liebe und Gerechtigkeit. Der Inhalt des Unbewußten ist daher weder gut noch böse, weder rational noch irrational; er ist beides; er ist alles, was menschlich ist. *Das Unbewußte ist der ganze Mensch – außer dem Teil von ihm, welcher seiner Gesellschaft entspricht.* Das Bewußtsein repräsentiert den Menschen als Angehörigen der Gesellschaft, die zufälligen Grenzen, die durch die historische Situation gegeben sind, in die der einzelne hineingeworfen wird. Das Unbewußte repräsentiert den universalen Menschen, den ganzen Menschen, der im Kosmos verwurzelt ist; es repräsentiert die Pflanze in ihm, das Tier in ihm, den Geist in ihm; es repräsentiert seine Vergangenheit bis hinab ins Morgengrauen der menschlichen Existenz, und es repräsentiert seine Zukunft bis hinauf zu dem Tag, wo der Mensch ganz menschlich geworden ist und die Natur humanisiert und der Mensch »naturalisiert« sein wird. Sich seines Unbewußten bewußt werden, heißt mit seiner vollen Humanität in Berührung kommen und die Schranken beseitigen, welche die Gesellschaft in jedem Menschen und folglich auch zwischen jedem Menschen und seinen Mitmenschen errichtet. Es ist schwer, dieses Ziel zu erreichen, und es gelingt nur selten. Ihm näherkommen kann jedoch ein jeder, denn es bedeutet nichts anderes als die Emanzipation des Menschen von der gesellschaftlich bedingten Entfremdung von sich selbst und der Menschheit. Nationalismus und Xenophobie sind die Gegenpole der humanistischen Erfahrung, die dadurch zustande kommt, daß man sich seines Unbewußten bewußt wird.

Von einer ganzen Gesellschaft zu sagen, ihr mangele es an psychischer Gesundheit, impliziert eine Annahme, die im Gegensatz steht zu dem *soziologischen Relativismus,* der heute von den meisten Sozialwissenschaftlern vertreten wird. Sie postulieren, daß jede Gesellschaft in dem Maße normal ist, wie sie funktioniert, und daß man nur bei einer mangelnden Anpassung des einzelnen an die Lebensweise seiner Gesellschaft von Krankheit reden kann.

Wenn man von einer »gesunden Gesellschaft« spricht, so bedeutet das eine vom soziologischen Relativismus abweichende Voraussetzung. Es hat nur einen Sinn, wenn wir annehmen, daß es eine Gesellschaft geben kann, die *nicht* gesund ist, und diese Annahme impliziert ihrerseits, daß es universale Kriterien für psychische Gesundheit gibt, die für die menschliche Rasse als solche gelten und nach denen man den Gesundheitszustand einer jeden Gesellschaft beurteilen kann. Diese Einstellung eines *normativen Humanismus* gründet sich auf einige wenige grundlegende Prämissen.

Man kann die Spezies »Mensch« nicht nur mit Hilfe von anatomischen und physiologischen Begriffen definieren. Ihre Glieder haben auch grundlegende *psychische* Eigenschaften gemeinsam: Gesetze, die in ihrem psychischen und emotionalen Leben herrschen, und Ziele für eine befriedigende Lösung des Problems der menschlichen Existenz. Unser Wissen über den Menschen ist allerdings noch so unvollständig, daß wir keine befriedigende psychologische Definition des Menschen geben können. Aufgabe der »Wissenschaft vom Menschen« ist es, zu einer korrekten Beschreibung dessen zu gelangen, was es verdient, als »menschliche Natur« bezeichnet zu werden. Was man oft »menschliche Natur« genannt hat, ist nur eine ihrer vielen Manifestationen – und oft eine krankhafte – und eine solche irrige Definition diente gewöhnlich dazu, einen bestimmten Gesellschaftstyp als notwendiges Resultat der psychischen Konstitution des Menschen zu verteidigen.

Im Gegensatz zu einem solchen reaktionären Gebrauch des Begriffs der menschlichen Natur haben die Liberalen seit dem 18. Jahrhundert auf die Formbarkeit der menschlichen Natur und auf den entscheidenden Einfluß von Umweltfaktoren hingewiesen. So richtig und so wichtig es sein mag, nachdrücklich hierauf hinzuweisen, hat es doch viele Sozialwissenschaftler zu der Annahme verleitet, daß die psychische Konstitution des Menschen ein unbeschriebenes Blatt Papier sei, auf das die Gesellschaft und die Kultur ihren Text schreiben, und keine ihr innewohnenden eigenen Qualitäten besitze. Diese Annahme ist ebenso unhaltbar und für den gesellschaftlichen Fortschritt ebenso destruktiv, wie es die entgegengesetzte Auffassung war. Das wahre Problem besteht darin, auf den der gesamten menschlichen Rasse gemeinsamen *Kern* aus den unzähligen *Manifestationen* der menschlichen Natur zu schließen, und zwar ebenso aus den normalen wie auch aus den pathologischen Manifestationen, wie wir sie bei den verschiedenen Individuen und in den verschiedenen Kulturen beobachten können. Die Aufgabe besteht außerdem darin, die der menschlichen Natur innewohnenden Gesetze und Ziele zu erkennen, die ihrer Entwicklung und Entfaltung dienen.

Die hier vertretene Auffassung von der »menschlichen Natur« unterscheidet sich von der Art, wie der Begriff »menschliche Natur« herkömmlicherweise gebraucht wird. Genauso wie der Mensch die Welt um sich her verwandelt, so verwandelt er auch sich selbst im Prozeß der Geschichte. Er ist sozusagen seine eigene Schöpfung. Aber genauso wie er die Stoffe der Natur nur entsprechend ihrer Eigenart umwandeln und verändern kann, so kann er auch sich selbst nur seiner eigenen Natur entsprechend umwandeln und verändern. Was der Mensch im Prozeß der Geschichte tatsächlich *tut,* ist, daß er dieses Potential entwickelt und daß er es den Möglichkeiten entsprechend umformt. Die hier vertretene Auffassung ist weder eine »biologische« noch eine »soziologische«, wenn das bedeutet, daß man die beiden Aspekte voneinander trennt. Es wird vielmehr der Versuch gemacht, eine derartige Dichotomie durch die Annahme zu überwinden, daß die Hauptleidenschaften und -triebe im Menschen aus seiner *Gesamtexistenz* resultieren, daß sie definierbar und ermittelbar sind und daß einige von ihnen zu Gesundheit und Glück und andere zu Krankheit und Unglück führen. Keine der bestehenden Gesellschaftsordnungen *erzeugt* diese fundamentalen Strebungen, aber sie bestimmt, welche aus der begrenzten Zahl potentieller Leidenschaften manifest oder dominant werden. Wie der Mensch in einer bestimmten Kultur in Erscheinung tritt, ist stets eine Manifestation der menschlichen Natur, jedoch eine Manifestation, die in ihrer besonderen

Ausprägung von den gesellschaftlichen Gegebenheiten bestimmt wird, unter denen er lebt. Genau wie das kleine Kind mit allen menschlichen Möglichkeiten geboren wird, die sich unter günstigen sozialen und kulturellen Bedingungen entwickeln werden, so entwickelt sich auch die menschliche Rasse im Prozeß der Geschichte zu dem, was sie potentiell ist.

Der Ansatz des *normativen Humanismus* gründet sich auf die Annahme, daß es – genau wie bei jedem anderen Problem auch – richtige und falsche, befriedigende und unbefriedigende Lösungen für das Problem der menschlichen Existenz gibt. Seelische Gesundheit entsteht, wenn sich der Mensch entsprechend den charakteristischen Eigenschaften und Gesetzen der menschlichen Natur zur vollen Reife entwickelt. Zur psychischen Erkrankung kommt es, wenn diese Entwicklung fehlschlägt. Unter dieser Voraussetzung ist das Kriterium für die seelische Gesundheit nicht, daß der einzelne an eine bestimmte Gesellschaftsordnung angepaßt ist, sondern es handelt sich um ein universales, für alle Menschen gültiges Kriterium, daß sie nämlich für das Problem der menschlichen Existenz eine befriedigende Antwort finden.

Was ein so falsches Bild vom seelischen Zustand der Mitglieder einer Gesellschaft bewirkt, ist der allgemeine Konsens über die Gültigkeit ihrer Vorstellungen. Man nimmt naiverweise an, die Tatsache, daß die Mehrheit des Volkes bestimmte Ideen und Gefühle teilt, sei ein Beweis für die Gültigkeit dieser Ideen und Gefühle. Nichts liegt der Wahrheit ferner. Der allgemeine Konsens über die Gültigkeit hat als solcher mit Vernunft und seelischer Gesundheit überhaupt nichts zu tun. Genauso wie es eine *folie à deux* gibt, gibt es auch eine *folie à millions.* Die Tatsache, daß Millionen von Menschen die gleichen Laster haben, macht diese Laster noch nicht zu Tugenden, die Tatsache, daß sie so viele Irrtümer gemeinsam haben, macht diese Irrtümer noch nicht zu Wahrheiten; und die Tatsache, daß Millionen von Menschen die gleichen Formen psychischer Störungen aufweisen, heißt nicht, daß diese Menschen psychisch gesund seien.

Es besteht jedoch ein wichtiger Unterschied zwischen einer individuellen psychischen Erkrankung und einer solchen der Gesellschaft, der darauf hindeutet, daß zwischen dem Begriff des *Defektes* und dem der *Neurose* zu unterscheiden ist. Wenn es einem Menschen nicht gelingt, Freiheit und Spontaneität zu erlangen und sein Selbst unmittelbar zum Ausdruck zu bringen, so kann man von ihm annehmen, daß er an einem schweren

Defekt leidet, vorausgesetzt, wir gehen von der Annahme aus, daß Freiheit und Spontaneität objektive Ziele sind, die jedes menschliche Wesen erreichen sollte. Wird dieses Ziel von der Mehrheit der Mitglieder einer bestimmten Gesellschaft nicht erreicht, so haben wir es mit dem Phänomen eines *gesellschaftlich ausgeprägten Defektes* zu tun. Der einzelne teilt diesen Defekt mit vielen anderen. Er empfindet ihn nicht als Defekt, und seine Sicherheit gerät nicht durch die Erfahrung, anders – sozusagen ein Ausgestoßener – zu sein, in Gefahr. Was ihm an innerem Reichtum und an echtem Glücksgefühl verlorengegangen sein mag, wird durch die Sicherheit kompensiert, die das Gefühl gibt, zur übrigen Menschheit zu passen – *so wie er sie kennt.* Tatsächlich besteht sogar die Möglichkeit, daß eben sein Defekt von der Kultur, in der er lebt, zur Tugend erhoben wird, was sein Gefühl, etwas zu leisten, noch verstärkt.

Dies veranschaulichen zum Beispiel die Schuld- und Angstgefühle, die Calvins Lehren in den Menschen erweckten. Man kann sagen, daß ein Mensch, der ganz unter dem Eindruck des Gefühls seiner eigenen Ohnmacht und Wertlosigkeit steht, der ständig Zweifel hegt, ob er zu den Auserwählten oder zu den ewig Verdammten gehört, der kaum zu einer echten Freude fähig ist, unter einem schweren Defekt leidet. Trotzdem war dieser Defekt kulturell vorgeprägt; er wurde als etwas besonders Wertvolles angesehen, und der einzelne wurde hierdurch vor der Neurose bewahrt, die er in einer Kultur entwickelt hätte, in welcher der gleiche Defekt ihm ein Gefühl tiefer Unzulänglichkeit und Isolation gegeben hätte.

Spinoza hat das Problem des gesellschaftlich vorgeprägten Defektes sehr klar formuliert: »Obgleich nun die Menschen vielerlei Affekten unterworfen sind und man daher selten Menschen findet, die immer von einem und demselben Affekte bedrängt werden, so fehlt es gleichwohl an solchen nicht, denen ein und derselbe Affekt beharrlich anhaftet. Sehen wir doch, wie Menschen manchmal von einem Objekt dergestalt affiziert sind, daß sie es vor sich zu haben glauben, auch wenn es nicht gegenwärtig ist; und wenn dies einem nicht schlafenden Menschen begegnet, dann sagen wir, er sei wahnsinnig oder närrisch. Dagegen, wenn der Habgierige an nichts anderes denkt als an Gewinn und Geld, und der Ehrgeizige an Ruhm usw., so gelten diese nicht als wahnsinnig, weil sie lästig zu sein pflegen und für hassenswert erachtet werden. In Wahrheit aber sind Habgier, Ehrgeiz, Wollust, usw. Arten des Wahnsinns, wenn man sie auch nicht zu den Krankheiten zählt« (Spinoza: Ethik. 4. Teil, Anmerkung zu Lehrsatz 44).

Diese Sätze wurden vor ein paar hundert Jahren geschrieben, aber sie treffen noch immer zu, obgleich die Defekte heute in einem solchen Maß kulturell vorgeprägt sind, daß man sie noch nicht einmal mehr als lästig oder hassenswert empfindet. Heute begegnen wir einem Menschen, der wie ein Automat handelt und fühlt, der niemals etwas erlebt, was wirklich zu ihm gehört, der sich ganz als die Person erlebt, die er seiner Ansicht nach sein sollte, dessen künstliches Lächeln an die Stelle eines echten Lachens getreten ist, dessen sinnloses Geschwätz die der Mitteilung dienende Sprache ersetzt, dessen dumpfe Verzweiflung den Platz eines echten Schmerzes einnimmt. Man kann bei einem solchen Menschen zweierlei feststellen: Einmal läßt sich von ihm sagen, daß er an einem Mangel an Spontaneität und Individualität leidet, der unheilbar zu sein scheint. Gleichzeitig läßt sich bei ihm feststellen, daß er sich nicht wesentlich von Millionen anderer unterscheidet, die sich in der gleichen Lage befinden. Für die meisten von ihnen liefert die Kultur das Modell, welches es ihnen ermöglicht, *mit einem Defekt zu leben, ohne krank zu werden.* Es ist, als ob jede Kultur ein Gegenmittel gegen den Ausbruch manifester neurotischer Symptome produziere, die der von ihr erzeugte Defekt ansonsten nach sich ziehen würde.

Nehmen wir an, es gäbe in unserer westlichen Kultur einmal nur vier Wochen lang weder Kino noch Rundfunk noch Fernsehen, weder sportliche Veranstaltungen noch Zeitungen. Welche Folgen hätte das für die Menschen, die auf sich selbst angewiesen wären, nachdem man ihnen diese Hauptfluchtwege verschlossen hätte? Ich zweifle nicht daran, daß es bereits innerhalb dieser kurzen Zeit zu Tausenden von Nervenzusammenbrüchen käme und daß außerdem noch viele Tausende in einen Zustand akuter Angst gerieten, der sich nicht von dem Bild unterscheiden würde, das klinisch als »Neurose« diagnostiziert wird. Wenn man diesen Menschen das Opiat gegen den gesellschaftlich vorgeprägten Defekt entziehen würde, so käme die Krankheit zum Ausbruch.

Bei einer Minderheit funktioniert das von der Kultur vorgeprägte Modell nicht. Es handelt sich oft um diejenigen, deren individueller Defekt schwerer ist als der des Durchschnittsmenschen, so daß die von der Kultur angebotenen Gegenmittel nicht ausreichen, den Ausbruch einer manifesten Krankheit zu verhindern. (Ein solcher Fall wäre zum Beispiel ein Mensch, der sein Lebensziel darin sieht, zu Macht und Ruhm zu gelangen. Während dieses Ziel an sich pathologisch ist, besteht trotzdem ein Unterschied zwischen jemand, der seine Macht dazu benutzt, dieses Ziel in Wirklichkeit zu erreichen, und einem schwerer Kranken, der aus seinem kindlichen Allmachtsgefühl so wenig herausgekommen ist, daß er nichts unternimmt, um sein Ziel zu erreichen, sondern darauf wartet, daß ein Wunder geschieht, und der sich so immer ohnmächtiger fühlt und schließlich mit einem Gefühl der Sinnlosigkeit des Lebens und in Verbitterung endet.) Aber es gibt auch Menschen, deren Charakterstruktur und damit auch deren Konflikt von denen der Mehrheit abweichen, so daß die Gegenmittel, die bei den meisten ihrer Mitmenschen ihre Wirkung nicht verfehlen, bei ihnen nichts helfen. In dieser Gruppe finden wir manchmal Menschen, die eine größere Integrität und Sensitivität als die meisten besitzen und die eben aus diesem Grund das kulturelle Opiat nicht akzeptieren können, während sie gleichzeitig nicht stark und gesund genug sind, um kräftig »gegen den Strom schwimmen« zu können.

Diese Unterscheidung zwischen der Neurose und dem gesellschaftlich vorgeprägten Defekt könnte den Eindruck erwecken, daß alles gut gehen würde, wenn die Gesellschaft nur die Gegenmittel gegen den Ausbruch manifester Symptome bereitstellte, und daß dann alles auch weiterhin reibungslos funktionieren würde, wie schwer die Defekte auch immer sein mögen. Die Geschichte zeigt uns jedoch, daß dies nicht der Fall ist.

Es stimmt zwar, daß der Mensch im Gegensatz zum Tier fast unbegrenzt formbar ist. Genauso wie er fast alles essen kann, wie er praktisch in jedem Klima leben und sich ihm anpassen kann, gibt es auch kaum eine psychische Bedingung, die er nicht ertragen und unter der er nicht fortbestehen könnte. Er kann als freier Mensch und als Sklave leben. Er kann in Reichtum und Luxus und unter Bedingungen leben, bei denen er halb verhungert. Er kann als Krieger und als friedlicher Bürger leben, als Ausbeuter und Räuber und als Glied einer kooperativen, liebevollen Gemeinschaft. Es gibt kaum einen seelischen Zustand, in dem der Mensch nicht leben kann, und es gibt kaum etwas, was man mit ihm nicht vornehmen könnte und wozu man ihn nicht benutzen könnte. Alle diese Erwägungen scheinen die Annahme zu rechtfertigen, daß es so etwas wie eine allen Menschen gemeinsame Natur nicht gibt und daß so etwas wie eine Spezies

»Mensch« außer im physiologischen und anatomischen Sinn nicht existiert.

Allem Augenschein zum Trotz zeigt die Geschichte jedoch, daß wir etwas vergessen haben. Despoten und Herrschercliquen können ihre Mitmenschen erfolgreich unterdrücken und ausbeuten, aber sie können *Reaktionen* gegen diese unmenschliche Behandlung nicht verhindern. Ihre Untertanen bekommen Angst, sie werden argwöhnisch und fühlen sich vereinsamt, und wenn ihr System nicht aus äußeren Ursachen zusammenbricht, so wird es an irgendeinem Punkt deshalb dazu kommen, weil Angst, Argwohn und Einsamkeit schließlich bewirken, daß die Majorität nicht mehr erfolgreich und vernünftig funktioniert. Man kann ganze Völker oder Gesellschaftsgruppen lange Zeit unterjochen und ausbeuten, aber sie werden *reagieren.* Sie reagieren mit Apathie oder mit einer derartigen Beeinträchtigung ihrer Intelligenz, Initiative und ihrer Fertigkeiten, daß sie allmählich ihre Funktionen im Dienst ihrer Beherrscher nicht mehr erfüllen. Oder sie reagieren mit einer solchen Anhäufung von Haß und Destruktivität, daß sie sich schließlich mitsamt ihren Beherrschern und ihrem System selbst vernichten. Aber ihre Reaktion kann auch in einer solchen Sehnsucht nach Freiheit und Unabhängigkeit bestehen, daß sie mit ihren schöpferischen Impulsen eine bessere Gesellschaft aufbauen. Zu welcher Reaktion es kommt, hängt von vielen Faktoren ab, von wirtschaftlichen und politischen, wie auch von dem geistigen Klima, in dem diese Menschen leben. Aber wie sie auch immer reagieren mögen, die Behauptung, der Mensch könne unter fast allen Bedingungen leben, ist nur die halbe Wahrheit. Sie ist dadurch zu ergänzen, daß, wenn er unter Bedingungen lebt, die seiner Natur und den Grunderfordernissen menschlichen Wachstums und seelischer Gesundheit zuwiderlaufen, er nicht anders kann, als darauf zu reagieren. Er wird dann entweder immer mehr herunterkommen und zugrunde gehen, oder er muß Verhältnisse heraufführen, die seinen Bedürfnissen besser entsprechen.

In den verschiedenen kritischen Analysen des Kapitalismus finden wir eine bemerkenswerte Übereinstimmung. Wenn auch am Kapitalismus des neunzehnten Jahrhunderts Kritik geübt wurde, weil er sich nicht genügend um das materielle Wohlergehen der Arbeiter kümmerte, so ging es doch nie hauptsächlich um diesen Vorwurf. Owen und Proudhon, Tolstoi und Bakunin, Durkheim und Marx, Einstein und Schweitzer – sie alle sprechen vom *Menschen* und davon, was in unserem Industriesystem mit ihm geschieht. Wenn sie es auch in unterschiedlichen Begriffen ausdrücken, finden sie doch alle, daß der Mensch seine zentrale Stellung verloren hat, daß er zu einem Werkzeug zur Erreichung wirtschaftlicher Ziele gemacht wurde, daß er seinen Mitmenschen und der Natur entfremdet ist und seine unmittelbare Beziehung zu ihnen eingebüßt hat, daß er kein sinnvolles Leben mehr führt. Ich habe versucht, die gleichen Gedanken auszudrücken, indem ich mich mit dem Begriff der Entfremdung auseinandergesetzt und nachgewiesen habe, welche psychischen Folgen diese Entfremdung hat: daß der Mensch zu einer rezeptiven und Marketing-Orientierung regrediert und aufhört, produktiv zu sein; daß er sein Selbst-Gefühl verliert und von der Zustimmung anderer abhängig wird, weshalb er dazu neigt, mit den anderen konform zu gehen und sich trotzdem unsicher zu fühlen. Er ist unbefriedigt, gelangweilt und voller Angst, und er verwendet seine Energie größtenteils auf den Versuch, diese Angst zu kompensieren oder sie auch einfach nur zu verdecken. Er besitzt eine hervorragende Intelligenz, aber seine Vernunft degeneriert immer mehr, und in Anbetracht seiner technischen Möglichkeiten gefährdet er ernstlich die Existenz der Zivilisation, ja der gesamten Menschheit.

Wenn wir uns jetzt den Ansichten über die *Ursachen* dieser Entwicklung zuwenden, so finden wir weniger übereinstimmende Meinungen als bei der Diagnose der Krankheit selbst. Während das neunzehnte Jahrhundert anfangs noch dazu neigte, im Mangel an *politischer* Freiheit und insbesondere im Fehlen des allgemeinen Wahlrechts die Ursache allen Übels zu sehen, betonten die Sozialisten und insbesondere die Marxisten die Bedeutung der wirtschaftlichen Faktoren. Sie glaubten, der

Mensch habe sich selbst entfremdet, weil er zu einem Objekt der Ausbeutung und Ausnutzung geworden sei. Denker wie Tolstoi und Burckhardt dagegen sahen in der geistigen und moralischen Verarmung des westlichen Menschen die Ursache für seinen Niedergang. Freud glaubte, die Schwierigkeiten des modernen Menschen seien auf die übertriebene Unterdrückung seiner instinkthaften Triebe und auf die daraus resultierenden neurotischen Erscheinungen zurückzuführen. Aber eine Erklärung, die einen Bereich unter Ausschluß aller anderen analysiert, ist nicht genügend ausgewogen und daher falsch. Die sozioökonomischen, geistigen und psychologischen Erklärungen betrachten das gleiche Phänomen unter verschiedenen Aspekten, und die Aufgabe einer theoretischen Analyse besteht eben darin zu erkennen, wie diese verschiedenen Aspekte in Wechselbeziehung miteinander stehen.

Was für die Ursachen gilt, gilt natürlich auch für die Heilmittel, mit denen man die Gebrechen des modernen Menschen kurieren kann. Wenn ich glaube, daß »die« Ursache der Krankheit ökonomischer *oder* geistiger *oder* psychologischer Art sei, dann glaube ich natürlich, daß die Beseitigung dieser Ursache zur Gesundung führe. Wenn ich dagegen sehe, wie die verschiedenen Aspekte miteinander in Wechselbeziehung stehen, werde ich zu dem Schluß kommen, daß man die geistige und seelische Gesundheit nur erreichen kann, wenn man gleichzeitig im Bereich der industriellen und politischen Organisation, auf dem Gebiet der geistigen und weltanschaulichen Orientierung, der Charakterstruktur und der kulturellen Betätigung Veränderungen vornimmt. Konzentrieren wir dagegen unsere Bemühungen auf einen dieser Bereiche unter Ausschluß oder Vernachlässigung der anderen, so wirkt sich das destruktiv auf *alle* Veränderungen aus. Tatsächlich scheint mir hier eines der wichtigsten Hindernisse für den Fortschritt der Menschheit zu liegen. Das Christentum hat die spirituelle Erneuerung gepredigt und darüber Veränderungen in der Gesellschaftsordnung versäumt, ohne die eine spirituelle Erneuerung für die meisten unerreichbar bleibt. Das Zeitalter der Aufklärung hat als höchste Normen unabhängiges Urteil und Vernunft postuliert; es hat die politische Gleichberechtigung gepredigt und nicht gesehen, daß man mit der politischen Gleichberechtigung die Brüderschaft aller Menschen nicht verwirklichen kann, wenn sie nicht mit einer fundamentalen Veränderung der sozioökonomischen Organisation Hand in Hand geht. Der Sozialismus und insbesondere der

Marxismus haben die Notwendigkeit sozialer und wirtschaftlicher Veränderungen in den Vordergrund gestellt und dabei die Notwendigkeit einer inneren Wandlung der Menschen übersehen, ohne die ökonomische Veränderungen niemals die »gute Gesellschaft« herbeiführen können. Jede dieser großen Reformbewegungen der letzten zweitausend Jahre hat einen Bereich des Lebens unter Ausschluß der anderen herausgestellt. Ihre Reform- und Erneuerungsvorschläge waren radikal – aber das Resultat war fast stets ein völliger Fehlschlag. Die Predigt des Evangeliums führte zur katholischen Kirche; die Lehren der Aufklärer des achtzehnten Jahrhunderts führten zu Robespierre und zu Napoleon; die Doktrinen von Marx führten zu Stalin. Es hätte auch kaum anders kommen können. Der Mensch ist eine Einheit, sein Denken, sein Fühlen und seine Lebenspraxis sind untrennbar miteinander verbunden. Er kann in seinem Denken nicht frei sein, wenn er nicht auch emotional frei ist; und er kann emotional nicht frei sein, wenn er in seiner Lebenspraxis, in seinen ökonomischen und sozialen Beziehungen abhängig und unfrei ist. Wenn man versucht, in einem Bereich unter Ausschluß der anderen radikal voranzukommen, so muß das notwendigerweise zu dem Resultat führen, zu dem es geführt hat, daß nämlich die radikalen Forderungen auf dem einen Gebiet nur von wenigen Menschen erfüllt werden, während sie für die Mehrheit zu leeren Formeln und Ritualen werden, die zur Tarnung der Tatsache dienen, daß sich in den anderen Bereichen nichts geändert hat. Zweifellos wird ein einziger Fortschritt in allen Lebensbereichen weitreichendere und dauerndere Erfolge für die Menschheit mit sich bringen als hundert Schritte, die man auf einem einzigen isolierten Gebiet predigt – und vielleicht sogar eine kurze Zeitlang durchführt. Daß solche »isolierten Fortschritte« mehrere tausend Jahre lang gescheitert sind, sollte für uns eine recht überzeugende Lehre sein.

Eng verwandt mit diesem Problem ist das von *Radikalismus* und *Reform,* das eine so scharfe Trennungslinie zwischen den verschiedenen politischen Lösungen zu bilden scheint. Eine genauere Untersuchung kann jedoch zeigen, daß diese Unterscheidung, wie sie gewöhnlich verstanden wird, trügt. Es gibt solche Reformen und solche Reformen; eine Reform kann *radikal* sein, das heißt, sie kann zu den Wurzeln gehen, oder sie kann oberflächlich sein und an Symptomen herumzuflicken versuchen, ohne ihre Ursachen zu berühren. Eine Reform, die nicht in diesem Sinne radikal ist, erreicht ihre Ziele nie und endet schließlich stets in der entgegengesetzten Richtung. Andererseits ist der sogenannte »Radikalismus«, der meint, man könne die Probleme gewaltsam lösen, wenn Beobachtung, Geduld und nimmermüde Tätigkeit vonnöten sind, ebenso unrealistisch und fiktiv wie die Reform. In der Geschichte haben sie oft zum gleichen Resultat geführt. Die Revolution der Bolschewiken führte zum Stalinismus, die Reform des rechten Flügels der Sozialdemokraten führte in Deutschland zu Hitler. Das wahre Kriterium der Reform ist nicht ihr Tempo, sondern ihr Realismus, ihr echter »Radikalismus«. Es geht darum, ob sie an die Wurzeln geht und die Ursachen zu ändern versucht – oder ob sie an der Oberfläche bleibt und sich nur mit den Symptomen befaßt.

Wenn hier Wege zur Gesundung, das heißt Heilungsmethoden, besprochen werden sollen, so scheint es mir angebracht, einen Augenblick innezuhalten und uns zu fragen, was wir über die Heilung individueller seelischer Erkrankungen wissen. Die Heilung der Krankheiten der Gesellschaft muß das gleiche Prinzip verfolgen, weil es sich ja dabei um die Erkrankung von lauter Einzelmenschen und nicht von einer außerhalb derselben bestehenden und von ihnen abgesonderten Größe handelt.

Die Bedingungen für die Heilung einer individuellen Krankheit sind in der Hauptsache folgende:

1. Es muß eine Entwicklung stattgefunden haben, die den Ansprüchen der Psyche zuwiderlief. In Freuds Theorie heißt dies, daß die Libido sich nicht normal entwickelte und aus diesem Grund bestimmte Symptome erzeugte. Im Bezugssystem der humanistischen Psychoanalyse bestehen die Ursachen für die Erkrankung darin, daß sich eine produktive Orientierung nicht entwickeln konnte, so daß es zur Entwicklung irrationaler Leidenschaften, insbesondere inzestuöser, destruktiver und ausbeuterischer Strebungen kam. Die *Tatsache,* daß diese nicht zustande gekommene normale Entwicklung bewußtes oder unbewußtes Leiden verursacht, erzeugt ein dynamisches *Streben, das Leiden zu überwinden,* das heißt, *eine auf Gesundung ausgerichtete Veränderung herbeizuführen.* Dieser Wille zur Gesundung ist in unserem physischen wie auch in unserem seelischen Organismus die Grundlage für jede Heilung der Erkrankung und fehlt nur in den schwersten Fällen.

2. Der erste Schritt, der notwendig ist, um diesen Willen zur Gesundung wirksam werden zu lassen, ist das *Gewahrwerden*

des Leidens und das Gewahrwerden von all dem, was wir aus unserer bewußten Persönlichkeit ausgeschlossen und abgetrennt haben. Nach Freud bezieht sich die Verdrängung hauptsächlich auf *sexuelle* Strebungen. In unserem Bezugssystem bezieht sie sich auf verdrängte irrationale Leidenschaften, auf das verdrängte Gefühl des Alleinseins und der Sinnlosigkeit unseres Lebens sowie auf die Sehnsucht nach Liebe und Produktivität, die wir ebenfalls verdrängt haben.

3. Ein wachsendes Gewahrwerden unserer selbst kann nur dann voll wirksam werden, wenn wir auch den nächsten Schritt tun und unsere Lebenspraxis ändern, die wir auf die neurotische Struktur aufgebaut haben und die diese ständig reproduziert. So hat zum Beispiel ein Patient, dessen neurotischer Charakter in ihm den Wunsch erzeugt, sich elterlichen Autoritäten zu unterwerfen, sich gewöhnlich ein Leben aufgebaut, in dem er sich dominierende oder sadistische Vaterfiguren als Chef, als Lehrer oder dergleichen ausgesucht hat. Er kann nur geheilt werden, wenn er seine reale Lebenssituation so ändert, daß sie nicht immer wieder die Neigung sich unterzuordnen erzeugt, die er doch gerne loswerden möchte. Außerdem muß er seine Wertmaßstäbe, seine Normen und Ideale dahingehend ändern, daß sie seinen Willen zur Gesundung und sein Streben nach Reife fördern, anstatt es zu blockieren.

Die gleichen Bedingungen – der *Konflikt* mit den Erfordernissen der menschlichen Natur und dem daraus resultierenden Leiden, das *Gewahrwerden* des Verdrängten und die *Änderung* der realen Situation und der Wertmaßstäbe und Normen – sind auch die notwendigen Voraussetzungen für eine Heilung der Krankheitserscheinungen der *Gesellschaft*. [...]

Die revolutionären Veränderungen, die zur Humanisierung der technologischen Gesellschaft, und das heißt zu ihrer Rettung von physischer Vernichtung, Dehumanisierung und Wahnsinn nötig sind, müssen alle Lebensbereiche umfassen – Wirtschaft, Sozialleben, Politik und Kultur. Außerdem müssen sie gleichzeitig vor sich gehen, weil eine teilweise Änderung am System nicht zu dessen Gesamtveränderung führen, sondern nur seine Krankheitssymptome in anderer Form zum Ausbruch bringen wird. Diese Änderungen sind:

a) ein Wandel der Produktions- und Konsumgewohnheiten in der Weise, daß die wirtschaftliche Tätigkeit nur noch auf die Entfaltung und das Wachstum des Menschen abzielt, statt ihn, wie unter dem gegenwärtigen, entfremdeten System, so zu verbilden, daß er bestenfalls den Prinzipien einer maximalen Produktion und einer maximalen technischen Effizienz zu dienen vermag.

b) eine Verwandlung des Menschen als Bürger und Teilnehmer am Sozialleben, die ihn nicht mehr ein passives, bürokratisch manipuliertes Objekt sein läßt, sondern ihn tätig, verantwortungsbereit und kritisch macht. In der Praxis läuft das auf eine Neubelebung unserer Verwaltungsmethoden hinaus, und zwar dadurch, daß die politische Bürokratie einer wirksamen Kontrolle durch die Bürger unterworfen wird und daß an der Entscheidungsfindung von Privatunternehmen alle teilhaben, die dort arbeiten oder dessen Waren und Dienstleistungen gebrauchen.

c) eine Kulturrevolution, die den für die technologische Gesellschaft charakteristischen Geist der Entfremdung und Passivität zu verwandeln versucht, damit ein neuer Mensch auftritt, dessen Lebensziel das Sein ist und nicht das Haben oder Gebrauchen; ein Mensch, der die Kräfte der Liebe und der Vernunft voll zu entwickeln sucht und eine neue Einheit von Denken und Fühlen erreicht, da deren gegenwärtige Spaltung zu einer chronischen Massenpsychose geführt hat; ein Mensch, der die Alternative zwischen der infantilen Fixierung an ein alles befriedigendes Mutterbild (bei dem die Technik zur Großen Mutter der Industriegesellschaft wird) und der Unterwerfung unter eine autoritäre Vaterfigur (also den Staat, der Ruhe und Ordnung vertritt) durch eine neue Synthese überwindet, in der sich Mitgefühl und Gerechtigkeit, Freiheit und Organisation, Geist und Gefühl vereinbaren lassen.

Diese Kulturrevolution muß von den Menschen in Gang gebracht und gefördert werden, die ohne Rücksicht auf ihre jeweiligen religiösen und philosophischen Überzeugungen das Leben und nicht die Dinge als höchsten Wert betrachten; also von allen, die glauben, daß nicht die Ideen und Begriffe selbst wichtig sind, sondern nur die Realität der menschlichen Erfahrung, in der diese Begriffe wurzeln. Es hat wenig Sinn, über den »neuen Menschen« nachzudenken, solange dies abstrakt und rhetorisch bleibt und nicht wirklich radikal, nämlich von der Sorge um den Menschen und seine Erfahrungen bestimmt ist. Wahre Solidarität zeigt sich nur, wo man tiefe und echte menschliche Erfahrungen miteinander teilt, nicht aber Ideologien oder einen gemeinsamen Fanatismus. Jeder Fanatismus wurzelt im Narzißmus und schafft nicht mehr Solidarität als ganz gewöhnliche Betrunkenheit auch. Ideen werden nur mächtig, wenn sie Fleisch werden. Eine Idee, die nicht zu Taten eines einzelnen oder einer Gruppe führt, bleibt, falls sie originell und bedeutsam ist, bestenfalls ein Absatz oder eine Fußnote in einem Buch. Sie gleicht dem Samen, der auf trockenen Boden fällt. Wenn die Idee Einfluß gewinnen soll, muß sie in einen Nährboden gelangen, und das sind die Menschen und Menschengruppen.

Die Kulturrevolution muß sich auf eine radikal-humanistische Bewegung stützen, die viele verschiedene Ideologien und Sozialverbände umfaßt. Dabei ist es von entscheidender Bedeutung, daß sie von kleinen, unmittelbaren Gruppen ausgeht, deren Mitglieder sich gemeinsam um den neuen Menschen bemühen, die sich kennenlernen und sich nicht mehr verbergen wollen, weder vor sich selbst noch vor anderen. Sie müssen hier und jetzt den Kern des Menschen so verwirklichen wollen, wie er ihnen als Ziel der Kulturrevolution vorschwebt.

Derartige Gruppen müssen dezentralisiert und unbürokratisch arbeiten. Mitglied könnte jeder werden, der lieber tätig sein als ein Konsument bleiben will, der Verständnis für den radikalen Humanismus hat, seine Ziele bejaht und überzeugt ist, daß Fanatismus und Destruktivität keine charakteristischen Eigenschaften des Menschen sind, die durch Scheinerklärungen verschleiert und kultiviert werden dürfen, sondern menschliche Schwächen, die es zu überwinden gilt. Solche kleinen Gruppen mit zehn bis zwanzig Mitgliedern lassen sich nicht nur innerhalb der bestehenden politischen, religiösen und sozialen Organisationen bilden, sondern auch von einzelnen, die außerhalb derartiger Sozialgefüge stehen. Sie sollten zu einem wirklichen Zuhause für jeden Teilnehmer werden, zu einem Zuhause, wo er seine geistige Nahrung in Form von Erkenntnissen und von zwischenmenschlichen Beziehungen findet, und wo er auch die Chance hat, sich mitzuteilen. Ihr Ziel wäre die Verwandlung des entfremdeten in einen produktiv teilnehmenden Menschen. Natürlich stünden diese Gruppen dem Leben, wie es die entfremdete Gesellschaft anbietet, kritisch gegenüber, doch würden sie sich bemühen, selbst zu einer möglichst vollkommenen Nicht-Entfremdung zu gelangen, anstatt sich mit einem ständigen Protest als Ersatz für eine eigene lebendige Lebensführung zufriedenzugeben.

Die Gruppen würden einen neuen, unsentimentalen, realistischen, ehrlichen, mutigen und aktiven Lebensstil entwickeln.

Dabei ist zu betonen, daß eine realistische, unsentimentale Haltung – die meinetwegen geradezu an Zynismus grenzen könnte – unbedingt mit einem tiefen Glauben und mit Hoffnung verbunden sein muß. Meist hat beides nichts miteinander zu tun. Menschen voll Glauben und Hoffnung sind oft unrealistisch eingestellt, und die Realisten besitzen oft nur wenig Hoffnung und Glauben. Wir werden einen Ausweg aus der gegenwärtigen Situation nur finden, wenn Realismus und Glaube wieder miteinander verbunden werden, wie das bei einigen der großen Lehrer der Menschheit der Fall war.

Die Mitglieder der Gruppe würden eine neue Sprache sprechen – die Muttersprache natürlich –, aber eine Muttersprache, die dazu dient, die Wahrheit zum Ausdruck zu bringen, anstatt sie zu verdunkeln, die Sprache eines Menschen, der das Subjekt seines Handelns und nicht der entfremdete Herr über Dinge ist, über die er in der Kategorie des »Habens« oder des »Gebrauchens« verfügt. Sie würden auch einen anderen Stil des Konsums betreiben, nicht unbedingt einen minimalen, aber einen sinnvollen, einen, der den Bedürfnissen des Lebens und nicht denen des Produzenten dient. Sie würden auch versuchen, sich persönlich zu ändern, verwundbar und spontan tätig zu sein, sich in Kontemplation und Meditation und in der Kunst zu üben, still, ungehetzt und ohne Gier zu sein. Um die Welt um sich herum zu verstehen, würden sie versuchen, die Kräfte zu begreifen, die sie in ihrem eigenen Interesse motivieren. Sie würden versuchen, ihr »Ego« zu transzendieren und für die Welt »aufgeschlossen« zu sein. Sie würden versuchen, sich auf ihr eigenes Denken und Fühlen zu verlassen, selbständig zu urteilen und ihre Chancen wahrzunehmen; sie würden versuchen, ein Optimum an Freiheit, das heißt wahrer Unabhängigkeit zu erlangen und jede Art eines Götzendienstes und einer Fixierung an Götzen aufzugeben. Sie würden die inzestuösen Bindungen an die Vergangenheit, aus der sie stammen, an Familie und Vaterland zu überwinden versuchen, um sie durch eine liebevolle und kritische Anteilnahme zu ersetzen. Sie würden jene Furchtlosigkeit entwickeln, die nur eine tiefe Verwurzelung in sich selbst, eine feste Überzeugung und eine vollkommene Bezogenheit mit der Welt geben kann.

Es versteht sich von selbst, daß die Gruppen ihre eigenen Projekte haben, an denen sie intensiv arbeiten, daß sie ihr eigenes kulturelles Leben pflegen, und daß sie sich ein Wissen anerziehen, welches ihnen unser Bildungssystem nicht vermitteln kann. Die Beziehung zwischen den Mitgliedern wäre ein inniger Kontakt, bei dem man sich gestatten würde, ungeschützt und ohne Maske sich sehen zu lassen – einander ohne Neugier und ohne Aufdringlichkeit zu »sehen«, zu »fühlen« und zu »lesen«.

Ich möchte nicht auf die verschiedenen Möglichkeiten eingehen, wie man diese Ziele erreichen kann. Diejenigen, die es ernst meinen, werden es schon selbst herausfinden. Den anderen wäre alles Weitere, was ich darüber sagen könnte, doch nur ein Anlaß zu Illusionen und Mißverständnissen. Ob es genügend Menschen gibt, die sich nach einer neuen Lebensform sehnen und denen es ernsthaft um solche Gruppen geht, weiß ich nicht. Aber über eines bin ich mir gewiß: Wenn solche Gruppen existierten, so würden sie auf ihre Mitbürger einen beträchtlichen Einfluß ausüben, weil sie ihnen die Kraft und Freude vor Augen führten, welche Menschen erfüllt, die tiefe Überzeugungen besitzen, ohne Fanatiker zu sein, die lieben, ohne sentimental zu sein, die Phantasie haben, ohne unrealistisch zu sein, die furchtlos sind, ohne das Leben geringzuachten, und die diszipliniert sind, ohne unterwürfig zu sein.

Im Laufe der Geschichte haben wichtige Begegnungen stets in kleinen Gruppen ihren Anfang genommen, ob wir nun an die ersten Christen, die ersten Quäker oder die ersten Freimaurer denken. Ich möchte damit sagen, daß Gruppen, die eine Idee in voller Reinheit und ohne Kompromisse vertreten, die Saatbeete der Geschichte sind. Sie halten die Idee lebendig ohne Rücksicht darauf, welche Fortschritte sie bei der Majorität macht. Wenn eine Idee nicht mehr in »Fleisch und Blut« verkörpert ist, und sei es nur bei einer kleinen Gruppe, gerät sie in ernste Gefahr unterzugehen.

5
Das andere Menschenbild

Fromm wird gerne mit der Existenzphilosophie in Verbindung gebracht, weil er die Ursprungssituation des Menschen reflektiere und von dort aus Aussagen über das Wesen des Menschen mache. Dies ist zwar richtig, doch Fromms Erkenntnisinteresse ist kein primär existenzphilosophisches. Was ihn an der Ursprungssituation des Menschen interessiert, ist die psychische Befindlichkeit des Menschen im »Augenblick« seiner Differenzierung vom Tierreich. Die Notwendigkeit, diese Befindlichkeit zum Ausgangspunkt aller Überlegungen zur Natur des Menschen zu machen, ergibt sich zunächst aus seiner Kritik an der Freudschen Triebtheorie. Im Gegensatz zu Freud nimmt Fromm an, daß jene Triebe, die die Beziehung zu den Menschen und zur Welt gestalten, nicht den sexuellen Trieben entspringen, sondern diesen gegenüber als psychische Triebe eine Eigenständigkeit haben. Damit räumt Fromm dem Psychischen sowohl gegenüber dem Körperlichen wie gegenüber dem Geistigen eine Eigenständigkeit und Eigengesetzlichkeit ein. Diese andere Sicht liegt bereits Fromms erstem großen, 1941 geschriebenen Buch ›Die Furcht vor der Freiheit‹ zugrunde; ausführlich thematisiert wird sie jedoch erst in ›Wege aus einer kranken Gesellschaft‹ (1955) und in mehreren kleineren Beiträgen zum Menschenbild der Psychoanalyse und zum Humanismus.

Durch das Psychische unterscheidet sich der Mensch vom Tier, so daß die Reflexion der psychischen Ursprungssituation des Menschen der einzig adäquate Ansatzpunkt ist, um Aussagen über die Natur des Menschen zu machen. Der Ansatz beim »psychischen Menschen« hat vielfältige Konsequenzen für das Menschenbild. Einige wenige sollen mit den nachfolgenden Texten aufgezeigt werden. Sie betreffen die ganzheitliche Sicht des Menschen, die dialektisch-prozessuale Dynamik jeder menschlichen Entwicklung, die Kulturfähigkeit und die Liebesfähigkeit des Menschen sowie die korrespondierende Zuordnung von Selbst- und Nächstenliebe, mit der sich Fromm am deutlichsten vom vorherrschenden Menschenbild der Neuzeit abhebt, das durch eine »natürliche« Feindseligkeit der Menschen gekennzeichnet ist.

Für die meisten Denker des griechischen Altertums, des Mittelalters, bis hin zur Zeit Kants war es selbstverständlich, daß es so etwas wie eine »Natur des Menschen« gibt, also etwas, das – philosophisch gesprochen – das »Wesen« des Menschen ausmacht. Zwar gab es unterschiedliche Ansichten darüber, was zu diesem »Wesen« gehört, doch war man sich darüber einig, daß es ein »Wesen« gibt, das heißt etwas, was den Menschen zum Menschen macht.

Vor einhundert Jahren, oder sogar schon früher, begann man, diese herkömmliche Ansicht in Frage zu stellen. Ein Grund hierfür war die intensivere Erforschung der menschlichen Geschichte. Die Untersuchungen zur Entwicklung der Menschheit zeigten, daß sich der Mensch unserer Epoche so sehr vom Menschen früherer Zeiten unterschied, daß die Annahme, es gäbe eine sich durch alle historischen Epochen durchhaltende »Natur des Menschen«, unrealistisch wurde. Die historischen Forschungen wurden in unserem Jahrhundert vor allem durch kulturanthropologische Untersuchungen vertieft. Die Erforschung der sogenannten primitiven Völker hat eine solche Vielfalt unterschiedlicher Sitten, Werte, Empfindungen und Gedanken ans Licht gebracht, daß viele Anthropologen zu der Auffassung gelangten, der Mensch werde als ein unbeschriebenes Blatt Papier geboren, auf das die jeweilige Kultur ihren Text schreibe. Zu den Auswirkungen der Untersuchungen zur Geschichte und zur Kulturanthropologie kam der Einfluß der Evolutionstheorie. Auch sie erschütterte den Glauben an eine allgemeine »Natur des Menschen«. Jean-Baptiste de Lamarck und Charles Darwin vor allem, aber auch andere Biologen haben nachgewiesen, daß alle Lebewesen evolutionäre Veränderungen erfahren. Schließlich konnte die moderne Physik zeigen, daß auch die physikalische Welt Evolutionen und Veränderungen unterliegt. Es ist keine bloße Metapher, wenn wir sagen, daß die Totalität der Welt eine Totalität in Bewegung ist, die sich – wie Alfred North Whitehead sagen würde – in einem Zustand des »Prozesses« befindet.

Noch ein anderer Faktor trug zu der Tendenz bei, das Vorhandensein einer festgelegten menschlichen Natur, eines Wesens des Menschen zu verneinen: Der Begriff der menschlichen

Natur wurde so oft mißbraucht und als Schild benutzt, hinter dem die schlimmsten Ungerechtigkeiten begangen wurden, daß wir bei seiner Erwähnung geneigt sind, seinen moralischen Wert ernsthaft zu bezweifeln, ja sogar ihn für sinnlos zu halten. Unter Berufung auf die Natur des Menschen haben Plato, Aristoteles und die meisten Denker bis ins achtzehnte Jahrhundert hinein die Sklaverei verteidigt. (Ausnahmen waren bei den Griechen die Stoiker, welche von der Gleichheit aller Menschen überzeugt waren, sowie in der Renaissance Humanisten wie Erasmus von Rotterdam, Thomas Morus oder Juan Luis Vives.) Unter Berufung auf eine solche »Natur des Menschen« entstand der Nationalismus und der Rassismus. Und unter Berufung auf die angebliche Überlegenheit der arischen Natur haben die Nationalsozialisten mehr als sechs Millionen Menschen umgebracht. Unter Berufung auf einen bestimmten abstrakten Begriff von menschlicher Natur fühlt sich der Weiße dem Farbigen, der Mächtige dem Hilflosen und der Starke dem Schwachen überlegen. Der Begriff der »menschlichen Natur« mußte bis in unsere Tage nur allzu oft für die Zwecke von Staat und Gesellschaft herhalten.

Muß man deshalb zu dem Schluß kommen, daß es so etwas wie eine menschliche Natur nicht gibt? Eine solche Annahme dürfte ebenso viele Gefahren in sich bergen wie der Begriff einer eindeutig festgelegten Natur. Wenn es kein allen Menschen gemeinsames Wesen gäbe, könnte es auch keine Einheit der Menschen, keine für alle Menschen gültigen Werte und Normen geben, ja, es gäbe keine Wissenschaft der Psychologie oder Anthropologie, die den Menschen zum Erkenntnisobjekt hat. Finden wir uns demnach nicht in der Zwickmühle zwischen zwei nicht wünschenswerten, ja gefährlichen Annahmen; zwischen der reaktionären Ansicht, welche eine genau festgelegte, unveränderliche menschliche Natur annimmt, und der relativistischen, welche zu dem Schluß führt, daß der Mensch mit anderen Menschen nur seine anatomischen und physiologischen Attribute teilt?

Vielleicht hilft es uns weiter, wenn wir zwischen dem Begriff der Natur oder des Wesens des Menschen und dem bestimmter Attribute unterscheiden, die allen Menschen gemeinsam sind und die trotzdem noch nicht allein den vollen Begriff der Natur oder des Wesens des Menschen ausmachen. Wir könnten sie als *wesentliche Attribute* bezeichnen, das heißt als Attribute, die zum Menschen als solchem gehören, und die trotzdem vom

»Wesen« des Menschen unterscheiden, das alle diese Attribute und sogar noch mehr umfassen könnte und vielleicht zu definieren wäre als das, woraus sich die mannigfachen Attribute ergeben. [...]

Diese Attribute des Menschen – seine Vernunft, seine Fähigkeit, etwas zu produzieren und eine gesellschaftliche Organisation aufzubauen, sowie die Fähigkeit Symbole zu schaffen – sind wesentlich, doch machen sie nicht die Totalität der menschlichen Natur aus. Es sind nur allgemeine menschliche Potentiale und noch nicht das, was man die »Natur des Menschen« nennt. Auch wenn er alle diese Attribute besitzt, kann der Mensch frei oder determiniert, gut oder böse, von seiner Gier oder von Idealen bestimmt sein. Er kann sich Gesetze zur Beherrschung der Natur geben oder auch nicht. Und alle Menschen könnten neben den genannten Attributen noch eine ihnen gemeinsame Natur besitzen – oder auch nicht. Es kann allen Menschen gemeinsame Werte geben oder auch nicht. Wir stehen also immer noch vor dem eingangs gestellten Problem: Gibt es – neben gewissen allgemeinen Attributen – etwas, was man als »Natur des Menschen« oder als das »Wesen des Menschen« bezeichnen kann? Eine relativ neue Theorie scheint geeignet, die Lösung des Problems zu erleichtern, aber gleichzeitig auch wieder zu erschweren. Eine Reihe von Philosophen von Kierkegaard und Karl Marx bis hin zu William James, Henri Bergson und Teilhard de Chardin haben erkannt, daß der Mensch *sich selber erzeugt*, daß der Mensch der Urheber seiner Geschichte ist. In früheren Zeiten glaubte man, das Leben auf unserer Welt reiche von der Schöpfung bis zum Ende des Universums, und beim Menschen handele es sich um ein Wesen, das in die Welt hineingestellt wurde, um in irgendeinem Augenblick seines Lebens das Heil zu erlangen oder der Verdammnis anheimzufallen. Aber die Zeit spielt inzwischen in der Philosophie und Psychologie unserer Tage eine zentrale Rolle. Marx faßte die Geschichte als einen stetig ablaufenden Prozeß auf, in dem der Mensch sich selbst als Individuum und als Spezies erschafft. James war der Ansicht, daß das Leben des Geistes der »Strom des Bewußtseins« sei. Bergson glaubte, daß wir im tiefsten Grund unserer Seele »Dauer«, das heißt persönliche und nicht-übertragbare gelebte Zeit seien; die Existentialisten ihrerseits haben uns gesagt, daß wir kein Wesen besäßen, sondern in erster Linie eine Existenz seien, das heißt, daß wir das seien, zu dem wir uns im Laufe unseres Lebens machen.

Wenn nun aber der Mensch historisch und zeitgebunden ist, wenn er sich selbst entwirft und macht in dem Maße, wie er sich mit der Zeit und innerhalb der Zeit verändert und modifiziert, dann dürfte es doch auf der Hand liegen, daß wir nicht länger von einer »Natur des Menschen« und von einem »Wesen des Menschen« reden können. Der Mensch *ist* dann kein mit Vernunft begabtes Wesen mehr – er *wird* erst dazu. Er *ist* nicht mehr sozial – er *wird* es erst. Er *ist* nicht mehr religiös – er *wird* es erst. Und wie steht es dann mit der menschlichen Natur? Können wir überhaupt noch davon sprechen?

Ich möchte eine Antwort darauf vorschlagen, die mir die der Wirklichkeit am meisten entsprechende Antwort auf die Frage nach der Natur des Menschen zu sein scheint. Sie ist auch geeignet, die durch die beiden extremen Positionen verursachten Schwierigkeiten zu überwinden – daß es nämlich eine festgelegte und unveränderliche Natur des Menschen gibt oder aber daß es nichts gibt, was allen Menschen gemeinsam wäre, sieht man einmal von einigen wesentlichen Attributen ab. [...]

Ich selbst sehe das Wesen oder die Natur des Menschen in gewissen, in der menschlichen Existenz – im Gegensatz zur tierischen Existenz – inhärenten Widersprüchen. Der Mensch ist ein Tier, aber ein solches, das nicht genügend mit Instinkten ausgerüstet ist, um es bei seinem Handeln zu leiten. Er besitzt nicht nur Intelligenz – die auch das Tier besitzt –, sondern ein Bewußtsein seiner selbst; und doch ist er nicht fähig, den Geboten der Natur zu entrinnen. Er ist »eine Laune der Natur«, da er der Natur angehört und sie gleichzeitig transzendiert. Diese Widersprüche rufen Konflikte und Ängste hervor, ein Ungleichgewicht, mit dem der Mensch fertig werden muß, um zu einem besseren Gleichgewicht zu kommen. Aber sobald er dieses erreicht hat, tauchen neue Widersprüche auf, so daß er nach einem neuen Ausgleich streben muß, und so immer weiter. Die Fragen, und nicht die Antworten machen also das Wesen des Menschen aus. Die Antworten, mit denen man die Dichotomien zu lösen versucht, führen zu verschiedenen Manifestationen der menschlichen Natur. Die Dichotomien und das daraus resultierende Ungleichgewicht sind ein unausrottbarer Bestandteil des Menschen als Menschen; die verschiedenartigen Lösungen dieser Widersprüche hängen von sozioökonomischen, kulturellen und psychischen Faktoren ab, doch sind sie keineswegs willkürlich und zahlenmäßig unbegrenzt. Es gibt eine begrenzte Zahl von Antworten, die im Verlauf der Menschheitsgeschichte erreicht oder wenigstens geahnt worden sind. Diese Antworten sind zwar durch die historischen Umstände bedingt, doch unterscheiden sie sich gleichzeitig darin, wieweit sie Lösungen bieten, die dazu geeignet sind, menschliche Vitalität, Stärke, Freude und den Mut zu fördern. Daß diese Lösungen von vielen Faktoren abhängen, schließt nicht aus, daß menschliche Einsicht und menschlicher Wille darauf hinwirken können, bessere statt schlechtere Lösungen zu finden.

Insgesamt läßt sich also eine bedeutsame Übereinstimmung unter all denen feststellen, die die Natur des Menschen untersucht haben. Es herrscht die Überzeugung, daß der Mensch in seiner ganzen Konkretheit als ein körperliches Wesen anzusehen ist, das in eine spezifische psychische und gesellschaftliche Welt hineingestellt ist, mit allen Grenzen und Schwächen, die sich aus diesem Aspekt des menschlichen Daseins ergeben. Gleichzeitig ist der Mensch das einzige Geschöpf, in dem das Leben sich seiner selbst bewußt geworden ist, das zu einem ständig wachsenden Bewußtsein seiner selbst und seiner Umwelt gelangt und das die Möglichkeit zur Entwicklung neuer materieller und spiritueller Fähigkeiten in sich trägt, welche sein Leben zu einem offenen Weg mit einem determinierbaren Ziel machen. Pascal drückt es in den ›Pensées‹ (Nr. 347) so aus: »Nur ein Schilfrohr, das zerbrechlichste in der Welt, ist der Mensch, aber ein Schilfrohr, das denkt.«

Der Mensch ist nicht völlig definierbar. Dennoch können uns jene »Wesensattribute«, von denen gesprochen wurde, ein annäherungsweise recht gutes Bild dessen geben, was als »Natur des Menschen« bezeichnet werden kann. Die Natur des Menschen ist aber nicht nur ein Prinzip, sondern auch eine Fähigkeit: Der Mensch erreicht sein Wesen in dem Maße, wie er seine Fähigkeiten der Vernunft und der Liebe entwickelt. Der Mensch ist zu Vernunft und Liebe fähig, weil er ist, und es gilt umgekehrt: Der Mensch ist, weil er vernünftig urteilen und weil er lieben kann. Die Fähigkeit, sich seiner selbst bewußt zu werden und sich Rechenschaft über sich selbst und seine existentielle Situation zu geben, macht ihn zum Menschen. Und eben diese Fähigkeit ist grundlegend für seine Natur.

Diese Überzeugung teilten viele der großen Philosophen, Mystiker und Theologen des Ostens wie des Westens. Für sie alle ist der Mensch durch seine geistige Wirklichkeit gekennzeichnet, die eben darauf zurückzuführen ist, daß er sich selbst und andere erkennen kann, und die ein Bestandteil des Lebens selber ist. Es ist jedoch nicht so, daß nur jene am Geist des Menschen interessierten Philosophen diese Ansicht vertreten. Wenn auch mit anderen Begriffen, so betonen auch viele der sogenannten Materialisten, daß eben dieser existentielle Konflikt die Grundlage des menschlichen Lebens sei. Ein Beispiel hierfür ist im alten Griechenland Demokrit. Auch die griechischen Skeptiker gehören hierher, die die Ansicht vertraten, es komme nicht darauf an zu reden, sondern sich schweigend der Kontemplation hinzugeben. Es gilt auch für Feuerbach und Marx, für die der Mensch Selbstzweck ist.

Schließlich ist noch zu unterscheiden zwischen jenen, die den Menschen als Selbstzweck auffassen, und jenen, die meinen, er sei, wie alle anderen Dinge in der Natur, nur ein Mittel für andere Zwecke – für den Staat, die Familie, für Besitz, Macht und dergleichen. Viele der großen Denker gehören zu der ersten Gruppe. Für sie alle gilt, daß der Mensch die Fähigkeit hat, bewußt zu erleben, zu staunen und Werte und Ziele zu finden, welche optimale Lösungen für seine existentiellen Dichotomien bieten. Ganz gleich, ob diese Denker in theistischen oder in nicht-theistischen Bezugsrahmen dachten, betrachten sie doch alle den Menschen als ein Wesen, dessen Größe auf seiner Fähigkeit beruht, sich seiner Grenzen bewußt zu werden und im Prozeß der zunehmenden Bewußtwerdung diese Grenzen zu überwinden.

Sind wir davon überzeugt, daß der Mensch kein Ding ist und für niemanden als Mittel zum Zweck dienen darf, dann gilt wirklich, daß es noch nie so schwer war wie in unserer gegenwärtigen Industriegesellschaft, die Natur des Menschen zu verstehen. Mit Hilfe des Verstandes hat es diese Gesellschaft fertiggebracht, die Natur in einer Weise zu beherrschen, wie es sich vor hundert Jahren noch niemand hätte träumen lassen. Angefeuert durch seine ständig wachsenden technischen Fähigkeiten, hat der Mensch seine gesamte Energie auf die Produktion und den Konsum von Dingen konzentriert. Bei diesem Prozeß erlebt er sich selbst als ein Ding, das Maschinen manipuliert und von ihnen manipuliert wird. Soweit er nicht von anderen ausgebeutet wird, beutet er sich selber aus. Er stellt sein menschliches Wesen in den Dienst seines Lebensunterhalts; seine menschlichen Kräfte benutzt er zur Befriedigung seiner stets wachsenden, großenteils künstlich erzeugten Bedürfnisse. Er läuft damit Gefahr zu vergessen, daß er ein Mensch ist. Deshalb war es nie schwieriger, aber auch nie notwendiger als heute, die traditionellen Anschauungen über die Natur des Menschen neu zu überdenken.

Die Geschichte des Menschen als eines gesellschaftlichen Wesens begann damit, daß er aus einem Zustand des Einsseins mit der Natur heraustrat und sich seiner selbst als einer von der ihn umgebenden Natur und seinen Mitmenschen abgesonderten Größe bewußt wurde. Allerdings blieb dieses Bewußtsein während langer Geschichtsperioden sehr vage und unbestimmt. Noch immer blieb der einzelne an die Welt der Natur und an die Gesellschaft, aus der er hervorgegangen war, gebunden, und wenn er sich auch bis zu einem gewissen Grad bewußt war, eine separate Größe zu sein, so fühlte er sich doch gleichzeitig als Teil der ihn umgebenden Welt. Der Prozeß der immer stärkeren Loslösung des Individuums von seinen ursprünglichen Bindungen, den wir als »Individuation« bezeichnen können, scheint in den Jahrhunderten zwischen der Reformation und der Gegenwart seinen Höhepunkt erreicht zu haben.

In der Lebensgeschichte des einzelnen begegnen wir dem gleichen Prozeß. Ein Kind wird geboren, wenn es mit seiner Mutter keine Einheit mehr bildet und zu einer von ihr getrennten biologischen Größe wird. Obwohl diese biologische Trennung den Anfang der individuellen menschlichen Existenz darstellt, bleibt das Kind doch, was seine Lebensfunktionen anbetrifft, noch ziemlich lange eine Einheit mit seiner Mutter.

In dem Maße wie der einzelne – bildlich gesprochen – die Nabelschnur, die ihn mit der Außenwelt verbindet, nicht völlig durchtrennt hat, ist er noch nicht frei; andererseits verleihen ihm diese Bindungen Sicherheit und Verwurzelung. Ich möchte die Bindungen, die bestehen, bevor der Prozeß der Individuation zur völligen Loslösung des Individuums geführt hat, als »primäre Bindungen« bezeichnen. Sie sind organisch in dem Sinne, als sie ein Bestandteil der normalen menschlichen Entwicklung sind, sie implizieren einen Mangel an Individualität, aber sie verleihen dem Betreffenden auch Sicherheit und ermöglichen ihm eine Orientierung. Es sind jene Bindungen, die das Kind mit der Mutter, den Angehörigen eines primitiven Stammes mit seiner Sippe und der Natur oder den mittelalterlichen Menschen mit der Kirche und seinem sozialen Stand verbinden. Ist einmal das Stadium der völligen Individuation erreicht und hat sich der einzelne von diesen primären Bindungen gelöst, so sieht er sich vor eine neue Aufgabe gestellt: Er muß sich jetzt in der Welt orientieren, neue Wurzeln finden und zu einer neuen Sicherheit auf andere Weise gelangen, als dies für seine vorindividuelle Existenz charakteristisch war. Freiheit hat demnach jetzt eine andere Bedeutung als vor dieser Entwicklungsstufe. Wir müssen hier kurz innehalten, um diese Begriffe klarzustellen, indem wir sie anhand der Entwicklung der Einzelmenschen und der Gesellschaft konkreter erörtern.

Der verhältnismäßig plötzliche Übergang vom Fötus zur menschlichen Existenz und das Durchschneiden der Nabelschnur ist ein Zeichen dafür, daß das Kind vom Mutterleib unabhängig geworden ist. Aber diese Unabhängigkeit ist nur in dem Sinne wirklich eingetreten, als beide Körper jetzt voneinander getrennt sind. In bezug auf seine Körperfunktionen bleibt das Kleinkind noch ein Teil der Mutter. Es wird von ihr gefüttert, getragen und sein Leben hängt von ihrer Fürsorge ab. Langsam nur gelangt das Kind dazu, die Mutter und Gegenstände als von ihm getrennte Größen zu erkennen. Bei diesem Prozeß spielt die neurologische und die allgemeine körperliche Entwicklung des Kindes eine wichtige Rolle, daß es lernt, Gegenstände – körperlich und geistig – zu erfassen und mit ihnen umzugehen. Durch die eigene Aktivität lernt es die Welt außerhalb seiner selbst kennen. Der Individuationsprozeß wird durch die Erziehung gefördert. Dieser Prozeß bringt eine Reihe von Versagungen und Verboten mit sich, wodurch die Rolle der Mutter sich verändert. Sie wird zu einer Person, die nun Dinge vom Kind verlangt, welche seinen Wünschen entgegenstehen, und erscheint ihm jetzt oft als eine feindselige und gefährliche Person. Dieser Antagonismus, der einen Teil des Erziehungsprozesses – wenn auch keineswegs die ganze Erziehung – ausmacht, spielt eine wichtige Rolle dabei, daß das Kind lernt, schärfer zwischen dem »Ich« und dem »Du« zu unterscheiden.

Nach der Geburt vergehen einige Monate, bevor das Kind andere Personen auch nur als solche erkennt und fähig ist, mit einem Lächeln auf sie zu reagieren, und es dauert Jahre, bis es gelernt hat, sich nicht mehr mit dem All zu verwechseln. Bis dahin zeigt es die besondere Art von Ich-Bezogenheit, die für das Kind typisch ist, eine Ich-Bezogenheit, die eine zärtliche Liebe zu anderen und ein Interesse an ihnen nicht ausschließt, wobei es die »anderen« aber noch nicht als tatsächlich von ihm getrennt erlebt. Aus dem gleichen Grund bedeutet es auch etwas anderes, wenn das Kind sich in seinen ersten Lebensjahren an eine Autorität anlehnt, als wenn jemand das später tut. Die Eltern – oder wer immer sonst diese Autorität sein mag – werden vom Kind noch nicht als eine grundsätzlich von ihm getrennte Größe angesehen; sie sind Teil seiner Welt, und diese Welt ist noch ein Teil des Kindes; die Unterwerfung unter sie besitzt deshalb eine andere Qualität als jene Art der Unterwerfung, um die es sich dann handelt, wenn zwei Menschen wirklich zwei voneinander getrennte Persönlichkeiten sind. [...]

Je mehr das Kind heranwächst und sich von den primären Bindungen löst, um so mehr entwickelt sich bei ihm ein Suchen nach Freiheit und Unabhängigkeit. Aber wir können das Schicksal dieses Suchens nur ganz verstehen, wenn wir uns die Dialektik im Prozeß der zunehmenden Individuation klarmachen. Dieser Prozeß hat zwei Aspekte. Der eine besteht darin, daß das Kind körperlich, seelisch und geistig kräftiger wird. In jedem dieser Bereiche nehmen Intensität und Aktivität zu. Gleichzeitig werden die Sphären immer mehr integriert. Es entwickelt sich eine organisierte Struktur, die vom Willen und von der Vernunft des Betreffenden gelenkt wird. Wenn wir dieses organisierte und integrierte Ganze der Persönlichkeit als Selbst bezeichnen, so können wir auch sagen, daß *die eine Seite des Wachstumsprozesses der Individuation das Wachstum der Stärke des Selbst ist.* Dem Wachstum der Individuation und des Selbst sind Grenzen gesetzt, teils durch individuelle Bedingungen, aber im wesentlichen durch die gesellschaftlichen Umstände. Denn wenn auch die Unterschiede zwischen den einzelnen Menschen in dieser Hinsicht groß erscheinen mögen, so kennzeichnet doch jede Gesellschaft ein gewisses Individuationsniveau, über das der normale einzelne nicht hinausgelangen kann. Der andere Aspekt des Individuationsprozesses ist die *zunehmende Vereinsamung.* Die primären Bindungen bieten Sicherheit und eine ursprüngliche Einheit mit der Welt außerhalb. Je mehr das Kind aus dieser Welt herauswächst, desto mehr merkt es, daß es allein und eine von allen anderen getrennte Größe ist. Diese Lostrennung von einer Welt, die im Vergleich zur eigenen individuellen Existenz überwältigend stark und mächtig, oft auch bedrohlich und gefährlich ist, erzeugt ein Gefühl der Ohnmacht und Angst. Solange man ein integrierter Teil jener Welt war und sich der Möglichkeiten und der Verantwortlichkeit individuellen Tuns noch nicht bewußt war, brauchte man auch keine Angst davor zu haben. Ist man erst zu einem Individuum geworden, so ist man allein und steht der Welt mit allen ihren gefährlichen und überwältigenden Aspekten gegenüber.

Es kommen Impulse auf, die eigene Individualität aufzugeben und das Gefühl der Einsamkeit und Ohnmacht dadurch zu überwinden, daß man völlig in der Außenwelt aufgeht. Diese Impulse und die neuen Bindungen, die sich daraus ergeben, sind jedoch mit den primären, im Wachstumsprozeß gelösten Bindungen nicht identisch. Genau wie ein Kind physisch niemals in den Mutterleib zurückkehren kann, so kann es auch psychisch den Individuationsprozeß niemals wieder rückgängig machen. Alle Versuche, es doch zu tun, nehmen daher zwangsläufig den Charakter einer Unterwerfung an, bei dem der grundsätzliche Widerspruch zwischen der Autorität und dem Kind, das sich unterwirft, nie beseitigt wird. Bewußt mag das Kind sich sicher und zufrieden fühlen, aber unbewußt merkt es, daß es dies mit dem Preis der Stärke und Integrität seines Selbst bezahlen muß. So hat die Unterwerfung genau das Gegenteil dessen zur Folge, was damit beabsichtigt war: Sie vergrößert die Unsicherheit des Kindes und erzeugt gleichzeitig Feindseligkeit und Aufbegehren, was um so angsterregender ist, als es sich eben gegen die Personen richtet, von denen das Kind auch weiterhin – oder wieder erneut – abhängig ist.

Aber die Unterwerfung ist nicht der einzige Weg, der Einsamkeit und der Angst zu entgehen. Der andere Weg – der einzige, der produktiv ist und nicht mit einem unlösbaren Konflikt endet – besteht darin, daß man mit seinen Mitmenschen und der Natur spontan in Beziehung tritt, und zwar in eine Beziehung, welche den einzelnen mit der Welt verbindet, ohne seine Individualität auszulöschen. Diese Art der Beziehung – deren beste Äußerungsformen Liebe und produktive Arbeit sind – wurzelt in der Integration und Stärke der Gesamtpersönlichkeit, weshalb ihr dieselben Grenzen gesetzt sind wie dem Wachstum des Selbst.

Hier möchte ich auf das allgemeine Prinzip, den dialektischen Prozeß hinweisen, der aus der wachsenden Individuation und Freiheit des Individuums resultiert. Das Kind kann sich freier entfalten und sein individuelles Selbst zum Ausdruck bringen, ohne daß es dabei durch jene hemmenden Bindungen behindert wird. Aber das Kind wird auch stärker *von* jener Welt frei, die ihm Sicherheit und Geborgenheit gab. Der Individuationsprozeß ist ein Prozeß der wachsenden Stärke und Integration der Persönlichkeit, bei dem die ursprüngliche Identität mit anderen verlorengeht und bei dem das Kind stärker von ihnen abgesondert wird. Diese fortschreitende Loslösung kann zur Isolierung führen, die trostlos ist und intensive Angst und Unsicherheit hervorbringt. Sie kann aber auch zu einem neuartigen Gefühl von Nähe und Solidarität mit anderen führen, wenn es dem Kind gelingt, die innere Stärke und Produktivität zu entwikkeln, welche die Vorbedingung für diese neue Art der Bezogenheit zur Welt ist.

Wenn jeder Schritt, der zur Loslösung und zur Individuation führt, mit einem entsprechenden Wachstum des Selbst Hand in Hand ginge, so würde dies zu einer harmonischen Entwicklung des Kindes führen. Leider ist das aber nicht der Fall. Während der Individuationsprozeß automatisch vor sich geht, wird das Wachstum des Selbst aus einer Reihe von individuellen und gesellschaftlichen Gründen behindert. Die Kluft zwischen diesen beiden Tendenzen führt zu einem unerträglichen Gefühl der Isolierung und Ohnmacht; diese ihrerseits lösen psychische Fluchtmechanismen aus. Auch phylogenetisch kann man die Menschheitsgeschichte als einen Prozeß wachsender Individuation und Freiheit verstehen. Der Mensch taucht aus seinem vormenschlichen Zustand empor, indem er die ersten Schritte unternimmt, von seinen zwangsmäßigen Instinkten freizukommen. Wenn wir unter Instinkt ein spezifisches Handlungsmuster verstehen, das durch eine ererbte neurologische Struktur bedingt ist, so kann man im Tierreich eine deutlich ausgeprägte Entwicklungstendenz beobachten. (Diesen Begriff des Instinkts darf man jedoch nicht mit den physiologisch bedingten Trieben – wie Hunger, Durst etc. – verwechseln, bei denen die Art der Befriedigung nicht festgelegt und durch Vererbung determiniert ist.) Je tiefer ein Tier auf der Entwicklungsleiter steht, um so mehr wird es in seinem gesamten Verhalten von instinktiven und reflexbedingten Mechanismen beherrscht. Die berühmten sozialen Organisationen gewisser Insektenarten sind völlig instinktbedingt. Andererseits ist die Flexibilität der Handlungsmuster um so größer und die strukturierte Anpassung bei Geburt um so geringer, je höher ein Tier auf der Entwicklungsleiter steht. Diese Entwicklung erreicht beim Menschen ihren Höhepunkt. Er ist bei seiner Geburt das hilfloseste aller Lebewesen. Seine Anpassung an die Natur beruht im wesentlichen auf einem Lernprozeß und nicht auf instinktbedingter Determination. »Der Instinkt ... ist eine ständig geringer werdende, wenn nicht ganz verschwindende Kategorie bei den höheren Formen der Lebewesen, besonders beim Menschen« (L. Bernard, 1924, S. 509).

Die menschliche Existenz nimmt in dem Augenblick ihren Anfang, wo die Instinktbedingtheit des Handelns unter einen bestimmten Punkt abgesunken ist, wo die Anpassung an die Natur nicht mehr zwangsmäßig erfolgt, wo das Verhalten nicht länger durch erbmäßig gegebene Mechanismen festgelegt ist. Mit anderen Worten: *Menschliche Existenz und Freiheit sind von Anfang an nicht zu trennen.* Freiheit ist hier nicht in ihrem positiven Sinne als »Freiheit zu etwas«, sondern in ihrem negativen Sinne als »Freiheit von etwas« zu verstehen, nämlich im Sinn der Determination des Verhaltens durch Instinkte.

Freiheit im eben besprochenen Sinne ist ein zwiespältiges Geschenk. Der Mensch wird ohne die für ein zweckmäßiges Handeln geeignete Ausrüstung, wie sie das Tier besitzt, geboren. (Vgl. R. Linton, 1936, Kap. IV.) Er ist länger als jedes Tier von seinen Eltern abhängig, und seine Reaktionen auf die Umgebung sind langsamer und weniger wirksam, als es bei automatisch ablaufenden instinktiven Handlungen der Fall ist. Er macht alle Gefahren und Ängste durch, die mit diesem Fehlen einer Instinktausrüstung verbunden sind. Aber gerade diese Hilflosigkeit des Menschen ist der Ursprung der menschlichen Entwicklung. *Die biologische Schwäche des Menschen ist die Voraussetzung der menschlichen Kultur.*

Vom Anfang seiner Existenz an ist der Mensch vor die Wahl gestellt zwischen verschiedenen Verhaltensmöglichkeiten. Beim Tier finden wir eine ununterbrochene Kette von Reaktionen, die von einem bestimmten Reiz – etwa dem Hunger – ausgeht und zu einem mehr oder weniger genau festgelegten Handlungsablauf führt, der die durch den Reiz hervorgerufene Spannung abbaut. Beim Menschen wird diese Kette unterbrochen. Der Reiz ist vorhanden, aber die Art seiner Befriedigung bleibt »offen«, das heißt er muß zwischen verschiedenen Möglichkeiten des Verhaltens seine Wahl treffen. An Stelle eines im voraus determinierten instinkthaften Verhaltens muß der Mensch im Geist die verschiedenen möglichen Verhaltensweisen gegeneinander abwägen. Er beginnt zu denken. Er verändert seine Rolle der Natur gegenüber aus einer rein passiven Anpassung in eine aktive: Er erzeugt etwas. Er erfindet Werkzeuge, und indem er so die Natur meistert, sondert er sich immer mehr von ihr ab. Er wird sich vage seiner selbst – oder besser gesagt, seiner Gruppe – bewußt, als Größe, die nicht mit der Natur identisch ist. Es dämmert ihm, daß er das tragische Schicksal hat, ein Teil der Natur zu sein und sie trotzdem zu transzendieren. Er wird sich bewußt, daß sein Schicksal schließlich der Tod sein wird, auch wenn er dies mit vielfältigen Phantasien zu verleugnen sucht.

Eine besonders aufschlußreiche Darstellung der grundsätzlichen Beziehung, die zwischen dem Menschen und der Freiheit besteht, finden wir im biblischen Mythos von der Vertreibung aus dem Paradies.

Dieser Mythos setzt den Beginn der Menschheitsgeschichte mit einem Akt der Wahl gleich, doch betont er höchst nachdrücklich die Sündhaftigkeit dieses ersten Aktes der Freiheit und das sich daraus ergebende Leiden. Mann und Frau leben im Garten Eden in vollkommener Harmonie miteinander und mit der Natur. Es herrscht Friede, und es besteht keine Notwendigkeit zu arbeiten. Auch gibt es keine Entscheidungen zu fällen, keine Freiheit und auch kein Denken. Dem Menschen ist es verboten, vom Baume der Erkenntnis des Guten und Bösen zu essen. Er mißachtet Gottes Gebot und zerstört dadurch den Zustand der Harmonie mit der Natur, von der er zunächst ein Teil ist und die er nicht transzendiert. Vom Standpunkt der Kirche aus, welche die Autorität repräsentiert, ist diese Handlung ihrem Wesen nach eine Sünde. Vom Standpunkt des Menschen aus bedeutet sie dagegen den Anfang der menschlichen Freiheit. Gegen Gottes Gebot handeln, heißt, sich vom Zwang befreien, aus der unbewußten Existenz des vormenschlichen Lebens zum Niveau des Menschen emportauchen. Gegen das Gebot der Autorität handeln, eine Sünde begehen, ist in seinem positiven menschlichen Aspekt der erste Akt der Freiheit, das heißt die erste *menschliche* Tat. Im Mythos besteht die Sünde in ihrem formalen Aspekt darin, daß der Mensch gegen Gottes Gebot handelt; in materialer Hinsicht besteht sie im Essen vom Baume der Erkenntnis. Der Akt des Ungehorsams als ein Akt der Freiheit ist der Anfang der Vernunft. Der Mythos spricht auch noch von weiteren Konsequenzen dieses ersten Aktes der Freiheit. Die ursprüngliche Harmonie zwischen Mensch und Natur ist zerbrochen. Gott erklärt den Krieg zwischen Mann und Frau, den Krieg zwischen der Natur und dem Menschen. Der Mensch wird von der Natur abgesondert, er hat den ersten Schritt getan, dadurch menschlich zu werden, daß er ein »Individuum« wird. Er hat die erste Tat der Freiheit vollbracht. Der Mythos betont, daß diese Tat Leiden zur Folge hat. Der

Mensch, der die Natur transzendiert, der sich von ihr und einem anderen menschlichen Wesen entfremdet, findet sich nackt und schämt sich. Er ist allein und frei, aber machtlos und voller Angst. Die neugewonnene Freiheit erscheint ihm als Fluch. Er ist frei *von* der süßen Knechtschaft des Paradieses, aber er besitzt noch nicht die Freiheit *zur* Selbstbestimmung, seine Individualität zu realisieren.

»Freiheit von« ist nicht das gleiche wie positive Freiheit, nämlich »Freiheit zu«. Das Auftauchen des Menschen aus der Natur ist ein sich lange hinziehender Prozeß. Der Mensch bleibt großenteils an jene Welt gebunden, aus der er auftauchte. Er bleibt ein Teil der Natur: von der Erde, auf der er lebt, von Sonne, Mond und Sternen, von Bäumen, Blumen und Tieren und von der Gruppe von Menschen, mit der er durch die Blutsbande verbunden ist. Die primitiven Religionen bezeugen dieses menschliche Gefühl des Einsseins mit der Natur. Die belebte und die unbelebte Natur sind Teil der Welt des Menschen, oder – wie man auch sagen könnte – er ist noch immer ein Teil der Welt der Natur.

Die primären Bindungen des Menschen blockieren seine volle Entfaltung. Sie stehen der Entwicklung seiner Vernunft und seinen kritischen Fähigkeiten im Wege; sie machen, daß er sich und die anderen nur durch das Medium seiner bzw. ihrer Zugehörigkeit zu einer Sippe, einer sozialen oder religiösen Gemeinschaft, und nicht als menschliches Wesen erlebt; mit anderen Worten: Sie blockieren seine Entwicklung zu einem freien, über sich selbst bestimmenden, produktiven Individuum. Das ist der eine Aspekt, aber es gibt noch einen anderen. Diese Identität mit der Natur, der Sippe, der Religion gibt dem einzelnen auch Sicherheit. Er gehört zu einem strukturierten Ganzen, er ist darin verwurzelt und hat darin seinen Platz, den ihm niemand streitig macht. Er kann durch Hunger oder Unterdrückung leiden, aber er leidet nicht an dem Allerschmerzlichsten – an völliger Einsamkeit und Zweifel.

Wir sehen, daß der Prozeß wachsender menschlicher Freiheit den gleichen dialektischen Charakter besitzt, den wir beim Prozeß des individuellen Wachstums beobachten konnten. Auf der einen Seite handelt es sich um einen Prozeß der zunehmenden Stärke und Integration, der Meisterung der Natur und der zunehmenden Beherrschung der menschlichen Vernunft, der wachsenden Solidarität mit anderen Menschen. Zum anderen aber bedeutet diese wachsende Individuation auch zunehmende

Isolierung, Unsicherheit und, hierdurch bedingt, zunehmenden Zweifel an der eigenen Rolle im Universum, am Sinn des eigenen Lebens und, durch das alles bedingt, ein wachsendes Gefühl der eigenen Ohnmacht und Bedeutungslosigkeit als Individuum.

Wenn der Prozeß der Entwicklung der Menschheit harmonisch verlaufen wäre, wenn er nach einem bestimmten Plan abgelaufen wäre, so wären beide Seiten der Entwicklung – die wachsende Stärke und die wachsende Individuation – genau gegeneinander abgewogen. So aber ist die Geschichte der Menschheit eine Geschichte der Konflikte und Kämpfe. Jeder Schritt in Richtung einer wachsenden Individuation hat die Menschheit mit neuen Unsicherheiten bedroht. Einmal gelöste primäre Bindungen können nicht mehr geflickt werden; in ein einmal verlassenes Paradies kann der Mensch nicht zurückkehren. Es gibt nur eine einzige produktive Lösung für die Beziehung des Menschen zur Welt: seine aktive Solidarität mit allen Mitmenschen und sein spontanes Tätigsein, Liebe und Arbeit, die ihn wieder mit der Welt einen, nicht durch primäre Bindungen, sondern als freies, unabhängiges Individuum.

Wenn jedoch die wirtschaftlichen, gesellschaftlichen und politischen Bedingungen, von denen der gesamte Prozeß der menschlichen Individuation abhängt, keine Grundlage für die Verwirklichung der Individualität im oben beschriebenen Sinn bieten, während die Menschen gleichzeitig die Bindungen verloren haben, die ihnen Sicherheit boten, dann macht dieser leere Raum die Freiheit zu einer unerträglichen Last. Sie wird dann gleichbedeutend mit Zweifel, mit einem Leben ohne Sinn und Richtung. Es entstehen dann machtvolle Tendenzen, vor dieser Art von Freiheit in die Unterwerfung oder in irgendeine Beziehung zu anderen Menschen und der Welt zu fliehen, die eine Milderung der Unsicherheit verspricht, selbst wenn sie den Menschen seiner Freiheit beraubt.

Der Wunsch nach einer zwischenmenschlichen Vereinigung ist das stärkste Streben im Menschen. Es ist seine fundamentalste Leidenschaft, es ist die Kraft, welche die menschliche Rasse, die Sippe, die Familie, die Gesellschaft zusammenhält. Gelingt diese Vereinigung nicht, so bedeutet das Wahnsinn oder Vernichtung – Selbstvernichtung oder Vernichtung anderer. Ohne Liebe könnte die Menschheit nicht einen Tag existieren. Wenn wir jedoch den Vollzug einer zwischenmenschlichen Einheit als »Liebe« bezeichnen, geraten wir in ernste Schwierigkeiten. Zu einer Vereinigung kann man auf verschiedene Weise gelangen, und die Unterschiede sind nicht weniger bedeutsam als das, was die verschiedenen Formen der Liebe miteinander gemeinsam haben. Sollte man sie alle Liebe nennen? Oder sollte man das Wort »Liebe« jener besonderen Art von Vereinigung vorbehalten, die von allen großen humanistischen Religionen und philosophischen Systemen der letzten viertausend Jahre der Geschichte des Westens und des Ostens als höchste Tugend angesehen wurde?

Wie bei allen semantischen Schwierigkeiten gibt es auch hier keine allgemeingültige Antwort. Wir müssen uns darüber klarwerden, welche Art von Einheit wir meinen, wenn wir von Liebe sprechen. Beziehen wir uns auf jene Liebe, die ein reifer Mensch als Antwort auf das Existenzproblem gibt, oder sprechen wir von jenen unreifen Formen der Liebe, die man als *symbiotische Vereinigung* bezeichnen kann? Im folgenden werde ich nur ersteres als Liebe bezeichnen; doch möchte ich zunächst über die symbiotische Verbindung sprechen.

Die *symbiotische Vereinigung* besitzt ihr biologisches Modell in der Beziehung zwischen der schwangeren Mutter und dem Fötus. Sie sind zwei und doch eins. Sie »leben zusammen« (Sym-biose), sie brauchen einander. Der Fötus ist ein Teil der Mutter und empfängt von ihr alles, was er braucht; die Mutter ist sozusagen seine Welt, sie füttert ihn, sie beschützt ihn, aber auch ihr eigenes Leben wird durch ihn bereichert. Bei der psychischen symbiotischen Vereinigung sind zwar die beiden Körper voneinander unabhängig, aber die gleiche Art von Bindung existiert auf der psychologischen Ebene.

Die *passive* Form der symbiotischen Vereinigung ist die Unterwerfung oder – wenn wir uns der klinischen Bezeichnung bedienen – der *Masochismus*. Der masochistische Mensch entrinnt dem unerträglichen Gefühl der Isolation und Abgetrenntheit dadurch, daß er sich zu einem untrennbaren Bestandteil einer anderen Person macht, die ihn lenkt, leitet und beschützt; sie ist sozusagen sein Leben, sie ist die Luft, die er atmet. Die Macht dessen, dem man sich unterwirft, ist aufgebläht, sei es nun ein Mensch oder ein Gott. Er ist alles, ich bin nichts, außer als ein Teil von ihm. Als ein Teil von ihm habe ich teil an seiner Größe, seiner Macht und Sicherheit. Der masochistisch Orientierte braucht selber keine Entschlüsse zu fassen, er braucht kein Risiko einzugehen. Er ist nie allein – aber er ist nicht unabhängig; er besitzt keine Integrität; er ist noch nicht ganz geboren. Im religiösen Kontext bezeichnet man den Gegenstand einer solchen Verehrung als Götzen; im weltlichen Kontext einer masochistischen Liebesbeziehung herrscht im wesentlichen der gleiche Mechanismus, nämlich der des Götzendienstes. Die masochistische Beziehung kann mit körperlichem, sexuellem Begehren gekoppelt sein; in diesem Fall handelt es sich nicht nur um eine geistig-seelische Unterwerfung, sondern um eine, die den gesamten Körper mitbetrifft. Es gibt eine masochistische Unterwerfung unter das Schicksal, unter eine Krankheit, unter rhythmische Musik, unter den durch Rauschgift oder durch Hypnose erzeugten orgiastischen Zustand – in jedem Fall verzichtet der Betreffende auf seine Integrität, macht er sich zum Instrument eines anderen Menschen oder eines Dings außerhalb seiner selbst. Er ist dann der Aufgabe enthoben, das Problem des Lebens durch produktives Tätigsein zu lösen.

Die *aktive* Form der symbiotischen Vereinigung ist die Beherrschung eines anderen Menschen oder – psychologisch ausgedrückt und analog zum Masochismus – *Sadismus*. Der sadistische Mensch möchte seiner Einsamkeit und seinem Gefühl, ein Gefangener zu sein, dadurch entrinnen, daß er einen anderen Menschen zu einem untrennbaren Bestandteil seiner selbst macht. Er bläht sich auf und vergrößert sich, indem er sich eine andere Person, die ihn verehrt, einverleibt.

Der Sadist ist von dem, der sich ihm unterwirft, ebenso abhängig wie dieser von ihm; keiner von beiden kann ohne den anderen leben. Der Unterschied liegt nur darin, daß der Sadist den anderen kommandiert, ausnutzt, verletzt und demütigt, während der Masochist sich kommandieren, ausnutzen, verletzen und demütigen läßt. Äußerlich gesehen ist das ein beträchtlicher Unterschied, aber in einem tieferen emotionalen Sinn ist der Unterschied nicht so groß wie das, was beide gemeinsam haben: Sie wollen Vereinigung ohne Integrität. Wer das begreift, wird sich nicht darüber wundern, daß ein und derselbe Mensch gewöhnlich sowohl auf sadistische wie auch auf masochistische Weise reagiert. [...]

Im Gegensatz zur symbiotischen Vereinigung ist die *reife Liebe eine Vereinigung, bei der die eigene Integrität und Individualität bewahrt bleibt. Liebe ist eine aktive Kraft im Menschen.* Sie ist eine Kraft, welche die Wände niederreißt, die den Menschen von seinem Mitmenschen trennen, eine Kraft, die ihn mit anderen vereinigt. Die Liebe läßt ihn das Gefühl der Isolation und Abgetrenntheit überwinden und erlaubt ihm trotzdem, er selbst zu sein und seine Integrität zu behalten. In der Liebe kommt es zu dem Paradoxon, daß zwei Wesen eins werden und trotzdem zwei bleiben. [...]

Liebe ist eine Aktivität und kein passiver Affekt. Sie ist etwas, das man in sich selbst entwickelt, nicht etwas, dem man verfällt. Ganz allgemein kann man den aktiven Charakter der Liebe so beschreiben, daß man sagt, sie ist in erster Linie ein *Geben* und nicht ein Empfangen. [...] Was gibt ein Mensch dem anderen? Er gibt etwas von sich selbst, vom Kostbarsten, was er besitzt, er gibt etwas von seinem Leben. Das bedeutet nicht unbedingt, daß er sein Leben für den anderen opfert – sondern daß er ihm etwas von dem gibt, was in ihm lebendig ist; er gibt ihm etwas von seiner Freude, von seinem Interesse, von seinem Verständnis, von seinem Wissen, von seinem Humor, von seiner Traurigkeit – von allem, was in ihm lebendig ist. Indem er dem anderen auf diese Weise etwas von seinem Leben abgibt, bereichert er ihn, steigert er beim anderen das Gefühl des Lebendigseins und verstärkt damit dieses Gefühl des Lebendigseins auch in sich selbst. Er gibt nicht, um selbst etwas zu empfangen; das Geben ist an und für sich eine erlesene Freude. Indem er gibt, kann er nicht umhin, im anderen etwas zum Leben zu erwekken, und dieses zum Leben Erweckte strahlt zurück auf ihn; wenn jemand wahrhaft gibt, wird er ganz von selbst etwas zurückempfangen. Zum Geben gehört, daß es auch den anderen zum Geber macht, und beide haben ihre Freude an dem, was sie zum Leben erweckt haben. Im Akt des Gebens wird etwas geboren, und die beiden beteiligten Menschen sind dankbar für das Leben, das für sie beide geboren wurde. Für die Liebe insbesondere bedeutet dies: Die Liebe ist eine Macht, die Liebe erzeugt. Impotenz ist die Unfähigkeit, Liebe zu erzeugen. Marx hat diesem Gedanken sehr schönen Ausdruck verliehen, wenn er sagt: »Setze den *Menschen* als *Menschen* und sein Verhältnis zur Welt als ein menschliches voraus, so kannst du Liebe nur gegen Liebe austauschen, Vertrauen nur gegen Vertrauen etc. Wenn du die Kunst genießen willst, mußt du ein künstlerisch gebildeter Mensch sein; wenn du Einfluß auf andere Menschen ausüben willst, mußt du ein wirklich anregend und fördernd auf andere Menschen wirkender Mensch sein. Jedes deiner Verhältnisse zum Menschen und zu der Natur muß eine *bestimmte*, dem Gegenstand deines Willens entsprechende *Äußerung* deines *wirklichen individuellen* Lebens sein. Wenn du liebst, ohne Gegenliebe hervorzurufen, das heißt, wenn dein Lieben als Liebe nicht die Gegenliebe produziert, wenn du durch eine *Lebensäußerung* als liebender Mensch dich nicht *zum geliebten Menschen* machst, so ist deine Liebe ohnmächtig, ein Unglück« (K. Marx, 1971, S. 301). Aber nicht nur in der Liebe bedeutet geben empfangen. Der Lehrer lernt von seinen Schülern, der Schauspieler wird von seinen Zuschauern angespornt, der Psychoanalytiker wird von seinen Patienten geheilt – vorausgesetzt, daß sie einander nicht wie leblose Gegenstände behandeln, sondern echt und schöpferisch zueinander in Beziehung treten.

Wir brauchen wohl nicht besonders darauf hinzuweisen, daß die Fähigkeit zur Liebe – wird Liebe als ein Akt des Gebens verstanden – von der Charakterentwicklung des Betreffenden abhängt. Sie setzt voraus, daß er bereits zu einer vorherrschend produktiven Orientierung gelangt ist; bei einer solchen Orientierung hat der Betreffende seine Abhängigkeit, sein narzißtisches Allmachtsgefühl, den Wunsch, andere auszubeuten, oder den Wunsch zu horten überwunden; er glaubt an seine eigenen menschlichen Kräfte und hat den Mut, auf seine Kräfte zu vertrauen.

Die Doktrin, Selbstsucht sei ein Grundübel, und die Liebe zu sich selbst schließe die Liebe zu anderen aus, beschränkt sich nicht nur auf Theologie und Philosophie. Sie wurde eine der Ideen, die man in der Familie und in der Schule, im Film und in Büchern immer wieder verkündete, überall dort, wo eine gesellschaftliche Beeinflussung denkbar war. »Du darfst nicht selbstsüchtig sein« ist ein Satz, der Millionen von Kindern von Generation zu Generation eingehämmert wurde. Seine Bedeutung ist vage. Die meisten Leute würden ihn damit erklären: Sei nicht egoistisch, nicht rücksichtslos. In Wirklichkeit aber besagt er mehr. »Sei nicht selbstsüchtig« schließt ein: Tu nicht, was du selbst möchtest, gib deinen eigenen Willen zugunsten einer Autorität auf. Im letzten hat der Satz »sei nicht selbstsüchtig« den gleichen Doppelsinn, den er schon im Calvinismus besaß. Von seinem offenkundigen Sinn abgesehen, bedeutet er »liebe dich nicht«, »sei nicht du selbst«, sondern unterwirf dich einem Etwas, das wichtiger ist als du selbst, unterwirf dich einer außer dir liegenden Macht oder ihrem inneren Gegenstück, der »Pflicht«. Der Satz »sei nicht selbstsüchtig« wird zu einem der mächtigsten ideologischen Werkzeuge, um die Spontaneität und die freie Entwicklung der Persönlichkeit zu unterdrücken. Man wird damit zu jedem Opfer und zur absoluten Unterwerfung aufgefordert: Nur jene Handlungen gelten als »selbstlos«, die nicht dem Handelnden nützen, sondern jemandem oder irgend etwas außerhalb seiner selbst.

Wie gesagt, dieses Bild ist in gewissem Sinn einseitig. Denn neben der Doktrin, man solle nicht selbstsüchtig sein, wird in der heutigen Gesellschaft auch deren Gegenteil propagiert: Sei auf deinen Vorteil bedacht und handle so, wie es für dich am besten ist; tust du das, dann handelst du auch zum Vorteil aller anderen. Dieser Gedanke, Egoismus sei die Basis des Allgemeinwohls, ist das Prinzip, auf dem die Wettbewerbsgesellschaft aufbaut. Es ist erstaunlich, daß zwei sich anscheinend derart widersprechende Prinzipien in einem einzigen Kulturbereich nebeneinander bestehen können, aber die Tatsache ist nicht anzuzweifeln. Eine Folge dieses Widerspruchs ist Verwirrung im einzelnen Menschen. Er wird zwischen zwei Doktrinen hin und her gerissen und in seiner Entwicklung zu einem

Ganzen ernstlich gehindert. Diese Verwirrung ist eine der wichtigsten Ursachen der Verwirrung und Hilflosigkeit des heutigen Menschen.

»Liebe zu sich selbst« sei identisch mit Selbstsucht und bilde die Alternative zur »Liebe für andere«: Diese Auffassung hat sich in der Theologie, Philosophie und auch im populären Denken eingenistet. In Freuds Narzißmustheorie wird sie wissenschaftlich ausgedrückt. Freud setzt ein bestimmtes Maß an Libido voraus. Beim Kind ist das Objekt der gesamten Libido die Person des Kindes selbst. Freud bezeichnet dieses Stadium als »primären Narzißmus«. Im Laufe seiner Entwicklung überträgt das Ich die Libido von der eigenen Person auf andere Objekte. Sofern nun ein Mensch in seiner Objektbeziehung blockiert ist, wendet er die Libido wieder vom Objekt ab und der eigenen Person zu. Dieses Stadium bezeichnet Freud als »sekundären Narzißmus«. Nach Freud verhält es sich so: Je mehr Liebe ich der äußeren Welt zuwende, desto weniger bleibt für mich, und umgekehrt. Auf diese Weise erklärt er das Phänomen »Liebe« als Schwächung der Selbsthilfe, weil sich die gesamte Libido einem Objekt zuwendet, das außerhalb der eigenen Person liegt.

Folgende Fragen ergeben sich: Bestätigt die psychologische Beobachtung die These, nach der grundsätzlich ein gegenseitig sich ausschließendes Auftreten von »Liebe zu sich« und »Liebe zu anderen« besteht? Ist »Liebe zu sich« dasselbe wie Selbstsucht, oder sind es Gegensätze? Ist die Selbstsucht des heutigen Menschen etwas, das *wirklich ihn* als Einzelwesen mit seinen intellektuellen, emotionalen und sinnlichen Möglichkeiten betrifft? Ist *er* nicht ein Zubehör seiner sozial-ökonomischen Rolle geworden? *Ist Selbstsucht identisch mit Selbstliebe, oder ist vielmehr der Mangel an Selbstliebe die eigentliche Ursache der Selbstsucht?*

Ehe wir uns mit den psychologischen Gesichtspunkten des Problems »Selbstsucht« und »Selbstliebe« auseinandersetzen, muß auf den logischen Fehlschluß hingewiesen werden, daß »Liebe zu anderen« und »Liebe zu sich« einander ausschließen. Ist es eine Tugend, wenn ich meinen Nächsten als ein menschliches Wesen liebe, so muß es auch eine Tugend, nicht aber ein Laster sein, wenn ich mich selbst liebe, da auch ich ein menschliches Wesen bin. Es gibt keinen Begriff des »Menschen«, der mich selbst nicht einschließt. Eine Doktrin, die mich ausschließen würde, bewiese, daß sie in sich widersprüchlich ist. Der

Gedanke »Liebe deinen Nächsten wie dich selbst« wie er in der Bibel steht (Leviticus 19, 18), bedeutet nichts anderes, als daß Achtung vor der eigenen Integrität und Einmaligkeit, Liebe zu sich selbst und ein Begreifen der eigenen Person nicht trennbar sind von der Achtung vor dem anderen, der Liebe zum anderen und dem Begreifen des anderen. Die Liebe zu mir selbst ist untrennbar mit der Liebe zu jedem anderen Menschen verbunden.

Somit sind wir zu der grundlegenden psychologischen Voraussetzung gekommen, auf der die Schlußfolgerung unserer Beweisführung aufgebaut ist. Ganz allgemein ist es folgende Voraussetzung: Nicht nur die anderen, sondern auch wir selbst sind das »Objekt« unserer Gefühle und Haltungen. Zwischen der Einstellung zu uns selbst und der Einstellung anderen gegenüber besteht kein Widerspruch, sondern ein fundamentaler *Zusammenhang.* In bezug auf unser Problem heißt das: Liebe zu anderen und Liebe zu uns selbst ist keine Alternative. Vielmehr wird man eine sich selbst gegenüber liebevolle Haltung bei denjenigen feststellen, die zur Liebe zu anderen fähig sind. Im Prinzip *ist Liebe unteilbar, soweit es den Zusammenhang zwischen anderen »Objekten« und dem eigenen Ich betrifft.* Echte Liebe ist Ausdruck von Produktivität und bedeutet Fürsorge, Achtung, Verantwortungsgefühl und Erkenntnis. Liebe ist kein »Affekt« in dem Sinne, daß man von jemandem »angetan« ist. Sie ist ein tätiges Streben, das in der eigenen Liebesfähigkeit wurzelt und auf die Entfaltung und das Glück der geliebten Person bedacht ist.

Liebe ist somit ein Ausdruck der eigenen Liebesfähigkeit, und die Liebe zu jemandem ist die Verwirklichung und Konzentration dieser Fähigkeit in bezug auf eine Person. Die romantische Vorstellung ist unrichtig, daß es auf der ganzen Welt nur einen einzigen Menschen gebe, den man lieben könnte, und daß es die große Chance im Leben sei, diesem einen zu begegnen. Unrichtig ist auch die Annahme, die Liebe zu diesem einen Menschen müßte dann zur Folge haben, daß man die Liebe von den anderen Menschen abziehe. Eine Liebe, die nur in bezug auf einen einzigen Menschen erlebt werden kann, beweist sich gerade durch diese Tatsache nicht als Liebe, sondern als symbiotische Beziehung. Die in der Liebe enthaltene Bejahung gilt dem geliebten Menschen als einer Inkarnation wesentlich menschlicher Eigenschaften. Die Liebe zu einem einzigen bedeutet Liebe zum Menschen an sich. Die »Arbeitsteilung« – wie William

James es nennt – bei der man die eigene Familie liebt, für »Fremde« aber nichts übrig hat, ist das Kennzeichen für eine fundamentale Liebesunfähigkeit. Die Liebe zur Menschheit ist nicht, wie man häufig annimmt, eine Abstraktion, die auf die Liebe zu einem bestimmten Menschen folgt, sondern sie ist deren Voraussetzung, obwohl sie – genetisch betrachtet – durch die Liebe zu bestimmten Individuen erworben wird. Daraus folgt, daß ich selbst prinzipiell ebenso Objekt meiner Liebe sein muß wie ein anderer Mensch. *Die Bejahung des eigenen Lebens, des Glückes, des Wachstums und der Freiheit wurzelt in meiner eigenen Liebesfähigkeit:* in meiner Fürsorge, meiner Achtung, meinem Verantwortungsgefühl und meiner Erkenntnis. Ein Mensch, der produktiv lieben kann, liebt auch sich selbst. Kann er *nur* andere lieben, so kann er überhaupt nicht lieben.

Vorausgesetzt, daß Liebe zu sich selbst und Liebe zu anderen prinzipiell zusammengehören, wie erklärt sich dann das Phänomen »Selbstsucht«, das ja offensichtlich jedes echte Interesse am anderen ausschließt? Der *Selbstsüchtige* ist nur an sich interessiert, will alles für sich und hat nur am Nehmen Freude, nicht aber am Geben. Seine Umwelt betrachtet er nur daraufhin, was sich aus ihr herausholen läßt. Die Bedürfnisse der anderen interessieren nicht, es fehlt ihm an Achtung vor der Würde des Menschen und seiner Integrität. Er sieht nur sich selbst; alles und jedes beurteilt er nach dem Nutzen, den er für sich hat. Er ist zutiefst liebesunfähig. Beweist dies nicht, daß Interesse für andere und Interesse für sich selbst eine unumgängliche Alternative ist? Es träfe zu, wenn Selbstsucht und Selbstliebe identisch wären. Aber gerade darin besteht der Fehlschluß, der hinsichtlich unseres Problems zu so vielen falschen Folgerungen führen müßte. *Selbstsucht und Selbstliebe sind nicht identisch, sondern sind in Wirklichkeit Gegensätze.* Sich selbst liebt der Selbstsüchtige nicht etwa zu sehr, sondern zu wenig; tatsächlich haßt er sich selber. Dieser Mangel an Liebe und Fürsorge für sich selbst, der nur ein Ausdruck seines Mangels an Produktivität ist, macht ihn leer und unbefriedigt. Er ist zwangsläufig unglücklich und ängstlich darauf bedacht, dem Leben die Befriedigung zu entreißen, die er nicht aus sich selbst erreichen kann. Scheinbar ist er zu sehr um sich selbst besorgt, aber in Wahrheit versucht er damit nur auf erfolglose Weise zu bemänteln und zu kompensieren, daß er unfähig ist, wirklich für sich zu sorgen. Nach Freud ist der Selbstsüchtige narzißtisch, weil er seine Liebe von anderen weggezogen und sie auf sich selber konzentriert hat. *Richtig ist, daß selbstsüchtige Menschen niemanden lieben können, aber auch sich selbst gegenüber sind sie keiner Liebe fähig.* Selbstsucht wird klarer verständlich, wenn man sie mit der besitzergreifenden Fürsorge vergleicht, die wir zum Beispiel bei einer überbesorgten herrschsüchtigen Mutter finden. Während sie bewußt glaubt, daß sie ihr Kind ganz besonders liebe, fühlt sie unbewußt eine verdrängte Feindseligkeit gegen das Objekt der Fürsorge. Sie ist nicht deshalb überbesorgt, weil sie ihr Kind zu sehr liebt, sondern weil sie ihre Liebesunfähigkeit zu kompensieren sucht.

Diese Theorie über die Natur der Selbstsucht ergibt sich aus psychoanalytischen Erfahrungen mit neurotischer »Selbstlosigkeit«: Dieses Neurosesymptom wird an zahlreichen Menschen beobachtet, die zwar meistens nicht an dem Symptom selbst leiden, sondern an anderen, damit zusammenhängenden Symptomen, wie Depression, Müdigkeit, Arbeitsunlust, Mißerfolg in Liebesbeziehungen usw. Die Selbstlosigkeit wird nicht als »Symptom« empfunden; häufig ist sie sogar der einzige schöne Charakterzug, auf den der Patient besonders stolz ist. Der »Selbstlose« will nichts für sich; er lebt »nur für andere« und bildet sich etwas darauf ein, daß er sich selbst nicht wichtig nimmt. Nur kann er nicht verstehen, warum er trotz aller Selbstlosigkeit unglücklich ist und warum ihn das Verhältnis zu seinen Nächsten nicht befriedigt. Er möchte die Beschwerden loswerden, die er als Symptome ansieht – aber nicht seine Selbstlosigkeit. Die Analyse zeigt, daß seine Selbstlosigkeit nicht für sich steht, sondern zu den anderen Symptomen gehört, oft sogar das wichtigste von allen ist: daß seine Fähigkeit, Liebe oder Freude zu empfinden, gelähmt ist; daß er von Feindseligkeit gegen das Leben erfüllt ist und daß sich hinter der Fassade von Selbstlosigkeit eine subtile, aber darum nicht weniger intensive Ich-Bezogenheit verbirgt. Der Betreffende wird nur geheilt, wenn seine Selbstlosigkeit ebenfalls als Symptom aufgedeckt wird, so daß sein Mangel an Produktivität, der sowohl seiner Selbstlosigkeit wie seinen übrigen Beschwerden zugrunde liegt, korrigiert werden kann.

Besonders deutlich wird die Natur der Selbstlosigkeit durch ihre Wirkung auf andere, zum Beispiel – was in unserer Kultur am häufigsten ist – durch die Wirkung, die eine »selbstlose« Mutter auf ihre Kinder ausübt. Sie bildet sich ein, die Kinder müßten an ihrer Selbstlosigkeit erleben, was Geliebtwerden heißt, und müßten daraus ihrerseits lernen, was Lieben heißt.

Das Resultat entspricht jedoch keineswegs den mütterlichen Erwartungen. Die Kinder wirken nicht wie glückliche Menschen, die davon überzeugt sind, daß sie geliebt werden; sie sind ängstlich und gespannt, fürchten den Tadel ihrer Mutter und sind ängstlich darauf bedacht, ihre Erwartungen zu erfüllen. Meist stehen sie unter dem Einfluß der heimlichen Lebensfeindlichkeit ihrer Mutter, die sie eher spüren als erkennen und von der sie allmählich selbst durchdrungen werden. Im ganzen besteht kein großer Unterschied zwischen der Wirkung einer »selbstlosen« und der Wirkung einer selbstsüchtigen Mutter; tatsächlich ist die Selbstlosigkeit oft weit schlimmer, weil sie verhindert, daß die Kinder an ihrer Mutter Kritik üben. Sie stehen unter der Verpflichtung, die Mutter nicht zu enttäuschen; unter einer tugendhaften Maske wird ihnen Abneigung gegen das Leben beigebracht. Wer die Wirkung einer von echter Selbstliebe erfüllten Mutter beobachten kann, wird feststellen, daß es für ein Kind keine günstigeren Bedingungen gibt, um zu erfahren, was Liebe, Freude und Glück ist, als wenn es von einer Mutter geliebt wird, die sich selbst liebt.

6
Der Glaube an den Menschen

Die Erfahrung der Psychoanalyse Mitte der zwanziger Jahre läßt Fromm mit seiner religiösen Praxis als orthodox lebenden Juden brechen. Das Erleben der eigenen Jenseitigkeit bei der Aufhebung des Verdrängten in der Psychoanalyse ist so überwältigend, daß die Frage der Existenz eines personal und jenseitig vorgestellten Gottes irrelevant wird. Fromm mag für Jahre nach der Abkehr vom Judentum ein atheistisches Pathos verspüren, er bekennt sich aber nie dazu. Solange jemand für oder gegen Gott kämpft, vergeudet er seine Energie, statt sie für das Humanum und für das Erleben der humanitas *einzusetzen.*

Fromm ist Humanist im strengen Wortsinn: Ursprung und Ziel aller Wirklichkeit des Menschen ist der Mensch, der Weg kann nur ein menschlicher und ein menschen-möglicher sein. Erlösung ist Befreiung zum ganzen Menschsein, zum höheren Selbst, zur humanitas. *Gott ist das Symbol für die Zielgestalt humaner Entwicklung. Gotteserfahrung ist äußerste Selbsterfahrung, mystische Einheitserfahrung eines von jeder Habenbestimmung befreiten Menschen und Gottes. Das humanistische Credo kann zwischen humanistischer Religion und autoritärer Religion unterscheiden (in ›Psychoanalyse und Religion‹, 1950, ausgeführt); das humanistische Credo kennt religiöse Erfahrung und Gotteserfahrung, aber ohne Gottesbegriff (eindrücklich in ›Ihr werdet sein wie Gott‹, 1966, dargestellt); das humanistische Credo bekennt sich zu allen religiösen Werten, in denen die mystische Erfahrung des Einen gemacht wird: im Zen-Buddhismus, wie ihn Daisetz T. Suzuki Fromm in den fünfziger Jahren nahebringt, in der buddhistischen Mystik, der sich Fromm durch Nyanaponika Mahathera am Ende seines Lebens verbunden weiß, in der islamischen Mystik des Sufismus und in der christlichen Mystik vor allem Meister Eckharts. Der Ursprung dieses humanistischen Credos liegt freilich in der jüdischen Mystik des Chassidismus. Ein Chasside ist Fromm zeitlebens.*

Ich glaube, daß der Mensch das Produkt einer natürlichen Evolution ist; daß er Teil der Natur ist und sie trotzdem transzendiert, weil er mit Vernunft und dem Bewußtsein seiner selbst begabt ist.

Ich glaube, daß das Wesen des Menschen ermittelbar ist. Dieses Wesen ist jedoch keine Substanz, die den Menschen während des gesamten Verlaufs seiner Geschichte in jeder Epoche charakterisiert. Das Wesen des Menschen besteht in dem oben erwähnten, seiner Existenz innewohnenden Widerspruch, und dieser Widerspruch zwingt ihn zu Reaktionen, um eine Lösung zu finden. Der Mensch kann sich dieser existentiellen Dichotomie gegenüber nicht neutral und passiv verhalten. Allein durch die Tatsache, daß er ein Mensch ist, stellt ihm das Leben die Frage: Wie ist die Spaltung zwischen ihm und der Welt außerhalb von ihm zu überwinden, um zu dem Erlebnis der Einheit und des Einsseins mit seinen Mitmenschen und mit der Natur zu gelangen? Diese Frage muß der Mensch in jedem Augenblick seines Lebens beantworten. Er muß es nicht nur – und nicht einmal in erster Linie – mit Gedanken und Worten tun, sondern durch die Art seines Lebens und Handelns.

Ich glaube, daß es eine Anzahl begrenzter und ermittelbarer Antworten auf diese Existenzfrage gibt (die Geschichte der Religion und der Philosophie ist ein Katalog solcher Antworten); es gibt jedoch im wesentlichen nur zwei Kategorien von Antworten. Entweder versucht der Mensch dadurch zu einer neuen Harmonie mit der Natur zu gelangen, daß er zu einer vormenschlichen Existenzform regrediert und sich seiner spezifisch menschlichen Eigenschaften Vernunft und Liebe entäußert. Oder sein Ziel ist die volle Entfaltung seiner menschlichen Kräfte, bis er zu einer neuen Harmonie mit seinen Mitmenschen und mit der Natur gelangt.

Ich glaube, daß die erste Antwort zum Scheitern verurteilt ist. Sie führt zu Tod, Zerstörung und Leid und niemals zum vollen Wachstum des Menschen, niemals zu Harmonie und Kraft. Die zweite Antwort verlangt, daß wir unsere Gier und Egozentrik aufgeben, sie erfordert Disziplin, einen festen Willen und Achtung vor denen, die uns einen Weg zeigen können. Wenn diese Lösung auch die schwierigere ist, so ist sie doch die einzige, die nicht zum Scheitern verurteilt ist. Die Mühe und Anstrengung, die sie kostet, wirkt einigend und integrierend und stärkt die Lebensenergie bereits vor dem Erreichen des Endziels.

Ich glaube, daß die grundlegende Alternative des Menschen die Wahl zwischen Leben und Tod ist. Bei allem, was der Mensch tut, muß er diese Wahl treffen. Bei der Wahl ist er frei, allerdings nur in begrenztem Maß. Es gibt zahlreiche günstige und ungünstige Bedingungen, die ihn beeinflussen: seine psychologische Konstitution, die speziellen Bedingungen der Gesellschaft, in die er hineingeboren wurde, seine Familie, seine Lehrer und die Freunde, denen er begegnet und die er sich auswählt. Es ist seine Aufgabe, seinen Raum der Freiheit zu erweitern und sich um Bedingungen zu bemühen, die zum Leben und nicht zum Tode führen. Mit Leben und Tod meine ich keinen biologischen Zustand, sondern einen Zustand des Seins, in dem die Art der Beziehung zur Welt zum Ausdruck kommt. Leben bedeutet ständige Veränderung, immerwährende Geburt. Tod bedeutet Aufhören des Wachsens, Verknöcherung, Wiederholung. Es ist das traurige Los vieler Menschen, daß sie keine Wahl treffen. Sie sind weder lebendig noch tot. Das Leben wird ihnen zur Last, zu einem ziellosen Unterfangen, und ihre Geschäftigkeit ist eine Schutzmaßnahme gegen die Qual, ein Schattendasein zu führen.

Ich glaube, daß weder das Leben noch die Geschichte einen letzten Sinn hat, der seinerseits dem Leben des einzelnen Bedeutung verleihen oder sein Leiden rechtfertigen könnte. Angesichts der Widersprüche und Schwächen, die der Existenz des Menschen anhaften, ist es nur allzu natürlich, daß er nach einem »Absoluten« sucht, das ihm die Illusion der Gewißheit gibt und die Last der Konflikte, des Zweifels und der Verantwortung von seinen Schultern nimmt. Aber kein Gott, weder im theologischen noch im philosophischen noch auch im historischen Gewand, errettet oder verdammt den Menschen. Nur der Mensch allein kann für sein Leben ein Ziel und die Mittel zur Verwirklichung dieses Ziels finden. Er kann keine rettende letzte oder absolute Antwort finden, aber er kann nach einer Intensität, Tiefe und Klarheit des Erlebens streben, die ihm die Kraft verleiht, ohne Illusion zu leben und frei zu sein.

Ich glaube, daß niemand seinen Mitmenschen »retten« kann, indem er die Entscheidung für ihn trifft. Was ein Mensch für den anderen tun kann, beschränkt sich darauf, ihm wahrheitsgetreu und liebend und frei von Sentimentalität oder Illusionen die Alternativen vor Augen zu stellen. Die Konfrontation mit den wahren Alternativen kann in einem Menschen alle verborgenen Energien wecken und ihn in die Lage versetzen, sich für das Leben und gegen den Tod zu entscheiden. Wenn er sich nicht für das Leben entscheiden kann, kann kein anderer ihm Leben einhauchen.

Ich glaube, daß es zwei Wege gibt, sich für das Gute zu entscheiden. Der erste ist der Weg der Pflichterfüllung und des Gehorsams gegenüber moralischen Geboten. Dieser Weg kann zum Ziel führen, doch sollte man bedenken, daß in Jahrtausenden höchstens eine Minderheit vielleicht gerade die Zehn Gebote halten konnte. Weitaus mehr Menschen haben Verbrechen begangen, wenn die Machthaber sie ihnen als Befehle geboten haben. Die andere Möglichkeit besteht darin, Geschmack daran zu finden, das Gute und Rechte zu tun, und ein Gefühl dafür zu entwickeln, daß es einem wohltut. Ich meine damit nicht die Lust im Sinn von Bentham oder Freud, sondern das Gefühl einer gesteigerten Lebendigkeit, mit der die eigenen Kräfte und das eigene Identitätserleben bestärkt werden.

Ich glaube, Erziehung bedeutet, daß man die Jugend mit dem Besten bekanntmacht, was ihr die Menschheit hinterlassen hat. Wenn dieses Erbe auch großenteils in Worten überliefert ist, so kann es doch nur wirksam werden, wenn diese Worte in der Person des Lehrers und in der Praxis und Struktur der Gesellschaft Wirklichkeit werden. Nur die Idee, die »Fleisch wird«, kann einen Einfluß auf den Menschen ausüben; die Idee, die ein Wort bleibt, kann nur Worte ändern.

Ich glaube an die Vervollkommnungsfähigkeit des Menschen. Darunter verstehe ich, daß der Mensch sein Ziel erreichen *kann*, es aber nicht erreichen *muß*. Wenn jemand nicht das Leben wählen will und deshalb nicht weiterwächst, wird er unausweichlich destruktiv, ein lebender Leichnam. Das Böse und der Verlust des Selbst sind ebenso wirklich wie das Gute und die Lebendigkeit. Sie sind die sekundären Möglichkeiten des Menschen, wenn er sich nicht für seine primären Möglichkeiten entscheidet.

Ich glaube, daß der Mensch nur ausnahmsweise als Heiliger oder als Verbrecher geboren wird. Die meisten von uns besitzen sowohl Dispositionen zum Guten wie zum Bösen, wenn auch ihr jeweiliges Gewicht von Mensch zu Mensch verschieden ist. Daher wird unser Schicksal weitgehend von jenen Einflüssen bestimmt, die die vorhandenen Dispositionen formen und gestalten. Den wichtigsten Einfluß übt die Familie aus. Aber die Familie ist selbst nur »die Agentur der Gesellschaft«, der Transmissionsriemen für die Werte und Normen, welche eine Gesellschaft ihren Mitgliedern einprägen will. Aus diesem Grund sind Struktur und Werte der Gesellschaft, in die ein Mensch hineingeboren wird, die wichtigsten Faktoren für seine Entwicklung.

Ich glaube, daß die Gesellschaft den einzelnen sowohl fördern als auch behindern kann. Nur im Zusammenwirken mit anderen und im Arbeitsprozeß entwickelt der Mensch seine Kräfte, nur in geschichtlichen Prozessen schafft er sich selbst. Gleichzeitig muß festgestellt werden, daß die meisten Gesellschaften bis zum heutigen Tag nur den Zielen der Wenigen gedient haben, die die Vielen für ihre Zwecke gebrauchen wollten. Daher mußten sie ihre Macht dazu benutzen, die Vielen (und so indirekt auch sich selbst) zu verdummen und einzuschüchtern und an der Entfaltung ihrer Kräfte zu hindern. Aus diesem Grund ist die Gesellschaft immer wieder mit der Humanität, mit den universalen Normen, die für jeden Menschen gelten, in Konflikt geraten. Erst wenn das Ziel der Gesellschaft mit den Zielen der Humanität identisch geworden ist, wird die Gesellschaft den Menschen nicht mehr verkrüppeln und das Böse fördern.

Ich glaube, daß jeder Mensch die Menschheit repräsentiert. Wir unterscheiden uns in bezug auf unsere Intelligenz, unsere Gesundheit und unsere Begabung. Und trotzdem sind wir alle gleich: Wir alle sind Heilige und Sünder, Erwachsene und Kinder, und keiner steht über dem anderen oder ist sein Richter. Wir alle wurden mit Buddha erleuchtet und mit Christus gekreuzigt, und wir alle haben mit Dschingis Khan, mit Stalin und Hitler gemordet und geraubt.

Ich glaube, daß der Mensch sich das Erlebnis des ganzen universalen Menschen nur vergegenwärtigen kann, wenn er seine Individualität verwirklicht, und daß er es niemals erreichen wird, wenn er sich auf einen abstrakten gemeinsamen Nenner zu reduzieren sucht. Die paradoxe Lebensaufgabe des Menschen besteht darin, seine Individualität zu verwirklichen und sie gleichzeitig zu transzendieren, um zum Erlebnis der Universalität zu gelangen. Nur das ganz entwickelte individuelle Selbst kann das Ego aufgeben.

Ich glaube, daß die Eine Welt, die im Entstehen begriffen ist, nur dann Wirklichkeit werden kann, wenn ein Neuer Mensch entsteht – ein Mensch, der sich von den archaischen Bindungen an Blut und Boden freigemacht hat, der sich als Menschensohn, als Weltbürger fühlt und dessen Loyalität der ganzen Menschheit und dem Leben und nicht einem exklusiven Teil derselben gehört; ein Mensch, der sein Vaterland liebt, weil er die Menschen liebt, und dessen Urteilsfähigkeit nicht durch seine stammesmäßige Zugehörigkeit getrübt wird.

Ich glaube, daß das Wachstum des Menschen ein ständiger Geburtsprozeß ist, ein ständig neues Erwachen. Gewöhnlich sind wir im Halbschlaf und wachen nur soweit auf, wie wir unseren Geschäften nachgehen müssen. Aber wir sind nicht wach genug, um dem Leben gerecht zu werden, worauf es doch allein ankommt. Die großen Führer der Menschheit sind Menschen, die die anderen aus ihrem Halbschlaf aufgeweckt haben. Die großen Feinde der Menschheit sind die, welche die anderen eingeschläfert haben, wobei es keine Rolle spielt, ob ihr Schlaftrunk die Verehrung Gottes oder die des Goldenen Kalbes ist.

Ich glaube, daß die Entwicklung des Menschen in den letzten 4000 Jahren seiner Geschichte wahrhaft ehrfurchtgebietend ist. Er hat seinen Verstand so weit entwickelt, daß er im Begriff ist, die Rätsel der Natur zu lösen, und er hat sich aus der blinden Gewalt der Naturkräfte befreit. Aber ausgerechnet im Augenblick seines größten Triumphes, wo er an der Schwelle zu einer neuen Welt steht, ist er der Macht eben jener Dinge und Organisationen erlegen, die er selbst geschaffen hat. Er hat eine neue Produktionsmethode erfunden und Produktion und Verteilung zu seinem neuen Götzen gemacht. Er betet das Werk seiner Hände an und macht sich zu einem bloßen Diener von Dingen.

Er mißbraucht den Namen Gottes, der Freiheit, der Humanität und des Sozialismus; er brüstet sich seiner Macht – der Bomben und Maschinen –, um seinen Bankrott als Mensch zu verbergen; er rühmt sich seiner Zerstörungsmacht, um seine Impotenz als Mensch zu verstecken.

Ich glaube, daß die einzige Kraft, die uns vor der Selbstvernichtung bewahren kann, die Vernunft ist. Mit ihr haben wir die Fähigkeit, die Unwirklichkeit der meisten Ideen, welche der Mensch vertritt, zu erkennen und zu jener Realität durchzudringen, die hinter allen Schichten von Täuschungen und Ideologien verdeckt ist; Vernunft wird hier verstanden nicht »als ein fester Gehalt von Erkenntnissen, von Prinzipien, von Wahrheiten als vielmehr als eine *Energie;* als eine Kraft, die nur in ihrer *Ausübung* und *Auswirkung* völlig begriffen werden kann ...« und deren »wichtigste Funktion ... in ihrer Kraft zu binden und zu lösen ...« besteht (E. Cassirer, 1932, S. 16). Gewalt und Waffen werden uns nicht retten; geistig-seelische Gesundheit und Vernunft werden es vielleicht können.

Ich glaube, daß die Vernunft nicht weiterhelfen kann, wenn der Mensch nicht hofft und glaubt. Goethe hat recht, wenn er den größten Unterschied zwischen den verschiedenen geschichtlichen Perioden in dem Unterschied zwischen Glauben und Unglauben sieht und alle Epochen, in denen der Glaube dominiert, für glanzvoll, erhebend und fruchtbar hält, während er die, in denen der Unglaube dominiert, untergehen sieht, weil keiner Lust habe, sich dem Unfruchtbaren zu widmen. Zweifellos waren das dreizehnte Jahrhundert, die Renaissance und die Aufklärung Epochen des Glaubens und der Hoffnung. Ich fürchte, daß die westliche Welt des zwanzigsten Jahrhunderts sich darüber hinwegtäuscht, Hoffnung und Glauben verloren zu haben. Wenn wir nicht mehr an den Menschen glauben, wird uns unser Glaube an die Maschinen gewiß nicht vor dem Untergang retten. Ganz im Gegenteil wird dieser »Glaube« unser Ende nur beschleunigen. Entweder wird die westliche Welt imstande sein, eine Renaissance des Humanismus herbeizuführen, deren Hauptanliegen die volle Entwicklung der Humanität und nicht der Produktion und der Arbeit sein wird – oder der Westen wird untergehen, wie schon so viele andere große Kulturen untergegangen sind.

Ich glaube, daß die Erkenntnis der Wahrheit nicht in erster Linie eine Sache der Intelligenz, sondern des Charakters ist. Dabei ist das Wichtigste, daß man den Mut hat, *nein* zu sagen und den Befehlen der Machthaber und der öffentlichen Meinung den Gehorsam zu verweigern; daß man nicht länger schläft, sondern menschlich wird; daß man aufwacht und das Gefühl der Hilflosigkeit und Sinnlosigkeit verliert. Eva und Prometheus sind die beiden großen Rebellen, deren »Verbrechen« die Menschheit befreit haben. Aber die Fähigkeit, sinnvoll »nein« sagen zu können, impliziert die Fähigkeit, sinnvoll »ja« zu sagen. Das »Ja« zu Gott ist das »Nein« zum Kaiser; das »Ja« zum Menschen ist das »Nein« zu all jenen, die ihn versklaven, ausbeuten und verdummen wollen.

Ich glaube an die Freiheit und an das Recht des Menschen, er selber zu sein und sich selbst zu verwirklichen und all jene zu bekämpfen, die ihn daran zu hindern suchen. Freiheit ist mehr als das Nichtvorhandensein gewaltsamer Unterdrückung. Sie ist mehr als nur die Freiheit »von«. Es ist die Freiheit »zu« – die Freiheit, unabhängig zu werden; die Freiheit viel zu *sein,* anstatt viel zu *haben* oder Dinge und Menschen für seine Zwecke zu benutzen.

Ich glaube, daß weder der westliche Kapitalismus noch der sowjetische oder chinesische Kommunismus das Problem der Zukunft lösen können. Sie führen beide zu Bürokratien, die den Menschen in ein Ding verwandeln. Der Mensch muß die Kräfte der Natur und Gesellschaft unter seine bewußte und vernünftige Kontrolle bringen, jedoch nicht unter die Kontrolle einer Bürokratie, die Dinge *und* Menschen verwaltet, sondern unter die Kontrolle freier, assoziierter Produzenten, die die Dinge so verwalten, daß sie sie dem Menschen unterordnen. Es geht nicht um die Alternative »Kapitalismus« oder »Kommunismus«, sondern um die Alternative »Bürokratismus« oder »Humanismus«. Der demokratische, dezentralisierende Sozialismus ist die Verwirklichung jener Bedingungen, die notwendig sind, um die Entfaltung aller Kräfte des Menschen zum höchsten Ziel zu machen.

Ich glaube, daß einer der schlimmsten Fehler im Leben des einzelnen und der Gesellschaft darin besteht, daß wir in stereotypen Alternativen befangen sind: »Lieber tot als rot« – »eine entfremdete industrielle Zivilisation oder eine individualistische vorindustrielle Gesellschaft« – »Aufrüstung oder Hilflosigkeit« – das sind Beispiele für derartige Alternativen. Es tauchen immer andere und neue Möglichkeiten auf, wenn man sich von der tödlichen Umklammerung durch diese Klischeevorstellungen befreit hat und die Stimme der Humanität und der Vernunft zu Wort kommen läßt. Der Grundsatz des »geringeren Übels« ist der Grundsatz der Verzweiflung. Meist zieht es die Sache nur solange hinaus, bis das größere Übel den Sieg davonträgt. Wenn man das zu tun wagt, was recht und menschlich ist, und wenn man an die Macht der Stimme der Humanität und Wahrheit glaubt, dann geht man ein geringeres Risiko ein, als wenn man sich auf den sogenannten Realismus des Opportunismus verläßt.

Ich glaube, daß der Mensch seine Illusionen aufgeben muß, die ihn versklaven und lähmen; daß er sich der Wirklichkeit in sich und außerhalb seiner selbst bewußt werden muß, um eine Welt aufzubauen, die der Illusionen nicht mehr bedarf. Freiheit und Unabhängigkeit kann man nur erlangen, wenn man die Ketten der Illusion sprengt.

Ich glaube, daß es für uns heute nur eine entscheidende Frage gibt: die nach Krieg oder Frieden. Der Mensch kann leicht alles Leben auf unserer Erde vernichten oder alle Zivilisation und alle Werte bei den Übriggebliebenen zerstören und eine barbarische, totalitäre Organisation aufbauen, die den Rest der Menschheit beherrscht. Sich dieser Gefahr bewußt zu werden und die Doppelzüngigkeit zu durchschauen, deren man sich überall bedient, um zu verhindern, daß die Menschen den Abgrund sehen, auf den sie sich zubewegen, ist unsere einzige Verpflichtung, das einzige moralische und intellektuelle Gebot, das wir heute zu respektieren haben. Tun wir es nicht, so sind wir alle zum Untergang verurteilt. Sollten wir alle bei einer atomaren Massenvernichtung umkommen, so wird das nicht daran liegen, daß der Mensch nicht fähig war, menschlich zu werden, oder daß er von Natur aus böse ist; es wird daran liegen, daß der Konsens der Dummheit ihn daran hinderte, die Wirklichkeit zu sehen und sich dementsprechend zu verhalten.

Ich glaube an die Vervollkommnungsfähigkeit des Menschen, aber ich bezweifle, daß der Mensch dieses Ziel erreicht, wenn er nicht bald erwacht.

Wächter, wie lang noch dauert die Nacht?
Der Wächter antwortet:
Es kommt der Morgen, es kommt auch die Nacht.
Wenn ihr fragen wollt, kommt wieder und fragt!

(Jesaja 21, 11–12)

Welches ist das Prinzip autoritärer Religion? Die Definition der Religion im Oxford Dictionary, womit die Religion an sich gemeint ist, ist eine ziemlich genaue Beschreibung autoritärer Religion. Sie lautet: »[Religion ist] die Anerkennung einer höheren, unsichtbaren Macht von seiten des Menschen; einer Macht, die über sein Schicksal bestimmt und Anspruch auf Gehorsam, Verehrung und Anbetung hat«.

Hier wird der Schwerpunkt auf die Anerkenntnis gelegt, daß der Mensch von einer außerhalb von ihm liegenden Macht beherrscht wird. Aber dies allein macht noch nicht die autoritäre Religion aus. Ausschlaggebend ist die Vorstellung, diese Macht habe wegen der Herrschaft, die sie ausübt, *Anspruch* auf »Gehorsam, Verehrung und Anbetung«. Ich habe das Wort »Anspruch« hervorgehoben, weil es zeigt, daß der Grund für Anbetung, Gehorsam und Verehrung nicht in den sittlichen Eigenschaften der Gottheit liegt, nicht in ihrer Liebe und Gerechtigkeit, sondern in der Tatsache, daß ihr die Herrschaft, also die Macht über den Menschen zusteht. Weiterhin bedeutet das, daß die höhere Macht ein Recht hat, den Menschen zu zwingen, sie anzubeten, und daß Mangel an Verehrung und Gehorsam Sünde bedeutet.

Das wesentliche Element autoritärer Religion und autoritärer religiöser Erfahrung ist die Unterwerfung unter eine Macht jenseits des Menschen. Die Haupttugend bei diesem Typ von Religion ist Gehorsam, die Kardinalsünde Ungehorsam. In dem Maße, wie die Gottheit als allmächtig oder allwissend dargestellt wird, ist im Gegensatz dazu der Mensch macht- und bedeutungslos. Nur insofern er durch völlige Unterwerfung die Gnade oder Hilfe der Gottheit erwirbt, vermag er Stärke zu empfinden. Die Unterwerfung unter eine machtvolle Autorität ist einer der Wege, auf denen der Mensch dem Gefühl des Alleinseins und der Begrenztheit entgeht. Beim Akt der Unterwerfung verliert er seine Unabhängigkeit und Integrität als Individuum, aber er gewinnt das Gefühl, von einer Ehrfurcht erweckenden Macht beschützt zu sein, von der er sozusagen ein Teil wird.

In Calvins Theologie finden wir ein lebendiges Bild des autoritären, theistischen Denkens. »Denn ich nenne es nicht Demut«, sagt Calvin, »wenn wir meinen, uns bliebe noch etwas übrig... Wir können aber nicht die rechte Meinung von uns haben, ohne daß alles zerschmettert wird, was an uns rühmenswert erscheint... Die hier geforderte Demut ist die ungeheuchelte Niedrigkeit unseres Herzens, das vor dem ernsten Empfinden seines Elends und seiner Armut erschrocken ist; denn so ist sie einheitlich im Wort Gottes beschrieben« (J. Calvin, 1955, S. 496).

Die Erfahrung, die Calvin hier beschreibt, die Verachtung all dessen, was in einem ist, die Unterwerfung des Denkens aus der Empfindung der eigenen Nichtigkeit, macht den Grundgehalt aller autoritären Religionen aus, einerlei, ob sie in weltliche oder theologische Sprache gekleidet sind. Gemäß autoritärer Religion ist Gott das Symbol von Macht und Stärke, er ist über alles erhaben, weil er die überlegene Macht besitzt, und der Mensch ist im Gegensatz dazu vollkommen ohnmächtig.

Autoritäre weltliche Religion folgt demselben Prinzip. Hier wird der »Führer« oder der »Vater seines Volkes« oder der Staat oder die Rasse oder das sozialistische Vaterland zum Gegenstand der Anbetung; das Leben des einzelnen wird bedeutungslos, und der Wert des Menschen besteht gerade in der Verleugnung seines Wertes und seiner Stärke. Häufig stellt eine autoritäre Religion ein so abstraktes und fernliegendes Ideal auf, daß es kaum eine Beziehung zum wirklichen Leben und wirklichen Menschen hat. Das Leben und das Glück von Personen, die jetzt und hier leben, kann Idealen, wie dem »Leben nach dem Tode« oder der »Zukunft der Menschheit«, aufgeopfert werden; die angeblichen Ziele rechtfertigen alle Mittel und werden zu Symbolen, in deren Namen religiöse oder weltliche »Eliten« das Leben ihrer Mitmenschen beherrschen.

Humanistische Religion hingegen bewegt sich um den Menschen und seine Stärke. Der Mensch muß seine Kraft der Vernunft entwickeln, um sich selbst, seine Beziehung zum Mitmenschen und seine Stellung im Universum zu verstehen. Er muß die Wahrheit erkennen, sowohl hinsichtlich seiner Grenzen, als auch seiner Möglichkeiten. Er muß seine Kräfte der Liebe für andere, aber auch für sich selbst, zum Wachsen bringen und muß die Solidarität mit allen lebenden Wesen erfahren. Er braucht Prinzipien und Normen, die ihn zu diesem Ziele führen. Religiöse Erfahrung bei dieser Art von Religion heißt Erfahrung des Einsseins mit dem All, gegründet auf der Bezogenheit zur Welt, wie sie jemand in Denken und Liebe erfaßt.

Das Ziel des Menschen in einer humanistischen Religion besteht darin, seine größte Stärke, nicht seine äußerste Ohnmacht zu erreichen. Selbstverwirklichung ist Tugend, nicht Gehorsam. Glaube bedeutet Sicherheit der Überzeugung, die auf jemandes Erfahrung im Denken und Fühlen aufbaut, nicht aber die Annahme von Lehrsätzen, aufgrund der Achtung vor dem, der sie vorgibt. Die vorwiegende Stimmung ist Freude, während sie in autoritären Religionen in Leid und Schuld besteht.

Insofern humanistische Religionen theistisch sind, ist Gott das Symbol für *des Menschen eigene Kräfte,* die er in seinem Leben zu verwirklichen sucht, und nicht ein Symbol für Gewalt und Herrschaft, also für *Macht über den Menschen.*

Beispiele humanistischer Religionen sind der Frühbuddhismus, der Taoismus, die Lehren Jesajas, Jesu, Sokrates', Spinozas, gewisse Strömungen in jüdischen und christlichen Religionen (besonders mystische), die Religion der Vernunft in der Französischen Revolution. Hieraus leuchtet ein, daß die Unterscheidung zwischen autoritärer und humanistischer Religion quer durch die Unterscheidung zwischen theistisch und nicht-theistisch geht und zwischen Religionen im engeren Sinn und philosophischen Systemen religiösen Charakters. Worauf es bei allen ankommt, ist nicht das Gedankensystem an sich, sondern die menschliche Haltung, die ihren Doktrinen zugrunde liegt. [...]

Während Gott in einer humanistischen Religion das Bild des höheren Selbst des Menschen ist, ein Symbol dessen, was der Mensch potentiell ist oder werden sollte, wird er in einer autoritären Religion zum einzigen Besitzer dessen, was ursprünglich dem Menschen gehörte: seiner Vernunft und seiner Liebe. Je vollkommener Gott wird, desto unvollkommener wird der Mensch. Er *projiziert* das Beste, was er hat, auf Gott und schwächt sich auf diese Weise selbst. Nunmehr ist alle Liebe, alle Weisheit, alle Gerechtigkeit bei Gott, und der Mensch ist dieser Eigenschaften beraubt, ist leer und arm. Er hatte mit einem Gefühl der Kleinheit begonnen, nun aber ist er völlig ohnmächtig und schwach. Alle seine Kräfte hat er auf Gott übertragen. Dieser Mechanismus der Projektion ist genau derselbe, der bei zwischenmenschlichen Beziehungen von masochistischer, unterwürfiger Eigenart beobachtet werden kann, wo eine Person die andere vergötzt und ihr die eigenen Kräfte und Strebungen zuschreibt. Es ist der gleiche Mechanismus, mit dem Völker ihre Führer oder sogar die inhumansten Systeme mit den Eigenschaften großer Weisheit und Güte ausstatten.

Wenn der Mensch so seine wertvollsten Eigenschaften auf Gott projiziert hat, wie steht es dann um seine Beziehung zu seinen eigenen Kräften? Sie sind von ihm losgelöst, und in diesem Prozeß ist er sich selbst *entfremdet* worden. Alles an ihm gehört jetzt Gott, und ihm ist nichts geblieben. *Sein einziger Zugang zu sich selbst geht durch Gott.* In der Anbetung Gottes sucht er mit dem Teil seiner selbst in Berührung zu kommen, den er durch die Projektion verloren hat. Nachdem er Gott alles, was sein war, gegeben hat, betet er zu ihm, er möge ihm etwas von dem zurückgeben, was ihm ursprünglich zu eigen war. Da er dies aber preisgegeben hat, ist er ganz und gar auf Gottes Gnade angewiesen. Er muß sich notwendig wie ein »Sünder« vorkommen, da er sich selbst all dessen, was gut ist, beraubt hat, und nur durch Gottes Erbarmen oder Gnade kann er das zurückerhalten, was allein ihn menschlich macht. Um Gott zu bewegen, daß er ihn seiner Liebe teilhaftig werden läßt, muß er ihm beweisen, wie sehr er der Liebe entbehrt; damit Gott ihn mit seiner überlegenen Weisheit leite, hat er zu gestehen, wie bar aller Weisheit er ist, wenn er sich selbst überlassen ist.

Diese Entfremdung von seinen eigenen Kräften gibt ihm jedoch nicht nur das Gefühl sklavischer Abhängigkeit von Gott; sie macht ihn sogar schlecht. Er wird ein Wesen ohne Glauben an seinen Mitmenschen oder an sich selbst, ohne Erfahrung seiner eigenen Liebeskraft und seines eigenen Vernunftvermögens. Die Folge ist die Trennung zwischen dem »Heiligen« und dem »Weltlichen«. In seinem weltlichen Tun handelt der Mensch ohne Liebe; in jenem Bezirk seines Lebens, der der Religion vorbehalten ist, fühlt er sich als Sünder (der er auch ist, denn ohne Liebe leben heißt in Sünde leben) und versucht, etwas von seiner verlorenen Menschlichkeit durch die Gottesbeziehung zurückzugewinnen. Gleichzeitig müht er sich um Vergebung, indem er seine eigene Hilflosigkeit und Unwürdigkeit bekennt. So artet sein Bestreben, Vergebung zu erwerben, gerade in jene Haltung aus, aus der die Sünde stammt. Er ist in ein schmerzliches Dilemma geraten. Je mehr er Gott preist, desto leerer wird er. Je leerer er wird, desto sündiger fühlt er sich. Und je sündiger er sich fühlt, desto mehr preist er seinen Gott – und desto weniger ist er imstande, zu sich selbst zurückzufinden.

Die Analyse der Religion darf nicht dabei stehenbleiben, daß sie die psychologischen Prozesse im Menschen aufdeckt, die seiner religiösen Erfahrung zugrunde liegen; sie hat die Aufgabe, die Voraussetzungen zu entdecken, die zur Entwicklung entweder einer autoritären oder einer humanistischen Charakterstruktur führen, aus der wiederum je verschiedene Arten religiöser Erfahrung herrühren. Eine solche soziopsychologische Analyse würde weit über den Rahmen dieser Kapitel hinausgehen. Jedoch kann der Hauptpunkt kurz dargelegt werden. Was die Menschen denken und fühlen, hat seine Wurzeln in ihrer Charakterstruktur, und dieser Charakter wird geprägt durch die gesamte Struktur ihrer Lebenspraxis – genauer gesagt, durch die sozio-ökonomische und politische Struktur ihrer Gesellschaft. In Gesellschaftsformen, wo eine Minorität die Macht in Händen und die Massen in Unterwerfung hält, wird das Individuum so von Furcht erfüllt sein, so unfähig, sich stark und unabhängig zu fühlen, daß seine religiöse Erfahrung autoritärer Natur sein wird. Ob er einen strafenden, ehrfurchtgebietenden Gott anbetet, oder einen Führer solcher Prägung, spielt dabei fast keine Rolle. Wo sich hingegen das Individuum frei und für sein eigenes Schicksal verantwortlich fühlt oder innerhalb einer Minorität für Freiheit und Unabhängigkeit kämpft, entwickelt sich eine religiöse Erfahrung. Das Frühchristentum war eine Religion der Armen und Unterdrückten; die Geschichte religiöser Sekten, die gegen autoritären politischen Druck kämpften, zeigt diesen Zusammenhang immer wieder auf. Im Judentum, in dem eine strenge antiautoritäre Tradition Gestalt gewinnen konnte, weil die weltliche Autorität niemals eine große Chance hatte, Macht auszuüben und eine Legende von ihrer Weisheit entstehen zu lassen, konnte sich deshalb der humanistische Aspekt der Religion bis zu einem beachtlichen Maß entwickeln. Wo jedoch die Religion sich mit der weltlichen Macht verbündete, mußte sie notwendigerweise autoritär werden. Der wahre Sündenfall des Menschen ist seine Entfremdung von sich selbst, seine Unterwerfung unter die Macht, seine Wendung gegen sich selber – auch wenn sie als Verehrung Gottes verkleidet war.

Dem Geist autoritärer Religion entstammen zwei trügerische Vernunftschlüsse, die immer wieder als Argumente für eine theistische Religion benutzt worden sind. Der eine Gedankengang lautet so: Wie kann man die Betonung der Abhängigkeit des Menschen von einer jenseitigen Macht kritisieren? Hängt der Mensch nicht von Kräften außer ihm ab, die er nicht verstehen, noch viel weniger beherrschen kann?

In der Tat, der Mensch ist abhängig; er bleibt dem Tode, dem Alter, der Krankheit unterworfen, und selbst wenn er die Natur beherrschen und sie sich ganz und gar dienstbar machen könnte, sind er und seine Erde doch winzige Pünktchen im Universum. Aber es ist eine Sache, die eigene Abhängigkeit und seine Grenzen anzuerkennen, und es ist etwas völlig anderes, sich dieser Abhängigkeit hinzugeben und jene Mächte anzubeten, von denen man abhängt. Realistisch und nüchtern einsehen, wie begrenzt unsere Macht ist, bedeutet ein wesentliches Kennzeichen von Weisheit und Reife. Dieses Schicksal anzubeten, ist masochistisch und selbstzerstörerisch. Das eine bedeutet Demut, das andere Selbstdemütigung.

Wir können den Unterschied zwischen realistischer Anerkennung unserer Grenzen und der Hingabe an die Erfahrung der Unterwerfung und Ohnmacht an der klinischen Untersuchung masochistischer Charakterzüge studieren. Es gibt Menschen mit der Tendenz, in Krankheiten, Unfälle, demütigende Situationen zu verfallen, sich selbst klein und schwach zu machen. Sie glauben, gegen ihren Willen und ihre Absicht in solche Situationen zu geraten, doch das Studium ihrer unbewußten Motive zeigt, daß sie in Wirklichkeit einer der irrationalsten Tendenzen, die beim Menschen gefunden werden können, unterliegen, nämlich dem unbewußten Wunsche, schwach und machtlos zu sein. Sie streben danach, das Zentrum ihres Lebens auf Mächte zu verschieben, über die sie keine Gewalt zu haben glauben, und weichen damit der Freiheit und der persönlichen Verantwortung aus. Wir finden ferner, daß diese masochistische Tendenz gewöhnlich genau von ihrem Gegenteil begleitet ist, das heißt von einer Tendenz, andere zu reglementieren und zu beherrschen, und daß die masochistischen und die herrschsüchtigen Tendenzen die beiden Seiten der autoritären Charakterstruktur ausmachen. Solche masochistischen Tendenzen sind nicht immer unbewußt. Wir finden sie offenkundig in der sexuellen masochistischen Perversion, wo die Erfüllung des Wunsches, verletzt und gedemütigt zu werden, die Bedingung für sexuelle Erregung und Befriedigung ist. Wir finden dasselbe in der Beziehung zum Führer und zum Staat in allen autoritären und weltlichen Religionen. Hier ist das erklärte Ziel, den eigenen Willen aufzugeben und die Unterwerfung unter den Führer oder den Staat als etwas sehr Lohnenswertes zu erfahren.

Ein anderer Trugschluß theologischen Denkens ist dem der Abhängigkeit nahe verwandt. Ich meine das Argument, es müsse eine Macht oder ein Wesen außerhalb des Menschen geben, weil wir glauben, der Mensch habe ein unausrottbares Verlangen, sich zu etwas, was jenseits von ihm ist, in Beziehung zu setzen. Tatsächlich hat jedes menschliche Wesen das Bedürfnis, sich mit anderen in Beziehung zu setzen; wer diese Fähigkeit völlig verloren hat, ist geisteskrank. Kein Wunder, daß der Mensch sich Gestalten außerhalb seiner selbst geschaffen hat, zu denen er sich in Beziehung setzt, die er liebt und hochhält, weil sie den Schwankungen und Unzuverlässigkeiten menschlicher Objekte nicht ausgesetzt sind. Daß Gott ein Symbol ist für des Menschen Bedürfnis nach Liebe, dürfte leicht zu verstehen sein. Aber folgt aus dem Vorhandensein und der Stärke dieses menschlichen Bedürfnisses, daß ein jenseitiges Wesen existiert, daß diesem Bedürfnis entspricht? Offensichtlich kann dies ebensowenig daraus gefolgert werden wie unser noch so starker Wunsch, jemanden zu lieben, beweisen würde, daß jemand da ist, in den wir verliebt sind. Alles, was damit bewiesen wird, ist unser Bedürfnis und vielleicht unsere Fähigkeit zu lieben. [...]

Wenn der Psychoanalytiker sich an erster Stelle für die menschliche Realität hinter religiösen Doktrinen interessiert, wird er die gleiche Realität hinter verschiedenen Religionen entdecken und entgegengesetzte menschliche Haltungen innerhalb der gleichen Religion. So ist die menschliche Realität, die den Lehren Buddhas, Jesajas, Christi, Sokrates' oder Spinozas zugrunde liegt, dem Wesen nach die gleiche. Sie ist bestimmt vom Streben nach Liebe, Wahrheit und Gerechtigkeit. Die menschliche Realität hinter Calvins theologischem System und diejenige hinter autoritären politischen Systemen sind sich ebenfalls sehr ähnlich. Es ist der Geist der Unterwerfung unter die Macht und der Mangel an Liebe und Achtung vor dem Individuum.

So wie elterliche, bewußt empfundene oder ausgedrückte Sorge für ein Kind ein Zeichen von Liebe sein kann oder den Wunsch nach Kontrolle und Beherrschung ausdrückt, so kann ein religiöses Bekenntnis der Ausdruck entgegengesetzter menschlicher Haltungen sein. Wir verwerfen das Bekenntnis nicht, aber wir betrachten es perspektivisch in dem Sinn, daß die dahinterstehende menschliche Realität die dritte Dimension liefert. Insbesondere im Hinblick auf die Aufrichtigkeit des Postulats der Liebe bleiben die Worte wahr: »An ihren Früchten sollt ihr sie erkennen« (Matthäus 7, 16.20). Wenn religiöse

Lehren zu seelischem Wachstum, zu Stärke, Freiheit und Glücksfähigkeit ihrer Gläubigen beitragen, erkennen wir die Früchte der Liebe. Wenn sie die Einengung menschlicher Möglichkeiten, Unglücklichsein und Mangel an Produktivität zur Folge haben, können sie nicht aus der Liebe geboren sein, gleichgültig, was das Dogma zu vermitteln vorgibt.

Ist die religiöse Erfahrung notwendigerweise an eine theistische Auffassung gebunden? Ich glaube nicht. Man kann eine »religiöse« Erfahrung als eine menschliche Erfahrung beschreiben, die gewissen typisch theistischen, wie auch nicht-theistischen, atheistischen oder selbst anti-theistischen Vorstellungen gemeinsam zugrunde liegt. Der Unterschied liegt in der Art, wie diese Erfahrung begrifflich erfaßt wird, nicht im Erfahrungssubstrat, welches den unterschiedlichen begrifflichen Formulierungen zugrunde liegt. Diese Art der Erfahrung kommt am klarsten in der christlichen, islamischen und jüdischen Mystik sowie im Zen-Buddhismus zum Ausdruck. Wenn man daher die Erfahrung und nicht ihre begriffliche Fassung analysiert, so kann man *von einer theistischen ebenso wie von einer nicht-theistischen religiösen Erfahrung sprechen.*

Bleibt noch die erkenntnistheoretische Schwierigkeit. Es gibt in den abendländischen Sprachen kein Wort für das Substrat dieser Art religiöser Erfahrung außer im Zusammenhang mit dem Theismus. Daher ist es eine zweideutige Sache, sich des Wortes »religiös« zu bedienen, und selbst das Wort »spirituell« ist nicht viel besser, da es ebenfalls einen irreführenden Beiklang hat. Daher ziehe ich es vor, wenigstens hier von der X-Erfahrung zu sprechen, die sich sowohl in religiösen wie auch in philosophischen Systemen (zum Beispiel in dem Spinozas) findet, ob sie nun eine Gottesvorstellung enthalten oder nicht.

Eine psychologische Analyse der X-Erfahrung würde weit über die hier erörterte Frage hinausgehen. Ich möchte jedoch wenigstens kurz auf folgende Hauptgesichtspunkte des Phänomens hinweisen:

1. Das erste charakteristische Element ist, *daß man das Leben als ein Problem erfährt,* als eine »Frage«, die einer Antwort bedarf. Ein Mensch ohne diese X-Erfahrung empfindet keine tiefe oder doch jedenfalls keine bewußte Unruhe über die existentiellen Dichotomien des Lebens. Das Leben als solches ist ihm kein Problem, das Bedürfnis nach einer Lösung quält ihn nicht. Wenigstens bewußt genügt es ihm, den Sinn seines Lebens in seiner Arbeit oder dem Vergnügen oder in Macht oder Ruhm oder auch – wie das beim ethischen Menschen der Fall ist – darin zu finden, daß er seinem Gewissen entsprechend

handelt. Für ihn hat das irdische Leben seinen Sinn, und er leidet nicht unter seiner Absonderung von Mensch und Natur und unter dem leidenschaftlichen Wunsch, diese Absonderung zu überwinden und zum Eins-Werden *(at-one-ment)* zu gelangen.

2. Für die X-Erfahrung gibt es eine klar umrissene Hierarchie der Werte. Der höchste Wert ist die optimale Entwicklung der eigenen Kräfte der Vernunft, der Liebe, des Mitgefühls und des Mutes. Alle weltlichen Leistungen sind diesen höchsten humanen (oder spirituellen oder X-)Werten untergeordnet. Diese Hierarchie der Werte erfordert kein Asketentum; sie schließt weltliche Vergnügungen und Freuden nicht aus, sie macht aber den weltlichen Teil des Lebens zu einem Bestandteil des spirituellen Lebens; oder besser gesagt, das weltliche Leben ist von den spirituellen Zielsetzungen durchdrungen.

3. Verwandt mit der Hierarchie der Werte ist ein anderer Aspekt der X-Erfahrung. Für den Durchschnittsmenschen ist besonders in einer materialistischen Kultur das Leben ein Mittel zu Zwecken, die außerhalb der Person selbst liegen. Solche Zwecke sind: Lust, Geld, Macht, die Erzeugung und Verteilung von Gebrauchsgütern und so fort. Wenn der Mensch nicht von anderen für deren Zwecke benutzt wird, benutzt er sich selbst für seine eigenen Zwecke; in beiden Fällen wird er ein Mittel zum Zweck. Für den X-Menschen dagegen ist der Mensch ausschließlich Zweck und nie Mittel zum Zweck. Außerdem besteht seine Gesamteinstellung zum Leben darin, daß er auf alles, was geschieht, von dem Standpunkt aus reagiert, ob es dazu beiträgt oder nicht, ihn so zu verwandeln, daß er humaner wird. Ob es sich um Kunst oder Wissenschaft, um Freude oder Kummer, um Arbeit oder Spiel handelt, alles was geschieht ist für ihn ein Anreiz, stärker und empfindungsfähiger zu werden. Dieser Prozeß der ständigen inneren Umwandlung, bei dem man im Akt des Lebens ein Teil der Welt wird, ist das Ziel, dem alle anderen Ziele untergeordnet sind. Der Mensch ist kein Subjekt, das der Welt gegenübersteht, um *diese* zu verwandeln; er ist vielmehr *in* der Welt und nimmt sein In-der-Welt-Sein zum Anlaß, sich ständig selbst zu wandeln. Daher ist die Welt (der Mensch und die Natur) kein ihm gegenüberstehendes Objekt, sondern das Medium, in dem er seine eigene Realität und die Realität der Welt immer tiefer entdeckt. Er ist auch kein »Subjekt«, der kleinste unteilbare Teil der menschlichen Substanz (ein Atom, ein Individuum) und nicht einmal Descartes' stolzes

denkendes Subjekt, sondern ein Selbst, das gerade so lebendig und stark ist, daß es aufhört, sich an sich selbst zu klammern, und das *ist*, indem es reagiert.

4. Noch spezieller kann man die X-Einstellung auch folgendermaßen beschreiben: als ein Loslassen des eigenen »Ich«, der eigenen Gier und damit der eigenen Angst, als das Aufgeben des Wunsches, sich an das »Ich« zu klammern, als ob dieses ein unzerstörbares, separates Gebilde wäre; als ein Leerwerden, um sich mit »Welt« füllen zu können, um auf sie zu reagieren, mit ihr eins zu werden, sie zu lieben. Leer werden ist kein Ausdruck von Passivität, sondern von *Offenheit.* Wenn man nicht leer werden kann, wie kann man dann auf die Welt reagieren? Wie kann man sehen, hören, fühlen, lieben, wenn man ganz vom eigenen Ich erfüllt ist, wenn man von Gier angetrieben wird?

5. Die X-Erfahrung kann man auch als eine Erfahrung der Transzendenz bezeichnen. Aber hier stehen wir wieder vor dem gleichen Problem wie bei dem Wort »religiös«. Das Wort »Transzendenz« benutzt man herkömmlicherweise im Sinne von Gottes »Transzendenz«. Als menschliches Phänomen aber bedeutet es, daß man sein Ich transzendiert, daß man das Gefängnis seiner Selbstsucht und Isolierung verläßt. Ob man dieses Transzendieren als auf Gott gerichtet auffaßt, ist eine Angelegenheit der begrifflichen Formulierung. Die Erfahrung ist im wesentlichen dieselbe, ob sie sich nun auf Gott bezieht oder nicht.

Die X-Erfahrung, ob theistisch oder nicht, ist durch die Verminderung – und in ihrer vollkommensten Form durch das Verschwinden – des Narzißmus gekennzeichnet. Um offen für die Welt zu werden, um mein Ich zu transzendieren, muß ich fähig sein, meinen Narzißmus zu reduzieren oder ganz aufzugeben. Ich muß außerdem alle Formen der inzestuösen Fixierung und der Gier aufgeben. Ich muß meine Destruktivität und meine nekrophilen Tendenzen überwinden. Ich muß fähig werden, das Leben zu lieben. Außerdem muß ich ein Kriterium besitzen, um zwischen einer falschen X-Erfahrung, die in Hysterie und anderen Formen geistig-seelischer Krankheit wurzelt, und der nichtpathologischen Erfahrung der Liebe und Vereinigung unterscheiden zu können. Ich muß eine Vorstellung haben von der echten Unabhängigkeit und muß unterscheiden können zwischen einer rationalen und einer irrationalen Autorität, zwischen Idee und Ideologie, zwischen der Bereitschaft, für meine Überzeugungen zu leiden, und Masochismus.

Aus all diesen Erwägungen ergibt sich, daß die Analyse der X-Erfahrung sich von der Ebene der Theologie auf die der Psychologie und speziell der Psychoanalyse verschiebt, und dies vor allem deshalb, weil es notwendig wird, zwischen bewußtem Denken und gefühlsmäßiger Erfahrung zu unterscheiden, das in adäquaten Begriffen ausgedrückt werden kann oder auch nicht. Zweitens deshalb, weil die psychoanalytische Theorie die Möglichkeit gibt, diese unbewußten Erfahrungen, die der X-Erfahrung zugrunde liegen oder die ihr andererseits zuwiderlaufen und sie blockieren, zu verstehen. Wenn man die unbewußten Prozesse nicht versteht, ist es schwer, den relativen und oft zufälligen Charakter unseres bewußten Denkens richtig einzuschätzen. Wenn die Psychoanalyse aber die X-Erfahrung verstehen will, muß sie ihr Begriffssystem über das von Freud vorgezeichnete hinaus erweitern. Das zentrale Problem des Menschen ist nicht das seiner Libido; es sind die mit seiner Existenz gegebenen Dichotomien, seine Isolierung, seine Entfremdung, sein Leiden, seine Angst vor der Freiheit, sein Wunsch nach Einheit, seine Fähigkeit zu Haß und Zerstörung, seine Fähigkeit zu Liebe und Vereinigung.

Kurz, wir brauchen eine empirische psychologische Anthropologie, die die X-Erfahrung und die Nicht-X-Erfahrung als menschliche Erlebnisphänomene ohne Rücksicht auf ihre begriffliche Formulierung untersucht. Eine solche Untersuchung könnte zu einem rationalen Nachweis der Überlegenheit der X-Methode über alle anderen Methoden führen, ein Nachweis, den Buddha methodologisch bereits erbracht hat. Es könnte sein, daß, während das Mittelalter sich mit dem Beweis von Gottes Existenz mit philosophischen und logischen Argumenten befaßte, die Zukunft sich damit beschäftigen wird, die grundsätzliche Richtigkeit der X-Methode auf der Grundlage einer hochentwickelten Anthropologie darzulegen.

Die Idee des einen Gottes ist eine neue Antwort zur Lösung der Dichotomien der menschlichen Existenz; der Mensch kann zum Einssein mit der Welt nicht dadurch gelangen, daß er zu einem vormenschlichen Zustand regrediert, sondern nur durch die volle Entwicklung seiner spezifisch menschlichen Eigenschaften: der Liebe und der Vernunft. Die Verehrung Gottes ist vor allem die Negation des Götzendienstes. Die Gottesvorstellung hat sich zunächst entsprechend der politischen und gesellschaftlichen Vorstellung von einem Stammeshäuptling oder Stammeskönig herausgebildet. Dann entwickelt sich das Bild eines konstitutionellen Monarchen, der verpflichtet ist, sich dem Menschen gegenüber an seine eigenen Prinzipien zu halten: an die von Liebe und Gerechtigkeit. Er wird zum namenlosen Gott, zu dem Gott, über den man keine Wesensattribute aussagen kann. Dieser Gott ohne Attribute wird »im Schweigen« verehrt. Er ist kein autoritärer Gott mehr. Der Mensch muß völlig unabhängig werden, und das heißt auch unabhängig von Gott. In der »negativen Theologie« wie auch in der Mystik finden wir den gleichen revolutionären Geist der Freiheit, der den Gott der Revolution gegen Ägypten kennzeichnet. Ich könnte diesem Geist keinen besseren Ausdruck verleihen als mit den Worten Meister Eckarts:

> Daß ich ein Mensch bin,
> Habe ich gemeinsam mit allen Menschen.
> Daß ich sehe und höre
> Und esse und trinke,
> Ist mir gemeinsam mit allen Tieren.
> Aber daß ich ich bin, ist nur mir eigen
> Und gehört mir
> Und niemand sonst,
> Keinem anderen Menschen,
> Noch einem Engel, noch Gott,
> Außer daß ich eins bin mit ihm.
>
> (Fragmente)

Befreiung und Erleuchtung: Psychoanalyse und Zen-Buddhismus

Das Ziel des Zen ist die Erleuchtung: das unmittelbare, unreflektierte Erfassen der Wirklichkeit ohne affektive Versuchung und Verstandesarbeit und die Erkenntnis der Beziehung zwischen mir und dem Universum. Diese neue Erfahrung ist eine Wiederholung des vor-intellektuellen, unmittelbaren Erfassens des Kindes, aber auf einer neuen Ebene, auf der die Vernunft, Objektivität und Individualität des Menschen voll entwickelt sind. Während die Erfahrung der Unmittelbarkeit und des Einsseins beim Kind *vor* der Erfahrung der Entfremdung und der Kluft in Subjekt und Objekt liegt, kommt das Erlebnis der Erleuchtung danach.

Das Ziel der Psychoanalyse, wie es von Freud formuliert wurde, besteht darin, das Unbewußte bewußtzumachen, Es durch Ich zu ersetzen. Sicherlich war der Inhalt des Unbewußten, der freigelegt werden sollte, auf einen kleinen Sektor der Persönlichkeit begrenzt, und zwar auf jene triebhaften Strebungen, die in der frühen Kindheit wirksam waren, jedoch der Amnesie anheimfielen. Diese aus dem Zustand der Verdrängung zu befreien, war das Ziel der psychoanalytischen Technik. Ferner wurde, ganz abgesehen von Freuds theoretischen Voraussetzungen, der freizulegende Sektor durch die therapeutische Notwendigkeit bestimmt, ein bestimmtes Symptom zu heilen. Für die Freilegung des Unbewußten außerhalb des Sektors, der mit der Symptombildung in Zusammenhang stand, bestand wenig Interesse. Allmählich haben die Einführung der Begriffe des Todestriebs und des Eros und die Entwicklung der Ich-Aspekte in den letzten Jahren eine gewisse Erweiterung der Freudschen Auffassungen über den Inhalt des Unbewußten mit sich gebracht. Die von Freud unabhängigen Schulen haben den Sektor des Unbewußten, der freigelegt werden soll, stark vergrößert. Am radikalsten haben Jung, aber auch Adler, Rank und die andern jüngeren sogenannten Neo-Freudianer zu dieser Erweiterung beigetragen. Aber das Ausmaß des freizulegenden Sektors blieb (mit Ausnahme von Jung), trotz einer solchen Erweiterung, durch das therapeutische Ziel der Heilung von diesem oder jenem Symptom oder neurotischen Charakterzug bestimmt und umfaßte nicht den ganzen Menschen.

Wenn man jedoch Freuds ursprüngliches Ziel, das Unbewußte bewußtzumachen, bis zur letzten Konsequenz verfolgt, muß man es von den Beschränkungen befreien, die ihm Freuds eigene Ausrichtung auf die Triebe und die Aufgabe, Symptome zu heilen, auferlegt haben. Wenn man das Ziel verfolgt, das Unbewußte vollständig freizulegen, ist diese Aufgabe weder auf die Triebe noch auf andere begrenzte Teile des Empfindens beschränkt, sondern umfaßt das gesamte Empfinden des ganzen Menschen; dann besteht das Ziel in der Überwindung der Entfremdung und der Subjekt-Objekt-Kluft bei der Wahrnehmung der Welt; dann bedeutet die Freilegung des Unbewußten die Überwindung der affektiven Versuchung und der rein gedanklichen Bewältigung; sie bedeutet die Befreiung des Verdrängten, die Aufhebung der Kluft in mir zwischen dem universalen Menschen und dem gesellschaftlichen Menschen, sie bedeutet das Verschwinden der Polarität von Bewußtsein gegenüber Unbewußtem; sie bedeutet, daß man die Wirklichkeit unmittelbar, ohne Entstellung und ohne Dazwischentreten der intellektuellen Reflexion erfaßt; sie bedeutet die Überwindung des Verlangens, am eigenen Ich festzuhalten und es anzubeten; sie bedeutet die Aufgabe der Illusion von einem unzerstörbaren, isolierten Ich, das vergrößert und bewahrt werden muß, wie die ägyptischen Pharaonen hofften, sich durch Mumifizierung für die Ewigkeit zu bewahren. Sich des Unbewußten bewußt zu sein bedeutet, offen und aufnahmebereit zu sein und nicht zu *haben*, sondern zu *sein*.

Dieses Ziel, das Unbewußte durch das Bewußtsein vollständig zu erobern, ist ganz eindeutig viel tiefgreifender als das allgemeine Ziel der Psychoanalyse. Die Gründe hierfür sind leicht einzusehen. Dieses Gesamtziel zu erreichen erfordert eine Anstrengung, die weit größer ist, als die meisten Menschen des Westens bereit sind auf sich zu nehmen. Aber ganz abgesehen von der Frage der Anstrengung ist es nur unter gewissen Bedingungen möglich, dieses Ziel auch nur ins Auge zu fassen. Erstens läßt sich dieses tiefgreifende Ziel nur vom Standpunkt einer gewissen philosophischen Einstellung heraus anstreben. Diese Einstellung braucht im einzelnen nicht beschrieben zu werden. Es mag genügen zu sagen, daß durch sie nicht das negative Ziel des Fehlens einer Krankheit, sondern das positive Ziel des Vorhandenseins des Wohl-Seins angestrebt wird, und daß unter Wohl-Sein die volle Einheit und das unmittelbare und unversuchte Erfassen der Welt verstanden wird. Dieses Ziel könnte man nicht besser beschreiben, als es Suzuki mit dem Ausdruck »die Kunst des Lebens« getan hat. Man muß sich vor Augen halten, daß jede solche Auffassung, die dieser Kunst des Lebens entspricht, aus dem Boden einer geistig-humanistischen Orientierung erwächst, wie sie der Lehre Buddhas, der Propheten, Jesu, Meister Eckarts oder der von Männern wie Blake, Walt Whitman oder Bucke zugrunde liegt. Wenn man sie nicht in diesem Zusammenhang sieht, verliert die Auffassung von der »Kunst des Lebens« alles Spezifische und entartet zu einer Auffassung, die heutzutage unter dem Namen »Glück« verbreitet ist. Man darf ferner nicht vergessen, daß diese Orientierung ein ethisches Ziel enthält. Obwohl das Zen über die Ethik hinausgeht, enthält es doch die ethischen Grundziele des Buddhismus, die im wesentlichen die gleichen sind wie die aller humanistischen Lehren. Wie es Suzuki sehr klar ausgesprochen hat, bedeutet die Erreichung des Zieles des Zen die Überwindung von Gier in jeder Form, sei es Gier nach Besitz, nach Ruhm oder nach Zuneigung; sie bedeutet die Überwindung der narzißtischen Selbstverherrlichung und der Illusion der Allmacht. Sie bedeutet ferner die Überwindung des Bestrebens, sich einer Autorität zu unterwerfen, die das Problem der Existenz für uns löst. Wer das Unbewußte nur zur Heilung einer Krankheit freilegen will, wird natürlich nicht einmal versuchen, das tiefgreifende Ziel zu erreichen, das in der Überwindung der Verdrängungen besteht.

Es wäre jedoch falsch anzunehmen, daß das tiefgreifende Ziel der Befreiung des Verdrängten keinen Zusammenhang mit einem therapeutischen Ziel habe. Wie man erkannt hat, daß es ohne Analyse und Änderung des Charakters nicht möglich ist, ein Symptom zu heilen und zukünftige Symptombildungen zu verhindern, muß man ebenso erkennen, daß es nicht möglich ist, diesen oder jenen neurotischen Charakterzug zu ändern, ohne das radikalere Ziel einer vollkommenen Wandlung der Persönlichkeit zu verfolgen. Es ist sehr leicht möglich, daß die verhältnismäßig enttäuschenden Ergebnisse der Charakteranalyse (die von keinem ehrlicher eingestanden wurden als von Freud selbst in der Schrift ›Die endliche und die unendliche Analyse‹ [S. Freud, 1937c]) gerade auf die Tatsache zurückzuführen sind, daß die Ziele bei einer Therapie des neurotischen Charakters nicht tiefgreifend genug waren; daß Wohl-Sein und Freiheit von Angst und Unsicherheit nur verwirklicht werden können, wenn man über das begrenzte Ziel hinausgeht, das heißt, wenn man erkennt, daß sich das begrenzte therapeutische Ziel nicht erreichen läßt, solange es begrenzt bleibt und nicht Teil eines weiteren, humanistischen Systems wird. Vielleicht läßt sich das begrenzte Ziel mit begrenzteren und weniger zeitraubenden Methoden erreichen, während die im langen analytischen Prozeß aufgewandte Zeit und Energie nur für das grundlegende Ziel der »Wandlung« und nicht für das begrenzte Ziel einer »Reform« fruchtbar eingesetzt werden. Diese Auffassung ließe sich vielleicht durch eine weiter oben getroffene Feststellung stützen. Solange der Mensch nicht die schöpferische Bezogenheit erreicht hat, deren höchste Leistung das Satori ist, kompensiert er bestenfalls eine inhärente potentielle Depression durch Routine, Götzendienst, Zerstörungsdrang, Gier nach Besitz oder Ruhm usw. Wenn eine dieser Kompensationen versagt, ist seine geistige Gesundheit in Gefahr. Die Heilung der potentiellen Geisteskrankheit besteht nur darin, sich von Gespaltenheit und Entfremdung weg zum schöpferischen, unmittelbaren Erfassen und Reagieren auf die Welt hinzuwenden. Wenn die Psychoanalyse auf diese Weise helfen kann, kann sie zur Erlangung wahrer geistiger Gesundheit beitragen; wenn nicht, wird sie nur helfen, kompensierende Mechanismen zu verbessern. Noch anders ausgedrückt, man kann jemanden von einem Symptom, aber nicht von einer charakterlichen Neurose »heilen«. Der Mensch ist kein Ding, er ist kein »Fall«, und der Analytiker heilt keinen, indem er ihn als Objekt behandelt. Vielmehr kann der Analytiker dem »Patienten« nur helfen aufzuwachen, wenn er sich mit ihm in einem Prozeß gegenseitigen Verstehens befindet, das heißt, wenn sie ihr Einssein empfinden.

Wenn wir das alles feststellen, müssen wir jedoch darauf gefaßt sein, einem Einwand zu begegnen. Wenn, wie ich oben sagte, das Unbewußte vollkommen bewußtzumachen ein ebenso tiefgreifendes und schwer erreichbares Ziel ist wie die Erleuchtung, ist es dann sinnvoll, über dieses tiefgreifende Ziel als über etwas zu sprechen, das sich allgemein anstreben läßt? Ist es nicht reine Spekulation, ernsthaft zu behaupten, daß nur dieses tiefgreifende Ziel die Hoffnungen der psychoanalytischen Therapie rechtfertigen kann?

Wenn es nur die Alternative zwischen der vollen Erleuchtung und nichts gäbe, wäre dieser Einwand wirklich gerechtfertigt. Aber das ist nicht der Fall. Im Zen gibt es viele Stufen der Erleuchtung, von denen Satori die höchste und entscheidende

Stufe ist. Soweit ich es jedoch verstehe, wird Wert auf Empfindungen gelegt, die Schritte auf dem Weg zum Satori sind, wenn es vielleicht auch niemals erreicht wird. Suzuki erläuterte dies (in einer persönlichen Mitteilung) einmal folgendermaßen: Wenn man in einen vollkommen dunklen Raum eine Kerze bringt, verschwindet die Finsternis, und es gibt Licht. Wenn aber noch zehn oder hundert oder tausend Kerzen hinzugefügt werden, wird der Raum immer heller werden. Und doch wurde die entscheidende Änderung durch die erste Kerze bewirkt, die die Dunkelheit durchdrang.

Was geschieht im analytischen Prozeß? Ein Mensch empfindet zum ersten Mal, daß er eitel ist, daß er Angst hat, daß er haßt, während er in seinem Bewußtsein geglaubt hatte, bescheiden, mutig und liebevoll zu sein. Die neue Einsicht schmerzt ihn vielleicht, aber sie öffnet eine Tür; sie ermöglicht ihm, ein Ende damit zu machen, auf andere das zu projizieren, was er in sich selbst verdrängt. Er geht weiter; er erlebt den Säugling, das Kind, den Heranwachsenden, den Verbrecher, den Wahnsinnigen, den Heiligen, den Künstler, den Mann *und* die Frau in sich; er kommt mit der Menschheit, mit dem universalen Menschen enger in Berührung; er verdrängt weniger, ist freier, hat weniger Bedürfnis zu projizieren und gedanklich zu verarbeiten; dann erlebt er vielleicht zum ersten Mal, wie er Farben sieht, wie er einen Ball rollen sieht und wie sich seine Ohren plötzlich für die Musik auftun, während er bisher nur zugehört hat; wenn er sein Einssein mit den anderen fühlt, sieht er vielleicht zum ersten Mal, daß es eine Illusion ist, sein isoliertes, individuelles Ich für etwas zu halten, das er festhalten, kultivieren und bewahren soll; er wird empfinden, wie nutzlos es ist, die Antwort auf das Leben darin zu suchen, sich zu *haben*, anstatt er selbst zu sein und zu werden. Das alles sind plötzliche und unerwartete Erlebnisse ohne intellektuellen Inhalt; und doch fühlt sich der Mensch hernach freier, stärker und weniger ängstlich als je zuvor.

Bisher haben wir nur über *Ziele* gesprochen, und ich habe behauptet, wenn man Freuds Prinzip der Transformierung des Unbewußten ins Bewußtsein bis zur letzten Konsequenz durchführe, nähere man sich der Auffassung der Erleuchtung. Was jedoch die *Methoden* zur Erreichung dieses Zieles betrifft, sind die Psychoanalyse und das Zen wahrhaftig vollkommen verschieden. Man könnte sagen, die Methode des Zen besteht aus einem Frontalangriff auf die entfremdete Art der Wahrnehmung mit Hilfe des »Sitzens«, des Koan und der Autorität des Meisters. Natürlich ist das alles nicht eine »Technik«, die man von den Voraussetzungen der buddhistischen Denkweise und dem Verhalten und den ethischen Werten loslösen kann, die durch den Meister und die Atmosphäre des Klosters verkörpert werden. Man muß sich auch vor Augen halten, daß es keine Angelegenheit von »fünf Wochenstunden« ist und daß der Schüler schon allein durch die Tatsache, daß er Unterweisung im Zen sucht, eine überaus bedeutsame Entscheidung getroffen hat, die ein wichtiger Teil dessen ist, was folgt.

Die Methode der Psychoanalyse ist von der des Zen vollkommen verschieden. Sie lehrt das Bewußtsein, das Unbewußte auf eine andere Art und Weise zu packen. Sie lenkt die Aufmerksamkeit auf die entstellte Wahrnehmung; sie führt zur Erkenntnis der Fiktion in unserem Inneren; sie erweitert den Bereich menschlichen Empfindens durch die Aufhebung der Verdrängung. Die analytische Methode ist psychologisch-empirisch. Sie untersucht die psychische Entwicklung eines Menschen von Kindheit an und versucht, frühere Erlebnisse aufzudecken, um dem Menschen zu helfen, das zu empfinden, was jetzt verdrängt ist. Sie fährt fort, indem sie unsere Illusionen über die Welt Schritt für Schritt aufdeckt, so daß parataktische Entstellungen und entfremdete Intellektualisierungen allmählich verschwinden. Indem der Mensch, der diesen Prozeß mitmacht, sich selbst weniger fremd wird, wird er auch der Welt weniger entfremdet; weil er zum Universum in seinem Inneren Beziehungen angeknüpft hat, hat er auch Beziehungen zum äußeren Universum angeknüpft. Das falsche Bewußtsein verschwindet, und mit ihm die Polarität von bewußt und unbewußt. Ein neuer Realismus dämmert herauf, in dem »die Berge wieder Berge sind«. Die psychoanalytische Methode ist natürlich nur eine Methode, eine Vorbereitung; aber das gleiche gilt für die Methode des Zen. Allein durch die Tatsache, daß sie eine Methode ist, garantiert sie niemals, daß man das Ziel erreicht. Die Faktoren, die dieses Erreichen zulassen, wurzeln tief in der individuellen Persönlichkeit, und für alle praktischen Zwecke wissen wir sehr wenig von ihnen.

Ich habe gesagt, daß die Methode, das Unbewußte aufzudekken, wenn sie bis zur letzten Konsequenz durchgeführt wird, ein Schritt auf dem Wege zur Erleuchtung sein kann, vorausgesetzt, dieser Schritt wird in dem philosophischen Zusammenhang getan, der am tiefgreifendsten und realistischsten im Zen zum Ausdruck kommt. Aber nur sehr viele weitere Erfahrungen in der Anwendung dieser Methode werden zeigen, wie weit sie führen kann. Die Ansicht, die hier vertreten wurde, zeigt nur eine Möglichkeit und besitzt daher den Charakter einer Hypothese, die zu prüfen ist.

Mit einem größeren Grad von Gewißheit läßt sich allerdings sagen, daß die Kenntnis des Zen und das Interesse daran auf die Theorie und Technik der Psychoanalyse überaus fruchtbar und klärend wirken können. So verschieden die Methode des Zen auch von der der Psychoanalyse ist, kann doch das Zen den Blick schärfen, neues Licht auf das Wesen der Einsicht werfen und das Gefühl dafür vertiefen, was es bedeutet zu sehen, schöpferisch zu sein und die affektiven Versuchungen und falschen Intellektualisierungen zu überwinden, die die notwendigen Folgen des Empfindens auf der Grundlage der Subjekt-Objekt-Kluft sind.

Gerade durch seinen Radikalismus in Beziehung auf verstandesmäßige Verarbeitung, Autorität und Verblendung des Ich sowie durch seine Betonung des Wohl-Seins als Ziel wird das Denken des Zen den Horizont des Psychoanalytikers erweitern und ihm helfen, zu einem gründlicheren Verständnis der Wirklichkeitserfassung als höchstem Ziel wacher Bewußtheit zu gelangen.

Wenn eine weitere Spekulation über das Verhältnis zwischen Zen und Psychoanalyse erlaubt sein mag, könnte man an die Möglichkeit denken, daß die Psychoanalyse für den Zen-Schüler Bedeutung gewänne. Ich kann sie mir als Hilfe vorstellen, um die Gefahr einer falschen Erleuchtung (die natürlich keine ist) zu vermeiden, einer Erleuchtung, die rein subjektiv ist und sich auf psychotische oder hysterische Phänomene oder auf einen selbstinduzierten Trancezustand gründet. Die analytische Klärung könnte dem Zen-Schüler helfen, Illusionen zu vermeiden, deren Fehlen gerade Vorbedingung für die Erleuchtung ist.

Welchen Nutzen das Zen vielleicht auch aus der Psychoanalyse ziehen könnte, vom Standpunkt eines westlichen Psychoanalytikers aus möchte ich meine Dankbarkeit für dieses kostbare Geschenk des Ostens zum Ausdruck bringen. Ich möchte besonders Dr. Suzuki danken, dem es gelungen ist, es auf eine solche Weise darzustellen, daß nichts Wesentliches in dem Versuch verlorengeht, östliches Denken in westliches zu übertragen, so daß der Mensch des Westens, wenn er sich die Mühe macht, zu einem Verständnis des Zen gelangen kann, soweit es sich überhaupt verstehen läßt, bevor das Ziel erreicht ist. Wie wäre ein solches Verstehen möglich, wenn nicht dadurch, daß »Buddha-Natur in uns allen liegt«, daß Mensch und Sein allgemeingültige Kategorien und unmittelbares Erfassen der Wirklichkeit, Erwachen und Erleuchtung universale Erfahrungen sind.

Literaturverzeichnis

Die Angaben zu den Werken Sigmund Freuds und Erich Fromms entsprechen der Werkbibliographie der jeweiligen Gesamtausgabe.

Aristoteles, 1951: Metaphysik. Herausgegeben und übertragen von Paul Gohlke. Paderborn 1951 (Schöningh).

Bernard, L., 1924: Instinct. New York 1924 (Holt, Rinehart and Winston).

Bachofen, J. J., 1954: Mutterrecht und Urreligion. Eine Auswahl. Herausgegeben von R. Marx. Stuttgart 1954 (Alfred Kröner Verlag).

Calvin, J., 1955: Unterricht in der christlichen Religion. Institutio Christianae Religionis. Übersetzt und bearbeitet von Otto Weber. Neukirchen 1955 (Verlag der Buchhandlung des Erziehungsvereins).

Cassirer, E., 1932: Die Philosophie der Aufklärung. Tübingen 1932 (Verlag Mohr).

Freud, S.: Gesammelte Werke (G. W.) Bände 1–17, London 1940–1952 (Imago Publishing Co.) und Frankfurt 1960 (S. Fischer Verlag).

–, 1908 b: Charakter und Analerotik. G. W. Band 7, S. 201–209.

–, 1916–17: Vorlesungen zur Einführung in die Psychoanalyse. G. W. Band 11.

–, 1921 c: Massenpsychologie und Ich-Analyse. G. W. Band 13, S. 71–161.

–, 1930 a: Das Unbehagen in der Kultur. G. W. Band 14, S. 419–506.

–, 1937 a: Die endliche und die unendliche Analyse. G. W. Band 16, S. 57–99.

Fromm, E.: Gesamtausgabe in 10 Bänden. Herausgegeben von Rainer Funk. Stuttgart 1980/81 (Deutsche Verlags-Anstalt).

–, 1932 a: Über Methode und Aufgabe einer Analytischen Sozialpsychologie. Bemerkungen über Psychoanalyse und historischen Materialismus. GA Band I, S. 37–57.

–, 1932 b: Die psychoanalytische Charakterologie und ihre Bedeutung für die Sozialpsychologie. GA Band I, S. 59–77.

–, 1941 a: Die Furcht vor der Freiheit. GA Band I, S. 215–392.

–, 1947 a: Psychoanalyse und Ethik. Bausteine zu einer humanistischen Charakterologie. GA Band II, S. 1–157.

–, 1950 a: Psychoanalyse und Religion. GA Band VI, S. 227–292.

–, 1951 a: Märchen, Mythen, Träume. GA Band IX, S. 169–309.

–, 1955a: Wege aus einer kranken Gesellschaft. GA Band IV, S. 1–254.
–, 1956a: Die Kunst des Liebens. GA Band IX, S. 437–518.
–, 1964a: Die Seele des Menschen. Ihre Fähigkeit zum Guten und zum Bösen. GA Band II, S. 159–268.
–, 1966a: Ihr werdet sein wie Gott. Eine radikale Interpretation des Alten Testamentes und seiner Tradition. GA Band VI, S. 83–226.
–, 1968a: Die Revolution der Hoffnung. Für eine Humanisierung der Technik. GA Band IV, S. 255–377.
–, 1973a: Anatomie der menschlichen Destruktivität. GA Band VII.
–, 1976a: Haben oder Sein, GA Band II, S. 269–414.
Grünberg, K., 1924: Verhandlungen der Generalversammlung des Vereins für Sozialpolitik. Leipzig 1924 (Duncker & Humblot).
Heer, F., 1960: Die dritte Kraft – Frankfurt 1960 (S. Fischer Verlag).
Kahn, H., 1960: On Thermonuclear War. Princeton 1960 (Princeton University Press).
Linton, R., 1936: The Study of Man. New York 1936 (P. Appleton-Century Company).
Maccoby, M., 1972: Emotional Attitudes and Political Choices. In: Politics and Society. Los Altos 2 (Winter 1972), S. 209–239 (Geron-X, Inc., Publishers).
Marx, K., 1971: Die Frühschriften. Herausgegeben von Siegfried Landshut (= Kröners Taschenbuchausgabe 209). Stuttgart 1971 (Kröner Verlag).
Morgan, L. H., 1870: Systems of Sanguinity and Affinity of the Human Family. Publ. 218. Washington, D. C. 1870 (Smithsonian Inst.).
–, 1877: Ancient Society. Or Researches in the Lines of Human Progress from Savagery through Barbarism to Civilization. New York 1877 (H. Holt). Deutsch: *Die Urgesellschaft.* Stuttgart 1891 (J. H. W. Dietz).
Müller, F. M., 1927: Lao-Tse: The Tâo Teh King. The Sacred Books of the East. Herausgegeben von F. Max Müller. Band 39. London 1927 (Oxford University Press).
Mumford, L, 1967: The Myth of the Machine. Techniques and Human Development. New York 1967 (Harcourt, Brace, Jovanovich). Deutsch: Mythos der Maschine. Wien 1974 (Europaverlag).
Polanyi, K., 1944: The Great Transformation. New York 1944 (Rinehart & Co.).
Schachtel, E., 1937: Zum Begriff und zur Diagnose der Persönlichkeit in den »Personality-Tests«. In: Zeitschrift für Sozialforschung. Paris 6 1938, S. 597–624.
Whorf, B., 1952: Collected Papers on Metalinguistics. Washington 1952 (D. C. Foreign Service Institute).

Quellen- und Copyrightvermerke

Die Texte dieser Sammlung sind der ›Erich Fromm Gesamtausgabe‹ in 10 Bänden, herausgegeben von Rainer Funk, Stuttgart 1980/1981 (Deutsche Verlags-Anstalt), entnommen. Um das Auffinden des Kontextes der vorliegenden Auswahl zu erleichtern, sind im folgenden bei den Quellenangaben nicht nur die Seitenzahlen der Gesamtausgabe (GA) angegeben, sondern auch jene der in der Deutschen Verlags-Anstalt erschienenen Einzelausgaben (EA) sowie der Taschenbuchausgaben (TB). Wer sich durch die Lektüre ermuntert fühlt, tiefer in eine Thematik einzudringen und noch andere Textstellen auffinden will, der sei auf Band 10 der Erich-Fromm-Gesamtausgabe verwiesen. Der etwa 20000 Stichworte umfassende Registerband erfaßt alle relevanten Texte des Gesamtwerks von Fromm.

›Was ist Analytische Sozialpsychologie?‹ ist dem Kapitel ›Methodik und Problemstellung‹ der Schrift ›Die Entwicklung des Christusdogmas‹ (The Dogma of Christ and other Essays) entnommen: GA Band VI, S. 13–17; EA S. 11–17; TB 9–14.

›Sozialpsychologie als Verbindung von Psychoanalyse und historischem Materialismus‹ ist eine partielle Übernahme des Artikels ›Über Methode und Aufgabe einer Analytischen Sozialpsychologie. Bemerkungen über Psychoanalyse und historischen Materialismus‹, in: Analytische Sozialpsychologie und Gesellschaftstheorie (The Crisis of Psychoanalysis); GA Band I, S. 41f. 46. 48–52. 54–57; TB S. 9–40 passim.

›Der dynamische Charakterbegriff‹ ist identisch mit dem gleichnamigen Abschnitt in: Psychoanalytische Charakterologie in Theorie und Praxis. Der Gesellschafts-Charakter eines mexikanischen Dorfes (Social Character in a Mexican village): GA Band III, S. 245–254.

›Der Gesellschafts-Charakter und seine Funktionen‹ ist dem Anhang ›Charakter und Gesellschaftsprozeß‹ des Buches ›Die Furcht vor der Freiheit‹ *(Escape from Freedom)* entnommen: GA Band I, S. 379–385; EA S. 237–245; TB S. 220–228.

›Der autoritäre Charakter‹ ist dem Buch ›Die Furcht vor der Freiheit‹ (Escape from Freedom) entnommen: GA Band I, S. 313–318; EA S. 144–152; TB S. 133–140.

›Der Marketing-Charakter‹ ist identisch mit dem Abschnitt ›Die Marketing-Orientierung‹ in: Psychoanalyse und Ethik. Bausteine zu einer humanistischen Charakterologie (Man for Himself): GA Band II, S. 47–53; EA S. 70–79; TB S. 82–93.
© 1947 by Erich Fromm; deutsch 1982 DVA, Stuttgart.

›Der nekrophile Charakter‹ ist dem 12. Kapitel ›Die bösartige Aggression: Die Nekrophilie‹ des Buches ›Anatomie der menschlichen Destruktivität‹ (The Anatomy of Human Destructiveness) entnommen: GA Band VII, S. 300f. 306–311. 317–319. 331–334; EA S. 300f. 306–311. 317–319. 331–334; TB S. 372–374. 380–386. 393–395. 411–414.
© 1973 by Erich Fromm; deutsch 1974 DVA, Stuttgart

›Die Bedeutung der Mutterrechtstheorie für die Gegenwart‹ in: ›Analytische Sozialpsychologie und Gesellschaftstheorie‹ (The Crisis of Psychoanalysis): GA Band I, S. 111–114; TB S. 71–76.
© 1970 by Erich Fromm; deutsch 1970 Suhrkamp Verlag, Frankfurt.

›Mutterrechtsforschung und Sozialpsychologie‹ ist identisch mit dem letzten Teil des Artikels ›Die sozialpsychologische Bedeutung der Mutterrechtstheorie‹, in: Analytische Sozialpsychologie und Gesellschaftstheorie (The Crisis of Psychoanalysis): GA Band I, S. 101–109; TB S. 102–114.
© 1934, 1963 by Erich Fromm; deutsch 1970 Suhrkamp Verlag, Frankfurt.

›Das gesellschaftliche Unbewußte und Verdrängte‹ ist dem Kapitel ›Das gesellschaftliche Unbewußte‹ in ›Jenseits der Illusionen‹ (Beyond the Chains of Illusion) entnommen: GA Band IX, S. 96. 112–117. 119–121; EA S. 93. 116–123. 125–129; TB S. 82. 104–111. 114–117.
© 1962 by Erich Fromm; deutsch 1979 DVA, Stuttgart.

›Die kranke Gesellschaft – von der Pathologie der Normalität‹ ist identisch mit Kapitel 2 ›Kann eine Gesellschaft krank sein? – Pathologie der Normalität‹ von ›Wege aus einer kranken Gesellschaft‹ (The Sane Society): GA Band IV, S. 13–18; EA S. 20–28; TB S. 20–28.
© 1955 by Erich Fromm; © deutsch 1983 DVA, Stuttgart.

›Auf dem Wege zu einer neuen Gesellschaft‹ ist eine Verbindung eines Textes aus ›Wege aus einer kranken Gesellschaft‹ (The Sane Society) und aus ›Die Revolution der Hoffnung. Für eine Humanisierung der Technik‹ (Die Revolution of Hope): GA Band IV, S. 189–192 und 371–373; EA S. 254–258 und 159–163; TB S. 254–258 und 139–142.
© 1955 und 1968 by Erich Fromm; deutsch 1983 DVA, Stuttgart, und 1971 Klett-Cotta, Stuttgart.

›Auf der Suche nach der Natur des Menschen‹ ist der »Einleitung zu E. Fromm und R. Xirau ›The Nature of Man‹« entnommen: GA Band IX, S. 375–381.
© 1968 by Macmillan Publishing Co, Inc., New York; deutsch 1981 DVA, Stuttgart.

›Freiheit als Wachstum des Selbst‹ ist dem Kapitel 2 ›Das Auftauchen des Individuums und das Doppelgesicht der Freiheit‹ von ›Die

Furcht vor der Freiheit‹ (Escape from Freedom) entnommen: GA Band I, S. 231–238; EA S. 28–39; TB S. 25–34.

›Von der Kunst des Liebens‹ ist dem Buch ›Die Kunst des Liebens‹ (The Art of Loving) entnommen: GA Band IX, S. 451–455; EA S. 28–36; TB S. 28–36.

›Selbstliebe – Selbstsucht – Selbstlosigkeit‹ ist identisch mit dem zweiten Teil des Abschnitts ›Selbstsucht, Selbstliebe, Selbstinteresse‹, in: Psychoanalyse und Ethik. Bausteine zu einer humanistischen Charakterologie (Man for Himself): GA Band II, S. 82–86; EA S. 119–125; TB S. 141–147.

›Das humanistische Credo‹ ist der Wiederabdruck des ›Credo‹ in: ›Jenseits der Illusionen‹ (Beyond the Chains of Illusion): GA Band IX, S. 151–157; EA S. 173–181; TB S. 159–167.

›Autoritäre und humanistische Religion‹ ist dem 3. Kapitel ›Analyse einiger Typen religiöser Erfahrung‹ von ›Psychoanalyse und Religion‹ (Psychoanalysis and Religion) entnommen: GA Band VI, S. 248–250. 255–258. 263; EA S. 35–37. 46–50. 56f.; TB S. 41–45. 56–61. 69f.

›Gotteserfahrung mit und ohne Gottesbegriff‹ ist dem Schluß des Kapitels ›Das Gottesbild‹ in ›Ihr werdet sein wie Gott. Eine radikale Interpretation des Alten Testaments und seiner Tradition‹ (You shall be as Gods) entnommen: GA Band VI, S. 117–121; EA S. 52–57; TB S. 48–53.

›Befreiung und Erleuchtung: Psychoanalyse und Zen-Buddhismus‹ ist dem 6. Kapitel ›Aufhebung der Verdrängung und Erleuchtung‹ von ›Psychoanalyse und Zen-Buddhismus‹ (Zen Buddhism and Psychoanalysis) entnommen: GA Band VI, S. 351–356; TB S. 171–179.

Register